PROLOG

Mein Jahr mit Donald

Kurz nach meiner Ankunft in den USA hatte ich mir gedacht, das sei ein wahnsinnig guter Titel für ein Buch: „Mein Jahr mit Donald". Nicht wegen Trump. Sondern wegen meines Nachbarn. Am Silvestertag 2016 – Trump war schon gewählt, aber Obama noch Präsident, man steckte in einem merkwürdigen Zwischenreich fest und fühlte sich wie in dem Witz über jenen Mann, der in einen hundert Meter tiefen Abgrund stürzt und zehn Meter vor dem Aufprall denkt, bisher sei noch alles gut gegangen – waren wir in die USA und in ein kleines möbliertes Haus gezogen, an den Stadtrand von Nashville, Tennessee: einem Staat im Süden der USA, bekannt für Countrymusic, Bourbon-Whiskey und die Gründung des Ku-Klux-Klans. Alle drei Dinge passten irgendwie auch ganz gut auf unser Viertel Sylvan Heights, das ein wenig so aussah, als hätte ein Regisseur die Kulisse für eine Dokumentation über Trump-Wähler errichten lassen, um ja nicht wirklich selbst einen Fuß in Trump-Country setzen zu müssen.

Nach einem Jahr zogen wir innerhalb der Stadt um. Das lag primär an dem Wasser, das ständig in den Keller lief. Aber es lag wohl auch ein bisschen daran, dass wir nicht besser waren als die Menschen, die ich in einem meiner letzten Bücher über „Die Politik der Echokammer" beschrieben hatte: Als die Gelegenheit sich bot, übersiedelten wir, wenn auch gewiss nicht bewusst, in eine Nachbarschaft mit

Leuten, die so waren wie wir, so lebten wie wir, so aussahen wie wir. Genauer gesagt zogen wir nach Hillsboro Village in der Nähe des Campus der Vanderbilt University, wo ich arbeitete: in ein Viertel mit Bürgersteigen (in den USA eine Seltenheit), vielen Coffeebars, Kinder-Yoga-Studios und einer französischen Bäckerei („Provence"). „Refugees Welcome" steht in allen Fenstern der süßen kleinen Mode-Boutiquen; dort könnte der Geflüchtete dann für 150 Dollar ein bunt bedrucktes T-Shirt erstehen – aber es soll ja auch russische Oligarchen und afrikanische Potentaten auf der Flucht geben.

Zurück ließen wir Sylvan Heights, ein Viertel, das von alldem das Gegenteil war. Und wir ließen Donald zurück, meinen Nachbarn. Misstrauisch hatte er uns die ersten Monate von seinem Vorgarten aus beäugt. Mitte fünfzig, lange weiße Haare, hinten zu einem Pferdeschwanz geknotet, Basecap, blaue Jogginghose, stets zu Hause anzutreffen. Ich weiß nicht mehr, wie er und ich schließlich ins Gespräch kamen, aber sicher ist, dass mit Kindern alles leichter ist. Zu meinem Sohn hatte er als erstes einen Draht gefunden. „Wanna see my race car?", fragte Donald eines Tages, als wir vom Einkaufen kamen, und zeigte auf seinen ramponierten Nissan, dessen Karosserie er mit Klebeband zusammenhielt, aber jeden Tag mit äußerster Hingabe wusch. Mein vierjähriger Sohn, in Autofragen äußerst versiert, ließ sich kein X für ein U vormachen und hatte den Hochstapler sofort durchschaut. „That's not a race car!" „Oh yes, it is!", rief, nein brüllte Donald zurück. „No! It's not", erwiderte mein Sohn. „It is!" … „It's not!"

Ich hielt mich raus. Aber komischerweise war das Eis danach gebrochen. Wir schnackten jetzt manchmal über den Gartenzaun hinweg, sein Südstaaten-Englisch ein so breit gezogener Singsang, dass ich manchmal kaum ein Wort verstand. Jedes Mal ging er ins Haus, weil er mir etwas zeigen wollte – einen Pokal, den er gewonnen hatte vor vierzig Jahren in der Highschool; einen Zettel, den er irgendwo auf der Straße gefunden hatte und dessen Schrift er nicht entziffern konnte, aber meinte, es könnte Deutsch sein; einen Bierkrug von Löwenbräu, den er aus einem verlassenen Haus gerettet hatte. Wenn es regnete, fuhr er mich in seinem getapten Nissan für fünf Dollar die drei Meilen zur Uni.

Doch während wir uns näherkamen, wuchs mein schlechtes Gewissen. Er konnte schließlich nicht wissen, dass ich ihn insgeheim längst zum Objekt meiner wissenschaftlichen Begierde auserkoren hatte. Denn Donald (das musste doch ein Zeichen sein, oder?) hatte immer noch ein „Trump/Pence 2016"-Schild in seinem Fenster, für jedermann gut sichtbar in dieser Nachbarschaft, wo sonst nicht wenige Fenster verrammelt waren. Ich fantasierte davon, wie mich Donald seinen Freunden und Verwandten vorstellte, wir gemeinsam zu „Make America Great Again"-Veranstaltungen gehen würden, dabei wie in einem dieser amerikanischen Roadmovies durch die Landschaft fahren und er mich immer tiefer (so wie das weiße Kaninchen Alice ins Wunderland gelotst hatte) in den Kaninchenbau des konservativen Amerikas hineinführen würde.

Doch Donald blieb stumm. Wann immer ich auf Politik zu sprechen kommen wollte, wurde er wortkarg, brummte Unverständliches vor sich hin und wechselte das Thema. Nur einmal, wenn auch nicht direkt von ihm gewollt, bekam ich doch einen Einblick in die Gedankenwelt, in der er sich vermutlich bewegte. Wir hatten Donald und sein *girlfriend* („my lady" nannte er sie) zum original deutschen Weihnachtskaffee eingeladen, es war das Ende des ersten Jahres und auch schon fast so etwas wie ein Abschied. Wir tauten Apfelstrudel und Donauwelle von „Äldi" auf und spielten auf Spotify „O Tannenbaum". Donald hatte unseren Kindern Schokolade und Spielzeug mitgebracht. Seine Freundin kam inmitten der weihnachtlichen Idylle dann allerdings ohne Umschweife gleich zur Sache: Aus Deutschland käme ich. Sehr schön sei es da, habe sie gehört. Immer habe sie hinreisen wollen, aber nun sei es wohl zu spät: In den meisten größeren Städten herrsche ja jetzt die Scharia, ja, das habe sie gelesen. Im Internet. Wo wir schon mal dabei waren: Nicht, dass es den USA besser ginge. Es werde kommen wie in Namibia: Die Schwarzen würden bald das Land zurückfordern und dann gäbe es Bürgerkrieg. Wir anderen begannen nervös auf unseren Stühlen rumzurutschen, am meisten Donald, dessen Sensibilität ich eindeutig unterschätzt hatte; ihm war das alles sichtlich unangenehm. In einem verzweifelten Versuch, das Thema zu wechseln, lobte er ausgiebig den Kuchen („Good cake, really good cake!"), aber seine Freundin kannte einfach kein Erbarmen: Sie und ihre Freunde seien jedenfalls auf alles vorbereitet. Naja, sie sei zu alt. Aber ihre Freunde, die übten jeden Tag im Wald. Mit der Miliz. „Das ist ja sehr interessant", meinte ich und versuchte, mir meine Aufregung nicht anmerken zu lassen, fragte aber gleich, ob ich da vielleicht einmal dabei sein könnte. Aus den Augenwinkeln sah ich die Gesichtszüge meiner Frau entgleiten. Klar, sagte Donalds Sweetheart, das sei im Übrigen auch alles sehr familienfreundlich, ich sollte unbedingt die Kinder mitbringen.

Ich bin dann doch nicht zum Schießen in den Wald gegangen. Ich bin überhaupt Donald in keinen Kaninchenbau gefolgt. Vielleicht wäre es anders gekommen, wenn wir in Sylvan Heights wohnen geblieben wären, aber eigentlich glaube ich das nicht. Der eine Grund war, dass mir, je länger ich Donald kannte und er mir aus seinem Leben berichtete, umso klarer wurde, dass sich an ihm nichts Grundsätzliches vorexerzieren oder etwas Allgemeines erzählen ließ – denn in seinem Leben war so viel verkehrt gelaufen und auch tragisch Schlimmes passiert, dass sich daraus keine Typologie des typischen Trump-Wählers erstellen ließ.

Der zweite Grund aber war, dass ich schon damals ahnte, dass eine solche Expedition in die Lebenswelten der Trump-Wähler niemand mehr braucht. Es war eine romantische Idee – die bereits dutzendfach realisiert worden ist. Es gibt wirklich keinen Mangel an Reportagen über depressive Stahlarbeiter in Michigan und wütende Kohlekumpel aus West Virginia, über verrückte Waffennarren in Colorado und evangelikale Frömmler aus Alabama; manches auch wirklich gut, einiges aber auch eher nicht, vieles davon in Buchform vorliegend, auf Deutsch und auf Englisch. USA-Erkundungen dieser Art waren immer schon populär, aber seit dem November 2016 sind sie eine Massenindustrie geworden, entstanden in der guten Absicht, zu verstehen, was das eigentlich für Menschen sind, die Trump in das Weiße Haus gewählt haben.

Es ist, zumindest für den Augenblick, ein erschöpftes Genre. Und es ist vielleicht kein Zufall, dass einige der fiktionalsten Geschichten aus der Feder des großen „Spiegel"-Fälschers Claas Relotius ausgerechnet über die USA berichteten und dabei die altbekannten Zutaten zusammenrührten: amerikanische Kleinstadt, ihre gottesfürchtigen Bewohner, die Härten der Wirtschaftskrise, die, bei aller vorgespiegelten Empathie, genüssliche Schilderung der Beschränktheiten der Trump-Wähler. Kein Wunder, dass zunächst niemandem die dreiste Fälschung aufgefallen ist – denn so oder ähnlich haben wir es bereits tausend Mal gelesen; es hätte wahr sein können. Das war der eigentliche Grund, warum mich bei der Bekanntschaft mit Donald sofort eine reflexhafte und letztlich ganz falsche Aufregung befallen hatte, denn er erinnerte mich an eine Figur, die mir in irgendeiner Geschichte längst schon einmal begegnet war. Es gibt in diesen Geschichten überhaupt – auch da, wo sie durchaus Wahrheiten enthalten – einen bedenklichen Überhang eines ganz bestimmten Trump-Wählers: des in seinem sozialen Status bedrohten Angehörigen der Arbeiterklasse mit niedrigem Bildungsstand, der irgendwo auf dem platten Land oder im deindustrialisierten *rust belt* der Vereinigten Staaten lebt. Das blendet die Millionen äußerst gut situierter Amerikaner aus, die in wohlhabenden Vororten des Landes wohnen, keine sozialen Härten zu ertragen haben, ziemlich genau wissen, welche Art von Person Donald Trump ist – aber ihm trotzdem ihre Stimme gegeben haben.

Jedenfalls soll dieses Buch keine weitere USA-Reportage sein, kein Bericht „aus dem Inneren", schon gar keine Exkursion in die vermeintlich so exotische Lebenswelt des Trump-Wählers, jenes angeblich *forgotten American*, der vor und nach der Wahl gefühlte 100 000-mal interviewt wurde und in ebenso vielen Reportagen zu Wort kam. Das heißt nicht, dass das Buch völlig auf meine persönlichen Erfahrungen der letzten dreieinhalb Jahre verzichten würde, dass es nicht auch impressionistische Einschübe gibt, wo sich etwas durch unmittelbar Erlebtes besonders eindrücklich darstellen lässt. Aber im Ganzen soll doch ein anderer Weg eingeschlagen und danach gefragt werden, welche strukturellen Bedingungen überhaupt eine Figur wie Trump ins Weiße Haus bringen konnten.

Damit rückt automatisch eine Reihe von zentralen Fragen in den Mittelpunkt: Was sind die Gründe für die tiefe Spaltung des Landes, das früher einmal als Land des Pragmatismus galt, das sich, anders als Europa, stets ferngehalten hatte von gefährlichen Utopien? Und was hat es mit Trump selbst auf sich? Gibt es Vergleichbares in der Geschichte, oder bleibt Trump eine singuläre Figur? Wie gefährdet ist die Demokratie in Amerika, könnte Ähnliches auch bei uns passieren? Und wie könnte eine Welt nach dem Hagelsturm dieser Präsidentschaft aussehen? Um es zuzuspitzen: Dieses Buch handelt mindestens ebenso stark von der Vergangenheit und der Zukunft wie von der Gegenwart. Denn: Bei dem Tempo der Geschehnisse seit November 2016 ist es ohnehin aussichtslos, mit der Gegenwart mithalten zu wollen. Das Buch stellt somit auch einen Kontrast dar zu den ebenfalls bereits reihenweise verfassten Nacherzählungen der bisherigen Trump-Präsidentschaft. Trumps Weißes Haus leckt seit dem ersten Tag an allen Ecken und Enden wie ein verrostetes Schiff. Niemals zuvor wurde man so voyeuristisch perfekt bedient wie von dieser Regierung, deren personelle Kabalen und ständige Personalwechsel eine Rekordzahl von Aussteigern produziert haben, die, bar jeder Loyalität zu einer Sache oder Person, nur zu gern auspacken über all die Merkwürdigkeiten dieser Regierung und ihres Präsidenten. Es sind unterhaltsame Bücher; aber jedes von ihnen ist nach wenigen Monaten schon wieder überholt, genauer: überrollt von einer neuen Welle des Ungeheuerlichen.

Es soll dabei, wie schon angedeutet, keineswegs allein um die USA gehen. Die besseren Amerika-Bücher sind immer jene gewesen, die das Eigene im Fremden gesucht haben. Das war auch bei dem französischen Publizisten und Politiker Alexis de Tocqueville so, der mit seiner Studie „Über die Demokratie in Amerika" im 19. Jahrhundert glaubte, die Zukunft Frankreichs antizipieren zu können. Damals ging es um die Auswirkungen, die die Ideen von Gleichheit und individueller Freiheit auf gesellschaftliche und politische Strukturen haben würden. Wenn wir heute in die USA blicken, dann stellen wir uns eher bang die Frage, ob auch bei uns ein Trump möglich wäre – und ob, wenn er dann käme, unsere Demokratie ihn aushalten würde.

Allgemeiner gefragt, geht es um die Gründe für die extreme Polarisierung der amerikanischen Gesellschaft und Politik – eine Polarisierung, die bereits unübersehbar war, als man in Europa noch die Gleichförmigkeit der politischen Parteien und das Abschmelzen ehedem klarer weltanschaulicher Grenzen beklagte. Die Frage lautet daher, wie viel von der Spaltung des Landes sich spezifisch US-amerikanischen Phänomenen verdankt – davon soll vor allem Kapitel 1 handeln – und was wiederum mit sozialen Desintegrationsprozessen zu tun hat, die sich auch in anderen modernen Demokratien beobachten lassen, in den USA aber vielleicht nur sehr viel weiter fortgeschritten sind. Es ist vor allem der letzte Punkt, der mich interessiert, weil ich glaube, dass man in den USA seit einiger Zeit eine Entwicklung beobachten kann, die sich nicht auf dieses Land beschränkt, sondern dort nur früher und radikaler begonnen hat: dass es gerade die Zuwächse an individueller Freiheit sind, die dazu geführt haben, dass sich die Amerikaner ganz besonders mit anderen Gleichgesinnten in ihren ideologischen Echokammern eingerichtet und die Zugbrücken zur Gegenseite hochgezogen haben. Man könnte auch sagen: Sie wählen, nicht ständig die Wahl haben zu müssen – ein Prozess, den man als „paradoxe Individualisierung" bezeichnen könnte. Davon handelt Kapitel 2 dieses Buches.

Und ja: Es geht auch um Donald John Trump. Einem ersten Impuls folgend, ist man geneigt, ihn einmal rauszulassen aus allem. Haben wir nicht schon zu viele Worte über ihn verloren, und hat er uns mit seinen Banalitäten und Obszönitäten nicht schon genügend Lebenszeit gestohlen? Trump ist der Verkehrsunfall am Straßenrand: Alle wissen, dass es falsch ist, hinzuschauen, aber kaum einer kann es lassen. So hat er uns zu den Voyeuren seiner täglichen Twitter-Tiraden gemacht und damit auch zu den heimlichen Komplizen seines politischen Dadaismus. Damals, nachdem das Unvorstellbare passiert war, Trump die Wahl gewonnen hatte und man kaum wusste, woran man sich noch festhalten sollte in dieser Woge des Surrealen, da lautete eine der beruhigenderen Erzählungen, dass Trump schon bald in der Realität ankommen werde. Erst einmal konfrontiert mit den Mühen des Regierungsalltags und im Besitz des Koffers mit den Abschusscodes für das gesamte Nuklearasenal einer Supermacht, werde er schließlich doch noch erkennen, dass die Präsidentschaft kein Reality-TV ist. Die Wirklichkeit selbst, kurzum, werde schaffen, was Hillary Clinton, den Demokraten, den Wahlen nicht gelungen war: Trump auf den Boden der Tatsachen zu holen, ihn einzunorden in die Welt, wie sie nun einmal ist, und nicht, wie er sie sich vorstellte.

Die Wahrheit aber ist, dass Trump in den frühen Morgenstunden des 9. November 2016 keineswegs in unserer Welt aufgewacht ist – sondern wir seitdem jeden Morgen in seiner. Wie schön wäre es doch, wenn man ihn einfach nur als Agenten der kapitalistischen Klasseninteressen oder als Marionette Putins interpretieren könnte. Doch all das ist Trump nicht. Er ist Herr seiner eigenen, wenngleich nicht immer konsistenten Eingebungen. Und der Aufstieg einer solchen Figur ist nun einmal – allen strukturellen Gründen für die Blüte des Populismus zum Trotz – weiterhin das größte Rätsel unserer Zeit.

Wie das Buch zeigen wird, ist es gewiss sehr richtig, Trump ganz primär als Symptom, nicht als Ursache der offenkundigen politisch-kulturellen Verschiebungen in den westlichen Demokratien zu sehen: Nicht Trump hat die Polarisierung geschaffen, sondern sie ihn. Aber es ist wohl nicht zu kühn, wenn man voraussagt, dass künftige Historiker seine Wahl dennoch als Zäsur beschreiben werden, denn er hat schon jetzt die Maßstäbe dessen, was wir überhaupt unter Politik verstehen, weit verschoben. Welchen weiteren Schaden er noch anrichten mag: Die Welt unserer Vorstellungen hat er bereits ruiniert. Man wird vor allem verstehen müssen, woraus das Band besteht, das Trump zwischen sich und seiner treuesten Anhängerschaft schon früh gespannt hat. Zwar ist an Trump vieles in grotesker Weise überzeichnet, aber im Kern lässt sich an ihm eben doch etwas Generelles studieren über den Populisten und seine Gefolgschaft. Die Natur dieser Beziehung ist jedoch gerade nicht identisch oder auch nur teilweise verwandt mit der Beziehung zwischen Führer und Gefolgschaft im Faschismus, sondern folgt ganz eigenen Logiken: Daher geht es in Kapitel 3 um „Trump und die populistische Entfesselung“.

Von der übermäßigen Fixierung auf Trump war schon die Rede. Und was sich gerade in den USA vollzieht, ist ein gutes Beispiel dafür, dass die übermäßige Obsession mit dem „Feind“ nicht gerade förderlich ist. Man braucht keine falsche Äquivalenz herzustellen, um zu erkennen, dass die gesamte amerikanische Linke sich seit Trump ebenfalls verändert hat. In einer Art von Feindesimitation nimmt sie eine erschreckende Ähnlichkeit an mit dem, was sie eigentlich bekämpfen will. Auch die Demokraten haben sich spätestens seit der Ära Trump radikalisiert, und die Art und Weise, wie dies sich vollzogen hat, weist bestürzende Parallelen mit jener Entwicklung auf, die am anderen Ende des politischen Spektrums schon vor längerer Zeit begonnen hat: die von der Basis eingeforderten ideologischen Reinheitstests für ihre Politiker; die teils enthemmte Sprache; ja, sogar das: die Neigung zum Verschwörungsdenken. Gerade beim letzten Punkt ist der Abstand zum politischen Gegner allerdings noch beträchtlich; und so gilt bis auf Weiteres das, was ein kluger Beobachter der amerikanischen Politiker schon vor einiger Zeit feststellte: „The left's gone left, but the right's gone nuts.“ Doch das muss nicht so bleiben; und beobachtet man, was der Konflikt mit Trump mit dem liberalen Amerika gemacht hat, dann wird man bisweilen an einen berühmten Satz von George Bernard Shaw erinnert: Man sollte sich nicht mit einem Schwein im Dreck wälzen – beide werden dreckig, aber das Schwein hat saumäßig Spaß dabei. Kapitel 4 handelt daher vom Linksschwenk der Demokratischen Partei.

Im fünften und letzten Kapitel schließlich soll es um jene Frage gehen, die seit dem November 2016 schon unzählige Male gestellt worden ist, aber stets in Kaffeesatzleserei enden muss: Wie lange kann die amerikanische Demokratie diesen Zustand der extremen Polarisierung noch aushalten, ohne ernsthaften Schaden zu nehmen? Die Wahrheit ist, dass diese Frage niemand wirklich seriös beantworten kann, weil es sich einfach um eine Gleichung mit zu vielen Unbekannten handelt. Aber man kann sich vielleicht annähern, indem man einmal systematisch durchdekliniert, was in den politischen Feuilletons ansonsten eher en passant geraunt wird: eine historische Einordnung der Gegenwart.

In den letzten drei Jahren ist das Genre des Geschichtsvergleichs förmlich explodiert. Trump war schon ziemlich alles, am häufigsten wohl: Nero, Caligula, Cäsar, Ludwig XIV. und natürlich, immer wieder, Hitler. Auch die USA selbst haben einiges durchmachen müssen: Rom vor dem Umschlag von der Republik in die Diktatur bis zur Weimarer Republik in der Endphase und anderes mehr.

Das Spiel mit historischen Analogien kann oft irreführend und damit sogar gefährlich sein, da es Wiederholung insinuiert, wo doch in Wahrheit Neues am Werk ist. Dann stiftet es einfach nur zu Denkfaulheit an. Aber historische Analogien können, mit Vorsicht genossen, auch sehr nützlich sein, und zwar ironischerweise oft gerade dort, wo sie versagen. Sie vermessen den Raum des Bekannten – und machen gleichzeitig deutlich, wo das Unbekannte, die Zäsur, beginnt. So ist es auch mit Amerika in der Trump-Ära. Es gibt durchaus einige wenige Analogien, die nicht ganz abwegig sind und denen vielleicht tatsächlich ein paar bescheidene Weisheiten zu entnehmen sind. Dennoch gelangt man rasch an einen Punkt, an dem sich offenbart, wie heftig und nachgerade bestürzend tiefgreifend die Zäsur ist, die Trump markiert, und wie sehr er aus dem Raster fällt, mit dem historische Figuren in der Regel vermessen werden. Aber gerade das lässt das Neuartige an ihm umso schärfer hervortreten. Am Ende bleibt dann vielleicht dies: dass Trump wohl letztlich in keiner Tradition steht; dass aber sehr gut möglich ist, dass er der Beginn von einer sein könnte.

KAPITEL 1

Zeiten des Aufruhrs: Wie Amerikas Konsens zerbrach und das Zeitalter der Polarisierung begann

„A republic, if you can keep it"

Merkwürdig, aber wahr: Es ist noch gar nicht allzu lang her, da beklagten sich die Intellektuellen in Europa über ein Zuwenig an politischem Streit und ein Zuviel an Konsens. Zwar distanzierten sich alle in einem pflichtschuldigen Ritual von Francis Fukuyamas „Ende der Geschichte"[1] – einem übrigens oft missverstandenen Buch, denn der US-amerikanische Politikwissenschaftler war niemals so naiv-optimistisch, wie seine Kritiker ihm unterstellten. Und doch atmeten nicht wenige Debatten der 2000er-Jahre genau jenen Geist der *posthistoire*. Mehr als einen direkten Angriff auf die Demokratie durch einen rechten Autokraten fürchtete man die sogenannte Postdemokratie: eine stillgelegte politische Maschinerie, aus der die passiv gewordenen und politikverdrossenen Bürger sich längst verabschiedet hatten, während die Politik selbst zur reinen Technokratie verkommen war.[2] Kein Buch symbolisierte den Geist der Zeit vermutlich so gut wie Stéphane Hessels „Empört Euch!"[3]: ein ebenso moralischer wie vage und hilflos bleibender Aufruf, sich endlich über die Ungerechtigkeiten unserer Gesellschaftsordnung zu entrüsten und zur Tat zu schreiten. Aber zu welcher? Es war eine Aufforderung, die niemandem wirklich weh tat und vielleicht auch deswegen, in viele Sprachen übersetzt, einige Millionen Mal über den Ladentisch ging.

Es heißt, man soll vorsichtig sein, was man sich wünscht – es könnte nämlich wahr werden. Wenn an einem heute kein Mangel mehr besteht, dann sind es wohl empörte Bürger. Und auch die Idee, wir erstickten an zu viel Konsens, scheint wie ein Gedanke aus sorgloseren Zeiten. Doch glücklich gemacht hat die neue Polarisierung nur jene, die sich zuvor mit ihren politischen Ideen marginalisiert und isoliert gefühlt haben: die nationalistische Rechte. Während man dort angesichts des Aufbrechens alter und neuer Konfliktlinien sein Glück kaum fassen kann, herrscht anderswo große Ernüchterung. Denn die herbeigesehnte Repolitisierung kam auf ganz anderen Wegen, als man im liberalen Justemilieu gehofft hatte: nicht als linker Aufbruch gegen die vermeintliche Hegemonie des Neoliberalismus, sondern als Bürgerkrieg der Identitäten.

Wer die neuen politischen Bruchlinien unserer Gegenwart verstehen will, der muss nach Amerika schauen; und zwar nicht, weil dort nun das *it girl*[4] des globalen Rechtspopulismus im Weißen Haus sitzt, sondern weil man auf der anderen Seite des Atlantiks bereits einen Schritt weiter ist – auch wenn es ein Schritt in Richtung Abgrund sein könnte. In den USA sind schon seit Längerem jene gesellschaftlichen, kulturellen und sozialen Kräfte am Werk, die jetzt auch anderswo ihre zentrifugale Wirkung entfalten. Spätestens seit den 1990er-Jahren mit ihren konservativen „Kulturkriegen" gegen Abtreibung und Homosexualität und dem Versuch der Republikaner, den demokratischen Präsidenten Bill Clinton wegen der Affäre mit einer Praktikantin mittels Impeachment-Verfahren des Amtes zu entheben, bestimmt die tiefe Spaltung des Landes den politischen Tageskommentar, ist sie auch das Oberthema aller politikwissenschaftlichen Symposien. Auf Clinton folgte George W. Bush, auf diesen wiederum Barack Obama, und stets hieß es nach dem Ende ihrer Präsidentschaften, dass die Spaltung des Landes einen neuen Höhepunkt erreicht habe.

Nach dem Wahlsieg Obamas im Jahr 2008 kursierte für einen Moment die Hoffnung, dass die Nation politisch heilen und man bald zur konsensorientierten Normalität der amerikanischen Politik zurückkehren könnte. Schließlich hatte der entscheidende Kern von Obamas Wahlkampferzählung auf der Losung basiert, dass die Polarisierung des Landes nur ein Kunstprodukt sei, am Leben gehalten von Spindoktoren, Journalisten und anderen Profiteuren der Spaltung – während die Amerikaner in Wahrheit viel mehr eine als trenne: „There is not a liberal America and a conservative America", sagte Obama. „There is the United States of America." Doch Obamas Erzählung, das war die bittere Schlusspointe seiner Präsidentschaft, wirkte selbst polarisierend: Während die einen darin eine große Geschichte von Vergebung und Versöhnung sahen, nahm die andere Seite diese Devise mit ihrem hegemonialen Anspruch, eine Vernunft zu repräsentieren, die über dem kleinlichen Parteienhader stand, als stille Kriegserklärung wahr. Nach acht Jahren Obama war das Land jedenfalls tiefer gespalten als zuvor.

Nur Donald John Trump hat wohl niemand je als Symbol nationaler Einheit gesehen; all des patriotischen Getöses zum Trotz nicht einmal seine eigenen Anhänger, die ihn nicht zuletzt deswegen liebten und weiterhin lieben, weil er die andere Seite so sicher in den Wahnsinn treibt. In der Tat scheint seine Wahl ins Weiße Haus 2016 den vorläufigen Höhepunkt der Spaltungstendenzen der amerikanischen Gesellschaft zu markieren. Alle uns verfügbaren Daten weisen jedenfalls auf einen in der jüngeren Geschichte der USA präzedenzlosen Höchststand dieser Polarisierung hin. Und es geht dabei nicht nur um einfache Divergenzen über politische Inhalte, so gravierend sie auch sein mögen. Viel markanter und auch dramatischer sind die messbaren Antipathien zwischen den Anhängern der beiden Parteilager und ein wechselseitiges Misstrauen, das Fieberschübe der Paranoia ausgelöst hat. Vieles davon war schon vor Trump messbar: Fast die Hälfte der jeweiligen Parteianhänger von Demokraten und Republikanern meinte bereits 2016, dass die andere Seite eine „Gefahr für das Wohlergehen der Nation“ darstelle.[5] Seit Trumps Amtsantritt allerdings geht es tatsächlich um Fragen der politischen Legitimität und damit um die Substanz der Demokratie. Kaum ein Satz wird in den USA derzeit so häufig zitiert wie jene Antwort von Benjamin Franklin, einem der amerikanischen Gründerväter, auf die Frage, welche Staatsform die junge Nation annehmen werde: „A republic, if you can keep it.“

Und: Können die Amerikaner ihre Republik bewahren? Was früher zum Rüstzeug der Hysteriker gehörte, ist heute zu einer zumindest nicht mehr gänzlich an den Haaren herbeigezogenen Frage geworden. Beinahe jeder zweite Anhänger beider Parteien hält die Gegenseite laut einer Umfrage mittlerweile nicht einfach nur für „schlecht für das Land“, sondern für „einfach nur bösartig“. Immerhin ein

Fünftel, wiederum in beiden Parteien, stimmt der Aussage zu, dass den Anhängern der Gegenseite „Eigenschaften fehlen, um als Menschen zu gelten", und sie sich „wie Tiere" benähmen. Zwanzig Prozent der Demokraten und 16 Prozent der Republikaner sind der Meinung, es sei für das Land besser, „wenn große Teile der anderen Partei einfach wegsterben". Und schließlich: Über 18 Prozent der Demokraten und fast 14 Prozent der Republikaner sind der Auffassung, dass Gewalt gerechtfertigt sei, wenn die andere Partei 2020 die Präsidentschaftswahl gewinnen sollte.[6] Bisweilen scheint es, dass in den USA keine politischen Parteien gegeneinander antreten, sondern verfeindete Stämme.

Es war einmal ... der amerikanische Konsens

Wie konnte das passieren? Und warum passierte es ausgerechnet in jenem Land, das nicht nur als eine der Wiegen der Demokratie gilt, sondern auch als Hort der Stabilität, der auch dann nie ins Wanken geriet, als Europas Demokratien während der Krisen der 1930er-Jahre in einer Welle des Autoritären umfielen wie die Dominosteine? Amerika war stets das Land, das gefeit schien vor ideologischem Überschuss, das eine moderate politische Kultur pflegte und dessen politische Eliten sich, anders als in Europa, nicht als Vollstrecker großer weltanschaulicher Projekte sahen, sondern als pragmatische Manager des Möglichen. Über viele Jahre schien es wenig Sinn zu ergeben, das politische Koordinatensystem Europas überhaupt auf die USA anzuwenden. Sozialistische Theoretiker von Engels bis Lenin verzweifelten an den Vereinigten Staaten. Hatte Marx nicht vorausgesagt, dass die Revolution in jenem Land stattfinden werde, das am weitesten industrialisiert sei? Warum aber gab es dann in den USA keine starke sozialistische Bewegung? Doch auch ein wirklich reaktionärer Konservativismus hatte in den USA – zumindest jenseits des konservativen Südens – lange keine Heimat. Und selbst in den dunkelsten Jahren der Großen Depression der 1930er-Jahre hielten sich die USA vom Faschismus fern: Amerika blieb das Land von Kapitalismus und liberaler Demokratie. Natürlich kursierte auch in den Vereinigten Staaten theoretisch die ganze Bandbreite ideologischer Entwürfe, vom Ku-Klux-Klan bis zur Kommunistischen Partei. Doch in die Mitte der Gesellschaft stießen solche Konzepte einer radikal anderen Gesellschaft niemals vor. Das heißt nicht, dass es nicht zahlreiche antiliberale Stränge in dieser vermeintlich so liberalen Gesellschaft gegeben hätte, wie vor allem der allgegenwärtige Rassismus nicht nur, aber besonders im Süden der USA deutlich macht.[7] Aber auch das schwamm inmitten eines politischen Mainstreams, hatte sich nicht abgesetzt in national organisierten Bewegungen und Parteien, wurde im Übrigen auch nicht offensiv artikuliert, da selbst die Verteidiger der Sklaverei noch glaubten, ihre Werte stünden ganz im Einklang mit dem amerikanischen Gründungsversprechen und der Verfassung. Das war nun gewiss ebenso verlogen wie zynisch, wenn man sich an die Worte der Unabhängigkeitserklärung erinnert: „We hold these truths to be self-evident, that all men are created equal" – aber für die Natur des ideologischen Wettbewerbes spielte es dennoch eine Rolle.

Auch alle nachfolgenden amerikanischen Protestbewegungen, von den *Populists* des 19. Jahrhunderts – einer größtenteils agrarischen Bewegung des ländlichen Amerikas, die gegen die großen Monopole agitierte – bis hin zum von Martin Luther King Jr. angeführten Civil Rights Movement der 1950er-/60er-Jahre, sprachen nicht vom Bruch mit dem *American Creed* – einem durchaus diffusen und nicht widerspruchsfreien Amalgam von Werten wie Gleichheit, Freiheit, Individualismus und protestantischer Wirtschaftsethik –, sondern stellten sich in dessen Tradition. Sie alle zielten auf Anerkennung und Teilhabe, und damit immer auch auf ein Stück vom Kuchen des Amerikanischen Traums.[8] Selbst in der größten Krise des Kapitalismus – während der Großen Depression in den 1930er-Jahren – warb etwa die Kommunistische Partei der USA damit, dass Kommunismus nichts anderes sei als ein spezifischer „20th Century Americanism".[9] Manche bezeichneten die USA als ideologiefreie Gesellschaft; besser aber trifft die Sache wohl ein berühmter Satz des amerikanischen Historikers Richard Hofstadter: „[I]t had been our fate as a nation not to have ideologies but to be one.“[10] Amerika war selbst eine Ideologie. In der Tat war erstaunlich, wie weit diese amerikanische Integrationsideologie reichte, dass trotz zahlreicher Friktionen in der amerikanischen Gesellschaft in den Villengegenden Neuenglands und Kaliforniens ebenso an sie geglaubt wurde wie in den Gettos der New Yorker Bronx oder Süd-Chicagos.

Nach 1945 wurden die USA dann zum ultimativen Vorbild ideologisch abgerüsteter Gesellschaften. In den 1950er-Jahren stand mit dem Kriegshelden Dwight D. Eisenhower gar ein Mann an der Spitze des Staates, der sich lange mit der Entscheidung schwergetan hatte, für welche der beiden Parteien er denn nun als Präsidentschaftskandidat antreten sollte – angetragen worden war ihm die Nominierung schließlich von Demokraten und Republikanern gleichermaßen, und sehr wesentlich schienen ihm die programmatischen Unterschiede zwischen den Parteien nicht. Es war die Zeit, in der der Dachverband amerikanischer Politologen, die American Political Science Association, eine offizielle Stellungnahme abgab, in der markante Programmparteien und damit mehr Polarisierung gefordert wurden, denn das Einerlei von Demokraten und Republikanern lasse den demokratischen Wettbewerb verkümmern und den Bürgern keine echte Wahl. Ob die Herren (denn es waren damals nur Herren) wohl über den Zustand der amerikanischen Politik im Jahr 2020 erfreut wären?

Als daher in den 1960er-Jahren die Diskussionen um ein „Ende der Ideologien“ die Debatte in den westlichen Gesellschaften bestimmte, war völlig selbstverständlich, dass am Ende eines solchen Prozesses nur eine „moderne“ Gesellschaft wie die USA stehen könnte. Damals prägte sich jenes Bild von der amerikanischen Politik ein, das bis in die jüngere Vergangenheit in politikwissenschaftlichen Lehrbüchern zu finden war. Noch in den 1970er-Jahren konnte der amerikanische Politikwissenschaftler Robert Dahl, als Komparatist mit den Gegebenheiten in Europa fraglos gut vertraut, unwidersprochen behaupten: „[U]nlike parties in many European countries, both Republicans and Democrats in the United States advocate much the same ideology. [...] To a European accustomed to the sound and fury of clashing ideologies, American party battles seem tame and uninteresting."[11] Es sind Sätze aus dem Museum amerikanischer Geschichte.

Also, noch einmal: Was ist bloß passiert, das die Sätze von Dahl heute so surreal erscheinen lässt? Die Antwort auf diese Frage weist weit über Amerika hinaus. Die USA durchlaufen schlichtweg schon seit Längerem einen Laborversuch in sozialer Desintegration, der inzwischen auch anderswo gestartet ist und dessen Ausgang ungewiss bleibt. Dieses Experiment, in dem wir alle die Laborratten sind, fördert ziemlich desillusionierende Ergebnisse zutage: Unsere modernen, freiheitlichen und durch und durch individualisierten Gesellschaften bringen offenkundig in einem beträchtlichen Maß das Gegenteil dessen hervor, was sie eigentlich hervorbringen sollten, nämlich: Engstirnigkeit, Abschottung und Dogmatismus statt Toleranz, Offenheit und Pluralismus. Amerikas Bürger haben die durch Individualisierungsprozesse ausgelösten Zugewinne an Autonomie, die nie dagewesene Freiheit, ein Leben nach eigener Wahl zu führen, vor allem dazu genutzt, ideologisch homogene Lebenswelten aufzubauen, wodurch sich Alltagserfahrungen und Informationswelten der Parteianhänger beider Seiten drastisch auseinanderentwickelt haben – ein Prozess, den ich als „paradoxe Individualisierung" bezeichne. So stehen sich heute zwei politisch-kulturelle Lager gegenüber, die sich fremder kaum sein könnten und die die Welt mit völlig unterschiedlichen Augen sehen. Trumps angekündigte Mauer steht längst; aber sie befindet sich nicht an der Grenze zu Mexiko, sondern verläuft mitten durchs Land und durch die Köpfe seiner Bürger.

Doch wäre es falsch, den USA einfach nur eine allgemeine soziologische Diagnose überzustülpen. Damit man nicht in einen Determinismus hineinläuft, der nationale Unterschiede kurzerhand beiseiteschiebt, muss man anders beginnen, mit einer sehr viel konkreteren Geschichte. Amerikas tiefe Spaltung ist auch das Ergebnis spezifischer historischer Ereignisse und der Frage, wie die politischen Akteure darauf reagiert haben. Und daher sollte man zunächst wissen, wer hier streitet und worüber – und während manches den gleichzeitig in Europa auftretenden Konflikten ähnelt, bleibt anderes ganz spezifisch amerikanisch. Es gibt dabei durchaus so etwas wie eine historische „Sattelzeit“ der Polarisierung. Im Groben reicht diese Zeit von den frühen 1960er- bis zu den frühen 1980er-Jahren. In diesen zwei Dekaden zerfällt der innergesellschaftliche Konsens des Landes, und es schält sich jene Konfliktlage heraus, die auch heute noch – bei aller Verschärfung der Auseinandersetzung und trotz Trumps Auftritt auf der Bühne – das Denken und Handeln der Akteure bestimmt. In diese Zeit wollen wir kurz eintauchen.

Der amerikanische Konsens zerbricht, Teil I: Die Politisierung der Rassenfrage

In Wahrheit waren die Fundamente des amerikanischen Konsenses schon brüchig geworden, als man das Land noch als Vorreiter der globalen Entideologisierung feierte. Und die Art, wie dieser Konsens zerbrach, ist ein gutes Beispiel dafür, dass Polarisierung nicht immer etwas Schlechtes sein muss – jedenfalls dann nicht, wenn sie hilft, gesellschaftliche Verkrustungen aufzubrechen, die Ungerechtigkeiten produzieren. Amerikas scheinbare Ruhe in der Nachkriegszeit glich jener vor dem Sturm, und sie verdankte sich nicht zuletzt der Tatsache, dass man sich einigen Problemen lieber erst gar nicht stellte.

Dieser faule Kompromiss zwischen den politischen Eliten bestand vor allem in der stillschweigenden Akzeptanz der katastrophalen Zustände im Süden der USA, wo auch noch beinahe hundert Jahre nach dem Ende des Amerikanischen Bürgerkriegs und der Sklaverei von wirklicher Gleichberechtigung keine Rede sein konnte. Das ist die offene, klaffende moralische Wunde des Landes und Amerikas große Schande. Mit einer Reihe von diskriminierenden Gesetzen und Alltagspraktiken hielt man dort die Rassentrennung zwischen Schwarz und Weiß nach wie vor faktisch aufrecht. Schon 1954 hatte der Supreme Court, das oberste Gericht der USA, in einer historischen Entscheidung dieses Apartheid-System für verfassungswidrig erklärt. Tatsächlich aber änderte sich wenig daran, dass Schwarze zwischen

Kentucky und Mississippi massiv am Wählen gehindert wurden, im Bus hinten zu sitzen hatten, dass ihre Kinder auf separate Schulen gingen und viele Afroamerikaner tagtäglich Opfer rassistischer Polizeigewalt wurden.

Und selbst die nominell schon damals ein wenig liberalere Partei von beiden, die Demokraten, hatte kein großes Interesse daran, an diesen Verhältnissen etwas zu ändern. Denn die Demokratische Partei war, ebenso wie die Republikanische, ein loses Konglomerat unterschiedlichster sozialer Gruppen. Besonders wichtig für die Demokraten war der konservative Süden: Er war die eigentliche Hochburg der Partei, bekannt als *solid south*. Das hatte historisch weit zurückreichende Gründe. Schließlich war der Sklavenbefreier Abraham Lincoln ein Republikaner, die sogenannte *Grand Old Party* daher für die meisten Weißen in den Südstaaten unwählbar. Auf dem Gebiet der alten Konföderation herrschte faktisch ein Einparteiensystem, dominiert von einer Demokratischen Partei, deren Politiker offene Verfechter der Rassentrennung waren. Aus Gründen der nationalen Mehrheitsfähigkeit scheute die Gesamtpartei daher den offenen Konflikt mit den konservativen „Parteifreunden" aus dem Süden. Das galt auch noch Anfang der 1960er-Jahre für den mit großen Erwartungen ins Amt gekommenen neuen Präsidenten John F. Kennedy. Die Koalition, der er seinen äußerst knappen Sieg bei den Präsidentschaftswahlen 1960 verdankte, wäre ohne die Unterstützung konservativer demokratischer Südstaatler nicht möglich gewesen.

Das alles änderte sich erst, als das Civil Rights Movement unter der Führung von Martin Luther King Jr. Anfang der 1960er-Jahre in immer spektakuläreren Protestaktionen, die immer heftigere, brutalere Reaktionen von Justiz und Polizei im Süden der USA provozierten, endgültig die nationale Aufmerksamkeit auf sich zog. Insbesondere in den liberalen, aufgeklärten, urbaneren Regionen des Landes – und dorthin war die Macht innerhalb der Demokratischen Partei während der letzten drei Jahrzehnte sukzessive gewandert – war man über die Exzesse der staatlichen Autoritäten, aber auch über das Verhalten vieler Bürger in den Staaten der alten Konföderation entsetzt. Zudem waren viele Afroamerikaner auf der Suche nach besser bezahlten Industriejobs in die urbanen Zentren der Ostküste abgewandert und stellten dort nun einen Wählerblock, der für die Demokraten immer wichtiger werden sollte.

Dadurch veränderten sich langsam die Machtbalance und die strategischen Kalkulationen der Demokratischen Partei. Anfang der 1960er-Jahre schien der Bruch mit dem Südstaatenflügel keineswegs mehr so abwegig wie noch einige Jahre zuvor; seit dem Sommer 1963 steuerte auch Kennedy auf diesen Konflikt offen zu. Seine Ermordung im November 1963 beschleunigte diesen Prozess eher noch. Nach den Schüssen von Dallas fühlte sich der amerikanische Liberalismus moralisch eindeutig in der Offensive. So wuchs die Entschlossenheit, auch auf Kosten der innerparteilichen Harmonie sehr viel entschiedenere Maßnahmen zu ergreifen: Im Juli 1964, unter der Präsidentschaft von Kennedys Nachfolger Lyndon B. Johnson, wurde der „Civil Rights Act" erlassen, der eine Reihe von Interventionen vorsah, um die faktische Rassentrennung in den USA aufzuheben, und dabei dem Justizministerium in Washington weitreichende Befugnisse zu deren Durchsetzung einräumte und der später durch den nicht minder wichtigen „Voting Rights Act" ergänzt wurde. Bei der Abstimmung im Senat kamen die meisten Gegenstimmen aus dem Lager der Demokraten – allesamt aus dem Süden.

Am Abend nach der Abstimmung saß ein erschöpfter Lyndon B. Johnson mit seinem Stab zusammen, melancholisch trotz des historischen Erfolges, den er gerade errungen hatte. Denn der Präsident hegte wenig Illusionen, welche Konsequenzen seine Unterschrift unter das neue Gesetz haben würde: „I think we delivered the South to the Republican Party for your lifetime and mine"[12], teilte er einem engen Berater in einem Anflug böser Vorahnungen mit. Denn die Demokraten zerriss der Civil Rights Act förmlich. Viele von ihnen liefen im Laufe der nächsten Jahre zur Gegenseite über. Und schon bei den Präsidentschaftswahlen 1964 ging der Demokratischen Partei der *solid south* verloren, als der republikanische Kandidat für das Weiße Haus, Barry Goldwater, Johnson landesweit zwar hoffnungslos unterlegen war, aber einen Teil der Südstaaten für sich gewinnen konnte. Es war der Beginn der republikanischen Dominanz zwischen North Carolina und Texas, die bis heute ungebrochen ist.[13]

Man kann die Bedeutung dieses sogenannten *southern realignment* für alles, was folgen sollte, schwerlich überschätzen. Es beseitigte die entscheidende Ursache der Anomalie des amerikanischen Parteiensystems: die extreme Heterogenität beider Parteien und ihre fast völlige ideologische Beliebigkeit. Deswegen war es eine Zäsur und der erste Dominostein, der fallen musste, um alles Weitere in Bewegung zu setzen. Der Auszug des konservativen Südens aus der Wählerkoalition der Demokraten schuf überhaupt erst ideologisch halbwegs homogene Parteien und beseitigte damit die extreme regionale Zersplitterung, die bis dahin Demokraten und Republikaner geprägt hatte. Hatten zuvor ein Demokrat und ein Republikaner in New York City mehr miteinander gemein als mit ihren jeweiligen Parteifreunden im Mittleren Westen oder im Süden der USA, sollten die Parteien sich in den nächsten Jahrzehnten stetig vereinheitlichen. Erst nach dieser Wende ergab es für die Kandidaten der Parteien bei Präsidentschaftswahlen überhaupt Sinn, ideologisch eindeutige Signale an die Wähler auszusenden. Wären die Parteien ungeordnet, heterogen und fragmentiert geblieben – keine der folgenden gesellschaftlichen Eruptionen hätte wohl die gleiche Wirkung entfaltet. Und die Wähler vernahmen die Signale, sortierten sich ebenfalls neu in die Parteien ein: Konservative zu den Republikanern, Liberale und Linke zu den Demokraten.[14]

Und natürlich etablierte es *race* als die vielleicht entscheidende Konfliktlinie der amerikanischen Gesellschaft. Für den Süden galt dies ohnehin; dort hielt man daran fest, dass Washington sich unrechtmäßig in den, wie es teils zynisch, teils vielleicht auch nur naiv hieß, *southern way of life* einmischte. Doch im weiteren Verlauf der 1960er-Jahre entwickelte *race* eine beträchtliche soziale Sprengkraft auch jenseits der alten Konföderation. Der Rassismus im Norden war subtiler und weniger gewalttätig, aber er war nicht weniger wirkungsmächtig. Um ihn aus der Welt zu schaffen, brauchte es ganz andere Eingriffe des Staates – etwa die Praxis des *busing*, das ethnisch ausgeglichenere Schulklassen schaffen sollte, was aber für einige Schüler wahre Odysseen mit dem Schulbus bedeutete. Auf sehr viel Sympathie stießen solche Maßnahmen nicht in der amerikanischen Arbeiterklasse. Es war eben die eine Sache, sich über Polizeigewalt und Lynchmobs in Mississippi zu empören, aber eine vollkommen andere, im Namen des gesellschaftlichen Fortschritts seine persönliche Freiheit vermeintlich eingeschränkt zu sehen. Seit 1965 kam es überdies immer wieder zu aggressiven Unruhen in den amerikanischen Großstädten. Viele Schwarze waren bitter enttäuscht, dass sich trotz all der Maßnahmen der Johnson-Regierung nur wenig an der systematischen Diskriminierung änderte, die sozialen Verhältnisse weiter wie zementiert erschienen. Die Riots von Los Angeles, Detroit und anderen Orten produzierten Bilder, die Abend für Abend in die Wohnzimmer auch des weißen Amerikas flimmerten und dort einen Schock auslösten. 1964 hatten noch 68 Prozent der Weißen außerhalb der Südstaaten Johnsons Bürgerrechtsinitiativen unterstützt; nur zwei Jahre später war plötzlich eine Mehrheit der Meinung, dass die Regierung bei ihren Bemühungen um Integration viel zu schnell vorgehe.[15] So wurde man auch dort empfänglich für die politische Botschaft der Republikaner, dass der Staat es übertreibe mit seinen Integrationsbemühungen und seiner Verhätschelung von Minderheiten.

Der amerikanische Konsens zerbricht, Teil II: Die Politisierung der Religion

Während die ethnischen Konflikte der USA durch die Sklaverei und Rassentrennung ihre eigene Geschichte haben, kam es beinahe simultan zu einer gesellschaftlichen Eruption, die eher globaler Natur war und zunächst auf beiden Seiten des Atlantiks eine ähnliche Konfliktlinie zu etablieren schien. Die Rede ist natürlich von dem, was in Deutschland (und vielen anderen europäischen Ländern) unter der Chiffre „1968“ bekannt ist. Auch wenn das Jahr an sich in den USA eine etwas andere Rolle spielt und eher als gewalttätiger Schlussakt einer aufgewühlten Dekade gilt, ging es hier wie dort um die kulturellen Erschütterungen der 1960er- und 1970er-Jahre. Zunächst schienen sie sich an konkreten politischen Ereignissen festzumachen, vor allem am Krieg in Vietnam. Entscheidender aber war ein tiefgreifender Liberalisierungsschub, der traditionelle Moralvorstellungen, Hierarchien und Rollenbilder herausforderte. Ein Teil der amerikanischen Gesellschaft, zunächst vor allem das gebildete, städtische und junge Amerika, entdeckte neue Möglichkeiten der Lebensführung. Bei ihnen standen Werte wie Autorität, Disziplin und Respekt vor den Älteren nicht mehr besonders hoch im Kurs. Stattdessen ging es um Selbstentfaltung, Autonomie und ein selbstbestimmtes Leben. Insofern war Woodstock als Sinnbild des Aufbruchs gewiss nicht weniger wichtig als die großen Anti-Vietnamkriegsdemonstrationen der späten 1960er-Jahre; denn der zum Ende der 1960er-Jahre einsetzende Wertewandel schuf eine Konfliktlinie zwischen „Libertären" und „Autoritären", die die konkreten Streitfragen dieser Jahre überdauern sollte – und mit der Zeit immer stärker wurde.[16]

Die Babyboomer der Protestgeneration tendierten selbstverständlich zu den Demokraten, veränderten damit auch die Partei. Ohne Friktionen lief das nicht ab, was hier jedoch nicht in aller Breite dargelegt werden muss; aber der Konflikt zwischen „alter" und „neuer Linker", zwischen *class politics* und *identity politics*, spielte schon damals eine Rolle und führte dazu, dass viele Gewerkschafter nach den chaotischen Parteitagen 1968 und 1972 die Demokraten verließen. Anders als in den Mehrparteiensystemen in Europa, wo sich z. B. mit den Grünen eine genuine Repräsentantin der Neuen Sozialen Bewegungen als Partei herausbildete, mussten die Demokraten den Konflikt zwischen alter und neuer Linker innerhalb der eigenen Partei austragen.

Zu einer eindeutig linken Partei oder gar zur wirklichen Heimat der *counter culture*, der alternativen Gegenkultur, wurde die Partei dennoch lange nicht. Noch bis in die 1990er-Jahre hinein standen die Demokraten vermutlich bei vielen Fragen ideologisch näher bei den europäischen Mitte-rechts-Parteien als bei ihren eigentlichen Pendants, den Sozialdemokraten. Jedenfalls blieben sie relativ lange der alten Tradition der breiten amerikanischen Sammlungsparteien verpflichtet. Das war Stärke und Schwäche zugleich. Auf der einen Seite waren sie damit inklusiver als die Gegenseite, verfügten über die breitere und größere potenzielle Wählerkoalition. Andererseits fehlte ihnen oft eine klare Identität – was sie allerdings mit den Mitte-links-Parteien in anderen Ländern teilten, deren lange Agonie in den 1970er-Jahren begann.

Bei den Republikanern sah das anders aus: Sie wurden sehr viel schneller zur echten Weltanschauungspartei. Die entscheidende Abweichung von den europäischen Verhältnissen ereignete sich in den USA daher auf der rechten Seite des politischen Spektrums. Zunächst schienen die Entwicklungen sich im Nachgang von „1968“ zu ähneln, denn hier wie dort kam es zu einem Backlash gegen die Liberalisierungstendenzen dieser Jahre und damit zum Wiedererstarken von konservativen Positionen, die zuvor schon ziemlich entkräftet gewirkt hatten, sich unter dem Gefühl der Erosion überkommener Werte nun aber schroff gegen den Zeitgeist wandten. Überall im „Westen“ revitalisierte sich das wertkonservative Lager, erhielt Zulauf aus einer verunsicherten Mittelschicht und auch aus der Arbeiterklasse. In Richard Nixon, der 1969 in das Weiße Haus einzog – was bereits den Zeitgenossen als Fanal einer konservativen Zeitenwende galt –, und seinem Begriff der *silent majority* verdichtete sich wohl am besten das Gefühl der kulturellen Belagerung durch einen feindlichen Zeitgeist, gepaart natürlich mit der Überzeugung, noch immer die wahre Mitte des Landes zu verkörpern.

Doch da enden die Gemeinsamkeiten. Langfristig nämlich sollte der Backlash in den USA eine ungleich größere Wucht entfalten. In Westdeutschland etwa konnte aus Helmut Kohls „geistig-moralischer Wende“ eineinhalb Jahrzehnte nach „1968“ nicht viel werden, weil es in Wahrheit keinen tragfähigen konservativen Gegenentwurf zu den Emanzipations- und Individualisierungsschüben jener Jahre gab, auch in der CDU nur sehr wenige mit dem liberalen Zeitgeist wirklich schwer haderten, während die meisten Christdemokraten sich mit einer weniger traditionsgeleiteten und hedonistisch-liberaleren Gesellschaft ziemlich formidabel arrangiert hatten. So verhielt es sich in der Mehrzahl der europäischen Demokratien, und weder als politische Idee noch als Organisation hat der klassische Konservativismus seitdem wieder zu alter Größe gefunden – auch heute nicht, da er neben nationalem und völkischem Denken eher auf dem Beifahrersitz der Neuen Rechten Platz genommen hat.

In den USA aber war das in der Tat anders, und die divergierenden Entwicklungspfade lagen primär in Amerikas tiefer Religiosität begründet, die sich seit dem letzten Drittel des 20. Jahrhunderts markant vom europäischen Kurs unterschied. Dabei hatten Religionssoziologen lange geglaubt, dass der Niedergang organisierter Religiosität das unvermeidliche Schicksal aller modernen Gesellschaften sei. Heute wissen wir, dass die Säkularisierungsthese in dieser Form nur auf einen geografisch sehr begrenzten Raum zutraf: West- und Mitteleuropa. Die USA hingegen erlebten im selben Zeitraum eine anders gelagerte, sehr spezifische religiöse Transformation. Die eher liberalen protestantischen Kirchen verloren tatsächlich rapide an Mitgliedern. Gleichzeitig aber wuchsen die evangelikalen konservativen Freikirchen rasant an. Damit nahmen die USA im Bereich des Religiösen etwas vorweg, was sich später auf dem Feld der politischen Einstellungen wiederholen sollte: Die Mitte erodierte, die Flügel expandierten. Für einen aggressiven Kurs gegen die liberale Moderne und für die Verteidigung einer traditionellen Sozialmoral standen dem amerikanischen Konservativismus daher fortan völlig andere Ressourcen zur Verfügung: Millionen streng konservativer Christen, die gegen Abtreibung, Pornografie und Homosexualität kämpften. Vor allem die liberalen Entscheidungen des Supreme Courts in jenen Jahren – allen voran der Fall Roe vs. Wade, in dem die Richter urteilten, dass einzelne Bundesstaaten nicht das Recht auf Abtreibung außer Kraft setzen dürfen – mobilisierte sie. Spätestens mit Ronald Reagans Wahlsieg 1980 waren die Republikaner eindeutig zur Partei der Verteidigung der christlichen Sozialmoral gegen moralischen Verfall, Nihilismus und Atheismus geworden.[17]

Vor allem die 1990er-Jahre – vielleicht nicht zufällig eine Dekade wirtschaftlicher Prosperität, in der soziale Probleme ein wenig in den Hintergrund traten – wurden dann das Jahrzehnt der sogenannten *culture wars*. Besonders populär gemacht hatte den Begriff der Soziologe James Davison Hunter. Er sah die vielen aufbrechenden Kontroversen im Land – über Homosexualität und Abtreibung oder die Frage, ob die Evolutionstheorie in den Schulen gelehrt werden sollte – als Symptome einer nun dominanten Spaltungslinie zwischen „Progressiven" und „Orthodoxen". Das progressive Amerika glaubte an die Emanzipation von überkommenen Werten, an gesellschaftlichen Fortschritt und an die grundsätzliche Relativierbarkeit von moralischen Grundsätzen. Das orthodoxe Amerika aber hielt fest am Glauben an eine transzendente Autorität, an überlieferten Werten und Normen, teilte die Welt auch weiter ganz binär in Gut und Böse ein. Es war – anders als in der Vergangenheit, als die Antipathien zwischen Protestanten und Katholiken das politische und soziale Leben bestimmt hatten – nicht mehr der Konflikt zwischen den Konfessionen, der jetzt bestimmend war. Vielmehr hatten sich konservative Katholiken, Protestanten und Juden zusammengeschlossen in ihrem Widerstand gegen die liberale Moderne.[18]

Wie stark diese Verbindung zwischen den Republikanern und Amerikas konservativen Christen war, zeigte sich vor allem 2016, als ein Mann die Nominierung zum Präsidentschaftskandidaten errang, von dem jedermann wusste, dass er mit alldem nichts am Hut hatte. Donald Trump war ein mehrfach geschiedener Playboy und chronischer Schürzenjäger aus Manhattan, Kasinobetreiber, Ausrichter von Schönheitswettbewerben und bis dahin, vorsichtig ausgedrückt, nicht unbedingt durch religiösen Eifer aufgefallen. Auf einer Veranstaltung der religiösen Rechten im Herbst 2015 bezeichnete Trump die Bibel als sein „Lieblingsbuch" (an zweiter Stelle nannte er dann sein eigenes Werk, „The Art of the Deal"). Auf Nachfrage konnte er seine „Lieblingsstelle" in der Heiligen Schrift dann allerdings nicht benennen. Sein Glaube sei sehr privat, darüber rede er öffentlich nicht so gern, sagte jener Kandidat, der sonst über alles redet.

Nun kann man nicht behaupten, dass Trump von Beginn an der favorisierte Kandidat der religiösen Rechten gewesen wäre. Und einige konservative Christen kritisierten ihn und das, wofür er stand, auch mit deutlichen Worten. Nachdem Trump die Nominierung errungen hatte, machten sie jedoch rasch ihren Frieden mit ihm. Denn er versprach, konservative Richter an den Supreme Court zu berufen und auch sonst die Anliegen der religiösen Rechten zu unterstützen. Das genügte einem Milieu, das seit Langem eine ziemlich verzweifelte Abwehrschlacht gegen die Moderne schlägt und sich marginalisiert fühlt, es sich daher kaum leisten kann, bei seinen Bündnispartnern besonders wählerisch zu sein. Seit Trumps Wahl hat man dort alle möglichen theologischen Turnübungen versucht, um den eigenen Einsatz für ihn zu rechtfertigen. Hat Gott sein Werk nicht oft durch Menschen vollbringen lassen, die nicht gerade ein gottgefälliges Leben geführt haben? Einige halten es mit dem persischen König Kyros II., der nach biblischer Überlieferung im 6. Jahrhundert v. Chr. den Auszug der Juden aus der babylonischen Gefangenschaft und ihre Rückkehr ins gelobte Land ermöglichte. Denn Kyros war ebenso wie Trump kein Mann des rechten Glaubens, wurde aber dennoch von Gott als Werkzeug auserkoren, dem auserwählten Volk zu helfen. Es ist in dieser Lesart gerade die Eigenschaft als Sünder, die zu Höherem qualifiziert – eine höchste Form der Dialektik, die nur den wahrhaft Gläubigen unter den Christen oder Marxisten vergönnt ist. Die Wahrheit ist ja ohnehin einfacher und zugleich deprimierender: Die politische Polarisierung ist mittlerweile so übermächtig geworden, dass sie selbst die Religion verschluckt und zum Appendix der persönlichen Identität gemacht hat. Man ist zuerst ein konservativer Republikaner – und dann erst Christ.

Der amerikanische Konsens zerbricht, Teil III: Eine Bewegung gegen den Staat

Mit *race* und Religion waren somit zwei der fortan prägenden Konfliktlinien etabliert. Sie prägten das Wahlverhalten, motivierten die Parteiaktivisten beider Seiten, strukturierten den politischen Diskurs. Die Demokraten waren die liberalere, säkularere und ethnisch diversere Partei, die Republikaner weißer, religiöser, konservativer.

Und für alles, was dann folgte, muss man natürlich verstehen, welcher Wählerkoalition potenziell die Zukunft gehörte. Das Land wurde nämlich stetig diverser, was vor allem an der konstanten Zuwanderung aus Mittel- und Lateinamerika liegt. Hatten 1980 noch 15 Millionen Hispanics in den USA gelebt, waren es 2016 – dem Jahr, das Trump an die Macht brachte – 58 Millionen.[19] Schätzungen zufolge werden weiße, nicht-hispanische Amerikaner irgendwann zwischen 2041 und 2046 zur *majority-minority*, zur größten Minderheit, werden und ihr Anteil an der Gesamtbevölkerung wird unter fünfzig Prozent sinken. Zudem hat sogar Amerikas oft beschworene tiefe Religiosität zu bröckeln begonnen. Während die USA bis in die 1980er-Jahre hinein noch völlig immun gegen die Säkularisierungstendenzen erschienen, die sich in anderen westlichen Gesellschaften zeigten, änderte sich das ab den 1990er-Jahren: Nun wuchs auch hier die Zahl derjenigen, die sich als nicht-religiös bezeichneten. Wenn ein Viertel der US-Bürger heute angibt, keiner Kirchengemeinde anzugehören, mag das noch nicht dramatisch klingen – es sei denn, man weiß, dass dieses eine Verdreifachung im Vergleich zu den frühen 1990er-Jahren ist.

Zunehmend entbrannte auch ein Konflikt zwischen den liberalen urbanen Zentren Amerikas und dem ländlichen Hinterland, die sich inzwischen politisch weit auseinanderentwickelt haben. Die Städte wurden ethnisch diverser, säkularer, liberaler und entfernten sich damit immer stärker vom ländlichen, christlichen und weißen Amerika. Bei der Präsidentschaftswahl 2016 gewann Trump über 2600 von ca. 3100 Counties (ungefähr vergleichbar mit deutschen Landkreisen). Hillary Clinton, die landesweit bekanntlich drei Millionen Stimmen mehr erhielt als Donald Trump, gewann lediglich knapp 500 Counties – aber unter ihnen fast alle großen Metropolregionen des Landes. Und während sie noch in den 1980er-Jahren als Ausbund von Kriminalität und Verfall gegolten hatten, erlebten viele Städte seit den 2000er-Jahren einen rasanten ökonomischen Aufschwung – das ländliche Amerika hingegen fiel immer mehr zurück. Die einstigen Sorgenkinder der Nation avancierten damit, ungeachtet aller fortdauernden sozialen Probleme, insgesamt zu den Gewinnern der rasanten Strukturveränderung der US-amerikanischen Ökonomie, profitierten alles in allem vom Zuwachs des Dienstleistungssektors und fingen damit die Folgen der De-Industrialisierung ab. Die Städte profitierten von der Globalisierung; das ländliche Amerika aber litt.

Viele der extremen Reaktionen auf der politischen Rechten, die Bereitschaft, die Grenzen sowohl der Verfassung als auch eines zivilen politischen Diskurses zu testen, hängen mit genau dieser Wahrnehmung zusammen: Man ist dort überzeugt, dass die Zeit unerbittlich gegen einen läuft, weshalb der Zweck der kulturellen Selbstbehauptung auch grenzwertige Mittel rechtfertigt. Es ist ein aggressiver Verteidigungskampf, bei dem es aus Sicht des weißen, christlichen und konservativen Amerikas schlicht ums Ganze geht, und viele glauben, dass Trump die letzte Rückzugslinie ist, die nicht aufgegeben werden darf.

Schließlich fehlt noch eine dritte Konfliktlinie: jene zwischen mehr oder weniger staatlicher Einmischung in Wirtschaft und Gesellschaft, also jener Aspekt der politischen Auseinandersetzung, den wir am einfachsten in ein Links-rechts-Koordinatensystem übertragen können. Mehr Staat oder mehr Markt? Das dürfte in der Tat die Schlüsselfrage des 19. und 20. Jahrhunderts gewesen sein.

Tatsächlich aber ist die Sache hier am kompliziertesten. Auf der einen Seite ist richtig, dass Mitte der 1960er-Jahre auch auf diesem Feld der Konsens zu bröckeln begann. Bis dahin nämlich – und etwa seit der Zeit des *New Deal* Franklin D. Roosevelts – teilten Republikaner und Demokraten grundsätzlich die Auffassung eines aktiven Staates. Die Kombination aus keynesianisch inspirierter Konjunkturpolitik und Wohlfahrtsstaat, selbstverständlich unter den Bedingungen einer freien Marktwirtschaft (denn Sozialismus hatte in den USA bis vor Kurzem keine Chance), schien weitgehend unbestritten, galt als Quintessenz jenes technokratisch inspirierten Denkens vom „Ende der Ideologien", von dem bereits die Rede war. Die Republikaner waren zwar weitaus skeptischer, was z. B. den Ausbau des amerikanischen Sozialstaates anging, von dem Mitte der 1960er-Jahre viele Progressive hofften und glaubten, er könnte europäisches Niveau erreichen. Aber ideologisch waren sie zu eindeutig in der Defensive. 1964 nominierte die Partei zwar den radikal-libertären Senator Barry Goldwater zum Präsidentschaftskandidaten, der in seinem Hass auf Washington im Besonderen und den Staat im Allgemeinen vieles von dem vorwegnahm, was später die Tea Party auszeichnen sollte. Doch Goldwater verlor, und damit schien diese Art von Marktradikalismus endgültig an ihr Ende gekommen.[20]

In Wahrheit aber war das erst der Anfang: Langfristig sollten sich Goldwaters Vorstellungen von einem Minimalstaat in der Partei durchsetzen. Als Ronald Reagan 1980 zum Präsidenten gewählt wurde, da war dies, zusammen mit der Wahl Margaret Thatchers in Großbritannien ein Jahr zuvor, Zeichen einer globalen Tendenzwende in der Wirtschaftspolitik, die wir in der Regel als Durchbruch des „Neoliberalismus" bezeichnen: die Vorstellung, dass man den Kräften des Marktes so weit wie möglich vertrauen sollte, um Wohlstand für alle zu schaffen. Allerdings war der Marktradikalismus des amerikanischen Konservativismus noch einmal von einem ganz anderen Kaliber. In Europa funktionierte der Neoliberalismus vor allem als vermeintlicher Sachzwang: Man war *gezwungen*, die Märkte zu deregulieren, die Wettbewerbsfähigkeit der Unternehmen zu verbessern und Sozialstandards zu senken, weil es aufgrund von globalen Entwicklungen, für die *niemand persönlich* verantwortlich zu machen war, *Alternativen* eben *nicht gab*. Keine der Mitte-links-Regierungen im Europa der 1990er-Jahre, als dieses Denken parteiübergreifend endgültig die Politik bestimmte – von Tony Blairs Labour Party bis zu Gerhard Schröders SPD –, fand daher für ihre Reformen eine eigene Sprache, sondern blieb im Duktus technokratischer Alternativlosigkeit stecken.

Selbst Europas härteste neoliberale Reformerin, die Konservative Margaret Thatcher, sprach von „There Is No Alternative“ (berühmt geworden unter dem Kürzel TINA) und schwor ihre Landsleute in churchillesker Pose mit Blut-Schweiß-und-Tränen-Reden auf die harte Rosskur ein.

In den USA aber war das anders. Hier brauchte der Neoliberalismus die Logik des Sachzwangs nicht, weil er mit ganz anderen und machtvolleren Mythen verheiratet werden konnte: dem *rugged individualism*, dem „rauen Individualismus“, der sich der Geschichte Amerikas als Siedlernation verdankte, in der die Pioniere entlang der sogenannten *frontier* – der stetig nach Westen verschobenen Besiedlungsgrenze – allein gegen die Wildnis standen und der Staat sowie Washington weit weg waren. Amerikaner, so ging diese Erzählung, nahmen die Dinge selbst in die Hand; und sie lebten in einem Land, in dem es jeder, der hart arbeitete, bis ganz nach oben schaffen konnte, sofern er nicht staatlicherseits daran gehindert wurde. „Government is not the solution to our problem. Government is the problem“, wie es Ronald Reagan, der große Held der konservativen Bewegung, formulierte.

Allerdings geht es ja hier um Polarisierung und nicht um das, was man als die Radikalisierung eines einzelnen Lagers beschreiben könnte. Und polarisierend war diese Anschauung von Wirtschaft und Sozialpolitik eigentlich nicht – da ihre grundsätzlichen Prämissen bald schon weithin geteilt wurden. In den 1980er-Jahren hatten sich neoliberale Prinzipien so weit ausgebreitet, dass man von einer ideologischen Hegemonie sprechen musste. Der Glaube an die Segnungen freier Märkte, an individuelle Eigeninitiative und die jederzeitige Möglichkeit des sozialen Aufstiegs (was wir also gemeinhin als den Amerikanischen Traum bezeichnen) hatte sich schließlich in beiden Parteien durchgesetzt – hierüber herrschte eher Konsens denn Konflikt. Am Ende war es ausgerechnet der Demokrat Bill Clinton, der als Präsident in den 1990er-Jahren die letzten Herzensanliegen des neoliberalen Projekts final durchsetzte, darunter vor allem jene Deregulierung der Finanzmärkte, die mitverantwortlich war für die schwere Finanz- und Wirtschaftskrise ab 2008. Als Clinton bei seiner „State of the Union"-Rede 1996 verkündete: „The era of big Government is over", da schienen die Unterschiede zum politischen Kontrahenten auf diesem Feld weitgehend eingeebnet. Erst nach der Wirtschaftskrise von 2008, und noch einmal beschleunigt mit Trumps Amtsantritt, fand eine kapitalismuskritische Linke wieder Gehör innerhalb der Demokratischen Partei; aber das ist erst die allerjüngste Gegenwart, von der später, genauer: in Kapitel 4, noch die Rede sein soll.

Damals wie heute gilt aber, dass das Wahlverhalten in den USA kaum von der sozialen Klasse bestimmt wird. Es sei denn, man ginge von einer kompletten Umkehrung unserer Vorstellung von Klassenverhalten aus und erklärte die 67 Prozent weißen Wähler aus der Arbeiterklasse, die 2016 für Trump und nicht für Hillary Clinton gestimmt haben, zum Beweis eines homogenen Klassenbewusstseins – was aber nicht besonders viel Sinn ergäbe, da die Betonung hier auf „weiß", nicht so sehr auf „Arbeiterklasse" liegt, denn bei nicht-weißen Amerikanern aus demselben sozialen Segment schnitt Trump eher bescheiden ab.[21]

Der radikale Anti-Etatismus der Republikaner war dennoch von Bedeutung für die Polarisierung des Landes. Allerdings nicht so sehr, weil er für hitzige Kontroversen in der Wirtschafts- und Sozialpolitik gesorgt hätte – denn diese gab es lange nicht. Entscheidender war, dass diese Ideologie den Republikanern half, eine Wählerkoalition zusammenzuhalten, die sonst nicht zusammengefunden hätte. Überraschend war nicht, dass wohlhabende Amerikaner aus den Suburbs – den riesigen und zersiedelten Vorstädten, oft viele Meilen entfernt vom Stadtzentrum – sich für eine Politik begeistern konnten, die vor allem von Steuersenkungen sprach, denn für sie passte die Interessenlage zur Ideologie.

Paradoxer und ungleich interessanter ist, welche noch ganz anderen Wählermilieus mit der Losung von „weniger Staat" angesprochen werden konnten. Es war die Formel, die eine ansonsten hoffnungslos heterogene Koalition zusammenschweißte, da sie alle auf denselben Gegner einschwor. Vor allem in den ländlichen Regionen des Landes hatte die konservative Waffenlobby, insbesondere die heute mehrere

Millionen Mitglieder zählende National Rifle Association (NRA), geschickt die Angst vor einer vermeintlich übermächtigen und übergriffigen Washingtoner Zentralregierung geschürt, die in ihrem Drang nach Kontrolle den unbescholtenen Amerikanern das Recht auf Selbstverteidigung und damit die Waffen wegnehmen wolle. War nicht auch für sie der Staat der Feind, den es zu bekämpfen galt? Das Wort *government* bedeutet ja sowohl „Regierung“ als auch „Staat“, und allein dieser so banale Umstand half vielleicht dabei, eine *anti-government coalition* aus libertären, wohlhabenden Bürgern und waffenvernarrten Milizionären zu flechten.

Aber auch der amerikanische Süden, lange Zeit das Armenhaus der Nation, war traditionell nicht unbedingt für eine libertäre Politik des *small government*, des „schlanken Staats“, gewesen – immerhin hatte man dort ganz besonders von den Sozial- und Infrastrukturprojekten des *New Deal* während der Großen Depression der 1930er-Jahre profitiert. Aber seitdem die Bundesregierung in Washington aufgrund des „Civil Rights Act“ als fremde Interventionsmacht wahrgenommen wurde, verfing auch im Süden die Botschaft, dass es gegen den Staat ins Feld zu ziehen gelte; und so wurden konservative Wähler auch dort empfänglicher für Anti-Government-Botschaften.

Am Ende dieses Prozesses, der sich von Mitte der 1960er- bis in die 1980er-Jahre hinzog, hatten sich die ehedem in sich ideologisch extrem heterogenen amerikanischen Parteien entlang dieser drei gesellschaftlichen Konfliktlinien homogenisiert. Nun gab es eine Partei, die eindeutig liberaler, urbaner, säkularer, ethnisch diverser war und die sich für mehr Staat einsetzte; und es gab eine andere Partei, die konservativer und religiöser war, die den Staat weiter zurückdrängen wollte und immer stärker das weiße und ländliche Amerika repräsentierte.

KAPITEL 2

Fragment Amerika: Wie eine Nation sich auseinanderlebt

Ideologie im postfaktischen Zeitalter

Und doch reicht es nicht, allein die objektiven Konfliktlinien der amerikanischen Gesellschaft, so tief sie auch sein mögen, zu analysieren. Sie machen vielleicht begreiflich, *wer* miteinander streitet, zum Teil auch, *worüber* gestritten wird; aber sie erklären noch nicht die Intensität und die *Art und Weise* des Streits; und vor allem helfen sie nicht, die unverkennbar pathologischen und irrationalen Aspekte des Konfliktes zu verstehen: die Paranoia und den Verschwörungsglauben; den schrillen Ton auch bei Themen, die nicht unbedingt über Wohl und Wehe der Nation entscheiden; schließlich eine Hysterie, die dem politischen Gegner alles, aber auch wirklich alles zutraut. Bis vor Kurzem haben amerikanische Politologen immer wieder darauf hingewiesen, dass die realen Unterschiede in ihren politischen Einstellungen bei den Anhängern beider Parteien zwar gewachsen sind, allerdings nicht auf allen Feldern so dramatisch, wie die aufgeladene Atmosphäre glauben machen könnte. Mehr noch: Auf einigen Feldern sind diese Unterschiede sogar geschrumpft; beispielsweise ist die Toleranz gegenüber abweichenden Lebensentwürfen, wie etwa Homosexualität, bei den Anhängern beider Parteien gestiegen.[1] Und schließlich überschätzen Demokraten und Republikaner in massiver Weise die Radikalität der Gegenseite, der sie politische Positionen unterstellen, die deren Zugehörige gar nicht vertreten.[2]

Kurzum: Es gibt ein Element dieser Polarisierung, das sich nicht an ideologischen Konflikten festmachen lässt, sondern etwas zutiefst Irrationales hat. Und es gibt einen Begriff dafür, nämlich den der „affektiven Polarisierung“: Gemeint ist eine stark emotional aufgeladene gegenseitige Abneigung der Parteilager, die weit stärker ist, als es die unterschiedlichen inhaltlichen Positionen allein erklären könnten. Die wirklich überzeugten Parteianhänger von Demokraten und Republikanern können sich schlichtweg einfach nicht ausstehen. Sie hassen einander nicht, weil sie anders *denken*, sondern weil sie anders *sind*.[3]

Und das schier Unlösbare an dieser Konfrontation ist, wie bereits häufig genug betont wurde, die Tatsache, dass beide Seiten nicht mehr auf der Grundlage gleicher Wirklichkeitsannahmen operieren, sondern sich in alternativen Realitäten bewegen – wobei man an diesem Punkt keine falsche Symmetrie aufbauen sollte: Es sind vor allem Amerikas Konservative, die sich schon seit geraumer Zeit ihre ganz eigene Welt gezimmert haben. Jedenfalls finden wir hier, vom Ignorieren des wissenschaftlichen Konsenses über den Klimawandel bis hin zu den immerhin 43 Prozent der Republikaner, die auch 2015 – nach Jahren der Aufklärung – noch der Meinung waren, bei Barack Obama handle es sich um einen Muslim, die eindrücklichsten Beispiele.[4] Gleichwohl gibt es auch andere, etwas weniger schockierende Indizien, die darauf hindeuten, dass beide Seiten eine höchst selektive Wahrnehmung pflegen. Eine Woche vor der Wahl 2016, Obama war noch Präsident, waren 61 Prozent der Demokraten und 16 Prozent der Republikaner der Meinung, dass die amerikanische Wirtschaft sich derzeit erhole; eine Woche nach der Wahl – natürlich hatte sich an der objektiven Lage rein gar nichts geändert – waren dieser Meinung plötzlich 49 Prozent der Republikaner, aber nur noch 47 Prozent der Demokraten.[5]

Und doch hat niemand das Spiel mit den alternativen Realitäten auch nur ansatzweise so auf die Spitze getrieben wie Donald Trump. Spätestens seit dem Aufstieg eines schier pathologischen Lügners zum Präsidenten der USA ist daher viel die Rede vom „postfaktischen" Zeitalter, in dem die Wahrheit zunehmend als disponibel und formbar erscheint. Einige haben die These aufgestellt, dass Trump und andere die westlichen Demokratien heimsuchende Populisten die gerechte Strafe für einen Zeitgeist seien, der im Namen der Postmoderne schon lange einem Relativismus das Wort rede, der keine objektiven Wahrheiten, sondern nur noch subjektive Standpunkte kenne. Solcherlei geschwächt, so geht diese These weiter, besäßen die freien und offenen

Gesellschaften des Westens keine Antikörper mehr, um das Eindringen des postfaktischen Virus abzuwehren.[6]

Das ist ein eleganter Gedanke; und wer jemals den Seminarraum mit den Epigonen französischer Poststrukturalisten teilen musste, der könnte geneigt sein, sie tatsächlich verantwortlich zu machen für die Malaisen dieser Welt. Aber so recht überzeugt der hier konstruierte Zusammenhang dann doch nicht; denn mehr als den universitären Seminarraum beherrscht dieses Denken nicht. So hart die Einwürfe gegen die Postmoderne mit deren Denkern ins Gericht gehen, so sehr neigen die Kritiker auch dazu, deren Einfluss zu überschätzen. Bisher jedenfalls hat auch noch niemand, spottete unlängst der Medienwissenschaftler Bernhard Pörksen, „einen Donald Trump, einen Wladimir Putin oder einen Silvio Berlusconi je mit einem dieser kleinen, schlecht verleimten Merve-Bändchen herumstolzieren sehen, in denen Jean Baudrillard in dunkel schillernden Formulierungen die ‚Agonie des Realen' beschwört oder Heinz von Foerster seine Erkenntnistheorie erklärt."[7]

Es stimmt, dass es unter Trumps Anhängern auch Beispiele einer zynischen Wahrheitsverachtung gibt, die Trumps Lügen deshalb für irrelevant halten, weil ja sowieso alle lügen – aber das ist Teil jener vollständigen Desillusionierung über den politischen Betrieb und eines entgrenzten Misstrauens gegenüber der Welt (auch das soll uns noch beschäftigen), für das es die Postmoderne gewiss nicht braucht. Ebenso wenig lässt sich behaupten, dass die Lügen Trumps oder anderer Populisten nicht frühzeitig erkannt und auch als solche bezeichnet worden wären. Keineswegs reagierten die westlichen Intellektuellen, die man gemeinhin für den „Kult des Relativismus" verantwortlich macht, mit Indifferenz auf Trumps Aufstieg und hielten seine Twitter-Tiraden lediglich für eine weitere Interpretation der Wirklichkeit. In der Regel stehen sich ja gerade nicht verspielte Theorieangebote, sondern vielmehr konträre und kämpferische Weltsichten gegenüber, die den Zweifel – jene Grundvoraussetzung postmodernen Denkens – eliminiert haben und um die Durchsetzung absoluter Wahrheitsansprüche kämpfen.

Natürlich ist nichts daran wirklich neu. Schon im 17. Jahrhundert hat der französische Philosoph Blaise Pascal recht nüchtern konstatiert, dass das, was auf der einen Seite der Pyrenäen die Wahrheit sei, auf der anderen als Irrtum gelte. Und seitdem wir nicht länger in Gesellschaften leben, in denen die Kirchen ein Deutungsmonopol besitzen, sind die Pluralität von Weltsichten und das Nebeneinander bisweilen unversöhnlicher Anschauungen wohl eher die Normalität. In der Sphäre des Politischen entstanden im Nachgang der Französischen Revolution miteinander rivalisierende säkulare Wahrheitsansprüche, die wir in der Regel als „Ideologien“ bezeichnen, und über die der britische Intellektuelle Terry Eagleton einmal meinte, sie funktionierten wie schlechter Atem: Man bemerke sie stets nur beim anderen.[8] Und auch diese „Interpretationsgemeinschaften“, wenn wir sie so nennen wollen, stritten natürlich nicht einfach nur über die Auslegung der Tatsachen, sondern konnten sich oft nicht einmal auf die Existenz dieser Tatsachen einigen.

Ein Blick zurück: Die europäischen Echokammern des 19. Jahrhunderts

Gleichwohl ist wahr, dass ideologische Gegensätze nicht immer in der gleichen Schärfe auftreten. Es gibt offenkundig Zeiten, in denen die Grenzen zwischen den Lagern weniger streng verlaufen – und dann wieder Perioden, in denen diese Markierungen undurchlässig und starr erscheinen. Und alles in allem – auch wenn dem kein linearer Prozess zugrunde lag – verliefen diese Grenzen in den westlichen Gesellschaften in der Zeit nach 1945, also nach den großen Katastrophen des ideologischen Zeitalters, weniger schroff als in den eineinhalb Jahrhunderten davor.

Womöglich ist es auch der Kontrast zu diesen vergleichsweise ruhigen Zeiten, der die Konflikte der Gegenwart besonders scharf hervortreten lässt: Wir haben ein Stück weit verlernt, wirklich tiefgehende und fundamentale Differenzen auszuhalten.

Kurzum: Die entscheidende Frage ist immer die nach den Ursachen für die Auseinanderentwicklung der Realitätswahrnehmungen zwischen den politischen Lagern und ihre Separierung in streng voneinander abgeschottete Wissenswelten. Anders ausgedrückt: Interessant sind nicht Trumps Lügen (höchstens von einem psychologischen Standpunkt aus); interessant ist, dass er damit durchkommt. Und wer sich über verschiedene Epochen und Ländergrenzen hinweg mit den Bedingungen ideologischer Polarisierung beschäftigt, dem wird ein Muster auffallen: Alle Demokratien, die unter einer besonders heftigen und bitteren, die Substanz bedrohenden Polarisierung gelitten haben, wiesen eine Gemeinsamkeit auf: Die Polarisierung war nie auf die institutionelle Politik beschränkt. Auch die Anhänger der jeweiligen Parteien hatten sich buchstäblich voneinander separiert und den sozialen Kontakt untereinander minimiert.

Der Zusammenhang zwischen der Ausbreitung geschlossener kultureller Eigenwelten und politischer Polarisierung ist z. B. offensichtlich für die großen Krisenjahre der europäischen Demokratien in den 1920er- und 1930er-Jahren, als Länder wie Deutschland, Italien, Österreich oder Spanien nicht zuletzt darunter litten, dass sich die jeweiligen politischen Subkulturen hermetisch voneinander abgeriegelt hatten. So ist heute viel – noch mehr als von der zersetzenden Wirkung des postmodernen Denkens – die Rede von den neuen Möglichkeiten der „Manipulation“ der Wahrheit durch soziale Medien und das Internet. Aber diese Art koexistierender Informationswelten gab es natürlich schon im 19. und 20. Jahrhundert. Als „political parallelism“ haben die beiden Politikwissenschaftler Daniel Hallin und Paolo Mancini die klar nach weltanschaulichen Lagern sortierten Mediensysteme jener Jahre bezeichnet.[9] Ob Sozialisten, Konservative oder Liberale: Sie konsumierten jeweils ihre eigenen Medien, in denen selbstredend gänzlich andere Wahrheiten zu lesen waren. Selbstverständlich hätte kein konservativer Junker im Kaiserreich jemals den sozialdemokratischen „Vorwärts“ in die Hand genommen. Umgekehrt stand bei den Anhängern der lange Zeit unterdrückten Sozialdemokratie die „Neue Preußische Zeitung“ als Organ der preußischen Führungselite auch nicht besonders hoch im Kurs. Und noch in den ersten Jahren der Bundesrepublik konnte sich ein SPD-Politiker verdächtig machen, wenn er der „bürgerlichen Presse" ein Interview gab – schließlich wurden dort, in der Sprache der Gegenwart, Fake News verbreitet.

Aber die Segmentierung des Mediensystems war nur ein kleiner Teil der jeweils geschlossenen Lebenswelten. Die meisten europäischen Gesellschaften waren seit etwa Mitte des 19. Jahrhunderts lebensweltlich extrem segmentiert, auch wenn nur wenige politische Formationen ein so autarkes Organisationsumfeld wie die deutsche Arbeiterbewegung aufgebaut hatten, wo man von der Fabrikarbeit über die Freizeitaktivitäten in Arbeitersport- und Sängervereinen sowie den sozialdemokratischen Bildungseinrichtungen bis eben hin zur Arbeiterzeitung tatsächlich von der „Wiege bis zur Bahre" in einer geschlossenen Lebenswelt bleiben konnte. Allerdings waren getrennte, voneinander abgeschottete politische Subkulturen in den meisten europäischen Ländern die Regel.[10] Das musste übrigens nicht immer im ideologischen Bürgerkrieg enden. Wenn es eine Kultur der Elitenkooperation an der Spitze des Staates gab und man einen Mechanismus gefunden hatte, der keine der Gruppen fürchten ließ, im Fall der Opposition von der Macht völlig ferngehalten zu werden, musste gesellschaftliche Segmentierung nicht unbedingt auch Polarisierung zur Folge haben. Entscheidend war auch die Frage, wie partizipativ diese Lager waren: Wo die politischen Eliten über einen großen Spielraum verfügten, Kompromisse zu schließen, weil die Parteibasen eher passiv waren und ihre Parteieliten nicht auf Schritt und Tritt beobachteten und jederzeit den Verrat an hehren Prinzipien fürchteten, standen die Chancen für einen zivilen Umgang miteinander nicht schlecht. So war es in den sogenannten Konsensdemokratien in Westeuropa, etwa in den Niederlanden oder in Belgien, die zwar hochgradig segmentiert waren, wo die Spannungen zwischen den Milieus aber nie eskalierten, oder auch in Österreich nach 1945, als man ein strenges Proporzsystem etablierte, das Konservativen ebenso wie Sozialdemokraten immer ein Stück vom Kuchen sicherte. Wo solche Arrangements allerdings fehlten, die politischen Lager ungeschützt aufeinanderprallten und sie ungefähr gleich stark waren, sodass jede Seite versucht sein konnte, einen Dominanzanspruch durchzusetzen, da konnten solche Segmentierungstendenzen durchaus zerstörerisches Potenzial entfalten.

Nur: Was soll dieser Exkurs in eine Welt, die nach allgemeiner Auffassung längst vergangen ist? Heute existiert von alldem nichts mehr – oder höchstens noch Rudimente. Nicht nur in Deutschland sind diese Milieus praktisch völlig verschwunden. Es gibt zwar weiter den katholischen Kolping-Verein, aber es lässt sich wohl kaum behaupten, dass er noch das Zentrum eines Milieus aus sich als unterdrückt empfindenden Katholiken bildet. Arbeiter turnen und singen nicht mehr nur miteinander, und auch die geschlossene Welt des Bürgertums hat, jedenfalls in kultureller Hinsicht, aufgehört zu existieren. Der Umstand als solcher ist bekannt und muss hier kaum ausführlich dargestellt werden, ebenso wenig wie die Ursachen: Im Zuge gesellschaftlicher Modernisierung erodierten die kollektiven Großorganisationen, schwanden die Netzwerke dörflicher Solidarität, war die Fabrik nicht länger der Ort, an dem das Klassenbewusstsein der Arbeiter geformt wurde.[11] Und weil die Menschen gebildeter und wohlhabender wurden, die Religiosität schwand und die Massenmedien jetzt auch in den entlegensten Gegenden neue Einsichten eröffneten, waren mehr Bürger als jemals zuvor in der Lage, sich selbst ein Bild von der Welt zu machen.

Kurzum: Die Gesellschaft individualisierte sich; und damit, so die bis vor Kurzem durchaus deutungsmächtige Annahme, individualisierten sich auch die Weltsicht und schließlich das Wahlverhalten der Bürger. Einige eher optimistische Sozialwissenschaftler begannen daher in den 1980er-Jahren, von „kognitiver Mobilisierung" zu sprechen. Was so verschwurbelt klingt, hat eigentlich eine recht simple Anthropologie zum Inhalt: Menschen, die mehr Optionen haben, um sich zu entfalten, mehr Autonomie in ihrem Leben erfahren, halten nicht länger an starren und dogmatischen Weltbildern fest, sondern werden in ihrer Weltsicht flexibler, offener. Der prototypische „kognitiv mobilisierte" Wähler ist ein ganz und gar rationaler Wechselwähler, der kühl die politischen Angebote vergleicht, bevor er sein Kreuz an der Wahlurne macht. Und je gebildeter er ist, desto kognitiv mobilisierter, sprich: unabhängiger ist er.[12]

Paradoxe Individualisierung: Wie zu viel Freiheit die Amerikaner zu Ideologen gemacht hat

Die Theorie, der zufolge Individualisierung die Menschen offener, freier, undogmatischer, vielleicht könnte man auch sagen: unideologischer mache, klingt zunächst plausibel; wahrscheinlich auch deswegen, weil sie unserem eigenen Selbstbild entspricht. Und vielleicht stimmte diese Annahme auch für einen bestimmten Ort und für einen bestimmten historischen Moment: Westeuropa im späten 20. Jahrhundert, als die alten Weltanschauungsparteien und ihre organisatorische Umwelt bereits ausgehöhlt waren, aber noch nichts Neues an ihre Stelle getreten war.

Jedoch: Wer aufmerksam in die USA schaut, der bekommt mehr als nur eine Ahnung davon, dass Individualisierung mittlerweile in ein Stadium eingetreten ist, in dem sie eine ganz andere Wirkung entfaltet. Die Ausweitung der Autonomie der Lebensführung, d. h. die Freiheit, in immer mehr Lebensbereichen das jeweils individuell Passende wählen zu können, hat eben gerade nicht dazu geführt, dass die Amerikaner offener geworden wären, dass sie eine größere Toleranz gegenüber abweichende Meinungen entwickelt hätten oder gar postmoderne Flaneure geworden wären, die flexibel zwischen den Weltsichten wechseln können. Es verhält sich genau umgekehrt: Erst die Freiheit der Wahl hat sie zu Ideologen gemacht, weil sie ihnen ermöglicht, ein Leben ohne Irritationen und kognitive Dissonanzen zu führen. Sie verweigern sich dem, was die Philosophin Hannah Arendt einmal als die „Tyrannei der Möglichkeiten“ bezeichnet hat, und wählen, mit anderen Worten, *nicht* ständig die Wahl haben zu müssen – ein Prozess, den wir bereits als „paradoxe Individualisierung“ kennengelernt haben. Entstanden sind damit neue geschlossene Gemeinschaften, die sich freilich von den Klassen, Milieus und politischen Kulturen früherer

Zeiten in einer Hinsicht markant unterscheiden: Während man in Letztere zumeist noch hineingeboren wurde, sind die Interpretationsgemeinschaften der Gegenwart in einem viel stärkeren Maß selbst gewählt und Resultat freier Entscheidung.

Aufgeklärte Ideologen

Das ist nun gewiss eine kontraintuitive Sichtweise – insbesondere für europäische Beobachter der amerikanischen Politik, die permanent mit Porträts ganz und gar ahnungsloser Trump-Fans gefüttert werden, die dann in der Tat Dinge von sich geben, die nicht unbedingt den Eindruck erwecken, sie seien, vorsichtig ausgedrückt, im Besitz aller relevanten Informationen. Und obgleich diese Fälle existieren: Es sind im statistischen Durchschnitt keineswegs die ganz und gar Ahnungslosen, Uninteressierten oder Ungebildeten, die im Laufe der letzten Jahrzehnte besonders eifrig an der Polarisierungsschraube gedreht haben. Das Gegenteil ist der Fall: Die meisten derjenigen, die ideologisch zu den Polen neigen, also etwa angeben, „liberal" oder „konservativ" zu sein, und bei entsprechenden Sachfragen auch konsistente Antworten liefern, fallen durch einen überdurchschnittlich hohen Bildungsgrad auf, und zwar auf beiden politischen Seiten – auch wenn zutrifft, dass die Demokraten über weitaus mehr Wähler mit Collegeabschluss verfügen als die Republikaner. Auch wer sich verstärkt für Politik interessiert, siedelt sich mit Vorliebe an den Rändern der eigenen Partei an, und das Gleiche gilt für Menschen mit hohem Einkommen. Um es zuzuspitzen: Die Kombattanten in den Kulturkriegen der USA rekrutieren sich vor allem aus dem weißen, wohlhabenden und gebildeten Amerika.[13]

Aus Sicht der politischen Einstellungsforschung mag das noch nicht übermäßig überraschen: Wer über höhere Bildung verfügt und dem politischen Geschehen aufmerksam folgt, der weiß, was sich hinter Labels wie „liberal" oder „konservativ" verbirgt. Und er oder sie wird auch stärker verfolgen, was die Parteieliten beider Seiten sagen, und im Zweifel sogar die eigenen Ansichten anpassen, um das eine mit dem anderen in Einklang zu bringen. Andere Aspekte wiederum sind erstaunlicher und lassen vor allem am Zusammenhang zwischen Bildung und Aufklärung zweifeln. So haben z. B. zahlreiche Studien eigentlich ziemlich eindeutig nachgewiesen, dass mit steigendem Bildungsstand die Anfälligkeit für Verschwörungstheorien (die Erde ist eine Scheibe; die Mondlandung war ein Fake; Angela Merkel ist in Wahrheit ein Reptil) grundsätzlich nachlässt. Anders aber scheint es zu sein, wenn es um solche Verschwörungstheorien geht, die Teil des Polarisierungsdiskurses im Land sind. Die These etwa, wonach Barack Obamas Geburtsurkunde gefälscht, er außerhalb der USA geboren und daher faktisch illegitim im Amt sei, erfreut sich bei Republikanern mit steigendem Bildungsstand *wachsender* Beliebtheit.[14] Und auch die Ablehnung des wissenschaftlichen Konsenses zum Klimawandel, was man mittlerweile wohl getrost zum Reich der Verschwörungstheorien zählen darf, findet ebenfalls höhere Zustimmung unter Republikanern mit Collegeabschluss.[15]

Die Erklärung liegt darin, was Neuropsychologen als *confirmation bias* oder auch als „Bestätigungsfehler“ bezeichnen: Wir neigen dazu, neue Informationen so selektiv zu verarbeiten, dass sie unsere bereits existierenden Annahmen bestätigen. Wer glaubt, dass vor allem die Gegenseite korrupt sei, der wird in erster Linie jene Fälle tatsächlicher Korruption wahrnehmen, die die Gegenseite betreffen, nicht die der eigenen Partei. Und wer glaubt, dass die Theorie des menschengemachten Klimawandels einfach nur ein großer Schwindel sei, der wird begierig nach jenen Informationen Ausschau halten, die ihm genau das bestätigen. Menschen mit höherem Bildungsgrad sind schlichtweg geübter darin, sich diese Informationen zu beschaffen. Das heißt nun nicht, den Irrtum zur großen intellektuellen Kunst zu erheben; und oft genug dürfte es sich tatsächlich um schlichte Ignoranz halten. Aber es stellt auch die naive Vorstellung infrage, dass die Wähler von Donald Trump einfach nicht informiert seien und einzig aus dem Bauch heraus entscheiden würden. Eher ließe sich sagen: Sie sind anders oder, weniger neutral, falsch informiert. Wenn es sich um besonders flagrante und groteske Fehlannahmen handelt, muss man deswegen noch keinen postmodernen Limbo tanzen und darf auch weiterhin, um mit dem amerikanischen Philosophen Harry G. Frankfurt zu sprechen, Bullshit „Bullshit" nennen. Aber es macht eben deutlich, dass die viel beschworene Aufklärung vor allem bei jenen an Grenzen stoßen dürfte, die sich bereits ganz exzellent aufgeklärt fühlen.

Die Existenz eines *confirmation bias* ist keine wirklich neue Entdeckung und beschreibt wohl eher einen zeitlosen Zug der menschlichen Natur, um sich in einer permanent unsicheren Welt zurechtzufinden. Schon der britische Philosoph Francis Bacon hat in „Novum Organum" (1620) die Sache prägnant auf den Punkt gebracht: „Sobald der menschliche Verstand eine Meinung gefasst hat, (...) zieht er alles andere heran, um sie zu stützen und damit übereinzustimmen."[16] Der springende Punkt ist nur, dass die Möglichkeiten, das eigene Weltbild mit immer neuen Informationen zu füttern und zu stabilisieren und dabei dissonante Einflüsse auszuschalten, heute ins buchstäblich Grenzenlose gewachsen sind: durch die jederzeitige Verfügbarkeit von Informationen sowie durch die Konstruktion widerspruchsloser und homogener Lebenswelten. Wer sich in seinen gefühlten Wahrheiten durch neue Informationen kurz irritiert fühlt, für den ist die beruhigende Bestätigung in Form einer Gegenexpertise immer nur ein paar Klicks entfernt.

Monologe in der Echokammer: Die Segmentierung des amerikanischen Mediensystems

Früher und in gründlicherer Weise als in anderen Ländern hat in den USA diese Balkanisierung von Wissensenklaven begonnen. Es gäbe dafür unendlich viele Beispiele, aber wir beschränken uns auf den Raum der Politik. Hier ist das Paradebeispiel für, sagen wir, alternative Wissensproduktion – und zwar noch vor dem Siegeszug des Internets – natürlich Fox News, jener selbst in Europa berüchtigte konservative Nachrichtensender, der seit seiner Gründung Mitte der 1990er-Jahre ein verlässlicher Bündnispartner der Republikanischen Partei ist. Lange vor Fox News begann die Erfolgsgeschichte des konservativen *Talk Radio*, das Woche für Woche über lokale Sender Millionen Amerikaner erreichte – an der Spitze der uneingeschränkte König dieses Formats, der rechtskonservative Moderator Rush Limbaugh, der schon damals jene Art von Verschwörungstheorien verbreitete, die heute im Milieu der amerikanischen Rechten zur Normalität geworden sind.

Mit dem Internet, das die Kosten für die Verbreitung neuer Formate radikal gesenkt hat, zersplitterte der Markt weiter. Nun kam die Herausforderung für die traditionellen Medien auch von links, wo eine Reihe von Blogs und Nachrichtenseiten relativ schnell eine wachsende Leserschaft erreichte. Und doch kann man die konservativen und liberalen Medienwelten schwer miteinander vergleichen. Erkennen kann man das vor allem an den doch sehr bescheidenen Zuschauerzahlen des Nachrichtensenders MSNBC, der als liberales Pendant zu Fox News gilt. MSNBC hat stets versucht, lauter und aggressiver als CNN aufzutreten und sich klarer als liberales Medium zu profilieren – eben Fox News von links. Dass diese Strategie nicht genauso erfolgreich ist wie bei der konservativen Konkurrenz, liegt daran, dass Amerikas Linke, jedenfalls lange Zeit, weniger Bedarf an offen tendenziös liberalen Medien hatten: Denn sie hatten ja CNN, die „New York Times" und andere etablierte Medien, die zwar eindeutig nach journalistischen Kriterien arbeiten, aber in der Tat nicht unbedingt Heimstatt konservativer Ideen sind und alle eine liberale Grundausrichtung haben.

Der konservative Nachrichtenkosmos ist sehr viel militanter, in sich konsistenter, widerspruchsfreier und wohl näher an einem veritablen Propagandainstrument – aber die Netze des Liberalismus haben dafür eine ganz andere Reichweite. Wer die Nachrichten- und Informationssendungen von ABC, NBC oder CBS, den großen Fernsehsendern des Landes, schaut, die größtenteils Sport- und Unterhaltungsprogramme senden, wird dort auch bereits vor Trump keine sonderlich große Sympathie für konservative Gesellschaftsentwürfe gefunden haben. Liberale brauchen keine eigens auf sie zugeschnittenen Politprogramme, da die Differenz zwischen ihnen und den sogenannten Mainstream-Medien nicht besonders groß ist – das ist der durchaus wahre Kern der konservativen Kritik.

Alle Studien bestätigen, was sich mit dem gesunden Menschenverstand ohnehin vermuten lässt: dass parteiische Medien Leute anziehen, die nach parteiischen Medien suchen. Liberale konsumieren liberale Medien, Konservative konsumieren konservative Medien.[17] Auch in den sozialen Medien bilden sich überwiegend Blasen von Gleichgesinnten. Und das kann ein Problem sein: Nach der Theorie der Gruppenpolarisierung führt die Gleichförmigkeit von Ansichten innerhalb einer Gruppe zur Radikalisierung: Lässt man also zehn Menschen, die bereits tendenziell eine kritische Meinung zu Einwanderung haben, eine Stunde lang miteinander diskutieren, darf man sehr sicher davon ausgehen, dass sich anfangs gemäßigte Positionen am Ende in Richtung der radikaleren Standpunkte entwickelt haben werden. Für dieses Phänomen gibt es verschiedene Erklärungen. Eine lautet, dass die Akkumulation von Argumenten, die allesamt eine bereits vorgefasste Meinung unterstützen, zur Stärkung bzw. Verhärtung dieser Position führt. Eine andere Möglichkeit ist, dass es in solchen homogenen Gruppen keine soziale Prämie mehr gibt für Moderation oder Mäßigung. Allein die Zuspitzung und Radikalisierung der Gruppenposition sichert die Akzeptanz anderer Gruppenmitglieder und verleiht soziales Prestige.[18]

Jedenfalls scheinen homogene Gemeinschaften und Orte nicht unbedingt Toleranz und Empathie zu fördern. Allerdings wurde verschiedentlich darauf hingewiesen, dass auch die Konfrontation mit den Medien der Gegenseite nicht zwangsläufig zur Deeskalation beiträgt, was Studien ebenfalls belegen: Ein Demokrat, der eine Woche nur Fox News schaut, wird danach nicht unbedingt konservativ geläutert aus dem Fernsehmarathon hervorgehen.[19] So gesehen kombinieren unsere gegenwärtigen Gesellschaften vielleicht die schlimmsten Aspekte aller Welten: Auf der einen Seite bieten sie die Möglichkeit, sich in Blasen zu radikalisieren; auf der anderen Seite sind diese Blasen so transparent, dass man zusehen kann, wie verquer und verzerrt die Realität dort dargestellt wird.[20]

The Big Sort: Über Amerikas analoge Echokammern

Dennoch: Bei allen Klagen über die demokratiezersetzende Wirkung des Internets und trotz der wichtigen Rolle insbesondere der konservativen Medienformate – restlos überzeugend ist der kausale Zusammenhang mit der Polarisierung nicht. Das beginnt bereits beim Timing: Fox News gibt es seit 1996, eine gewichtige Rolle im amerikanischen Konservativismus spielt der Sender aber erst seit Anfang der 2000er-Jahre, als er während des Irakkriegs von der Bush-Regierung einen privilegierten Zugang als Berichterstatter bekam und den Feldzug mit dröhnendem Patriotismus begleitete. Erst in dieser Zeit begann auch das Internet als politischer Kommunikationsraum wirklich relevant zu werden.

Kurz gesagt: Als die gewiss unbestreitbare ideologische Hochrüstung des amerikanischen Mediensystems begann, da waren die meisten Symptome der ideologischen Spaltung des Landes längst offensichtlich. Das bedeutet nicht, dass die Ausdifferenzierung des Mediensystems und das anschließende Aufkommen der sozialen Medien keine Rolle gespielt hätten. Und man darf auch vermuten, dass das Netz generell einen Resonanzkörper vor allem für die Verbreitung von Verschwörungstheorien liefert, den es zuvor nicht gegeben hat. Alles in allem scheint es jedoch vielleicht mehr Symptom oder auch Resultat der Spaltung des Landes zu sein als dessen Ursache. Selbst Fox News' populärste Programme erreichen nur ca. drei Millionen Zuschauer. Insofern spielt der Sender für die Selbstverständigung der hochmotivierten Aktivisten der konservativen Bewegung gewiss eine große Rolle; aber an vielen anderen Amerikanern gehen die eindeutig tendenziösen Medienformate wie Fox News und MSNBC ebenso vorbei wie die „New York Times" oder die „Washington Post".

Die Echokammern der medialen Welt sollte man gewiss ernst nehmen; aber zu oft verdeckt die einseitige Fixierung auf sie, dass zur „Lebenswelt" der Menschen – solange wir noch nicht sämtlich in einer digitalen Matrix leben – ja doch mehr gehört: nämlich die tatsächliche physische Alltagswelt, in der Menschen sozial interagieren, leben und arbeiten, entscheiden, mit wem sie befreundet sind und wie sie ihr Leben führen wollen. Kurzum: Die Konzentration auf die digitalen Echokammern vernachlässigt die Tatsache, dass sich in den USA auch analoge Echokammern herausgebildet haben – und zwar zu einer Zeit, als die Polarisierung des Landes noch nicht das beherrschende Thema aller politischen Diskurse war.

Diese analogen Echokammern, das sind zunächst die sich stetig mehrenden politischen Hochburgen der beiden Parteien, Orte also, wo entweder Republikaner oder Demokraten bei Wahlen mit großem Vorsprung gewinnen und es daher tendenziell unwahrscheinlich ist, dass der Nachbar eine andere Partei gewählt hat. In der populären Wahrnehmung dominiert oft eine einfache Zweiteilung des Landes nach Bundesstaaten: in ein blaues, also demokratisches und liberales, Amerika entlang der dicht besiedelten Metropolen der Ost- und Westküste und ein rotes, also republikanisches und konservatives, Amerika überall sonst, in der riesigen Mitte des Landes.

Doch die Sache ist komplizierter. Nehmen wir, als Beispiel, den Ort und den Bundesstaat, in dem ich derzeit lebe: Nashville, Tennessee. Tennessee selbst ist – und wer mit dem Image des Bundesstaats vertraut ist, wird das nicht weiter überraschend finden – eine extreme Hochburg der Republikanischen Partei. 1968 stimmte man dort zum ersten Mal für den Republikaner Richard Nixon und mit Ausnahme von 1996, als der Südstaatler Bill Clinton den Staat noch einmal gewinnt, ist Tennessee seitdem solides konservatives Terrain. So auch 2016, als Trump in der Heimat von Countrymusic und Bourbon-Whiskey 25 Prozentpunkte Vorsprung vor Clinton erzielt.

Allerdings: Wer sich Tennessee genauer, kleinteiliger anschaut, wer sozusagen in den *Volunteer State* hineinzoomt, der wird eine andere Dynamik feststellen. Von den 95 Counties – etwa vergleichbar mit deutschen Landkreisen – gehen tatsächlich ganze 92 an Trump, und in vielen von ihnen gewinnt der New Yorker Reality-TV-Star mit noch viel fulminanteren Mehrheiten; oft beträgt der Unterschied zwischen ihm und Clinton mehr als fünfzig Prozent. Es sind vor allem die extrem ländlichen und oft auch strukturschwachen Regionen in den Appalachen, in denen Demokraten eher den Status einer kleinen Sekte haben, Gegenden, die tatsächlich Ähnlichkeit besitzen mit dem kaputten amerikanischen *heartland*, das es durch Bücher wie „Hillbilly Elegy“[21] zu trauriger Berühmtheit gebracht hat.

Ist also ganz Tennessee, um mit Asterix zu sprechen, von den Republikanern besetzt? Mitnichten. Ziemlich genau in der Mitte des Staates, in einem Meer von Rot, liegt ein blaues, gallisches Dorf des Widerstands: Davidson County. Davidson County besteht größtenteils aus der Stadt, in der ich seit Januar 2017 lebe: Nashville. Dort wiederum, in exakter Umkehrung der Verhältnisse im Bundesstaat, hatte Clinton 25 Prozent Vorsprung vor Trump. Allerdings gibt das kaum die realen Mehrheitsverhältnisse innerhalb der Stadt selbst wieder, denn zu Davidson County gehören auch einige Suburbs an der County-Grenze, die eher schon ländlichen Charakter haben und in denen Trump recht gut abgeschnitten und teilweise sogar gewonnen hat. In meinem Stadtteil aber, Hillsboro Village, muss man sich fast schon Mühe geben, einen Republikaner zu treffen; dort gewann Clinton mit sechzig Prozent Vorsprung. Und das spiegelt in etwa die gefühlte Wirklichkeit wider: In unserem Bekannten- und Freundeskreis, wie so häufig in dieser Lebensphase stark bestimmt durch Schule und Kita der Kinder, hat sich in der ganzen Zeit gerade einmal eine einzige Person als Republikaner geoutet.

Davidson County war nicht immer eine solch extreme Hochburg der Demokraten, sondern ist erst über die letzten Jahrzehnte dazu geworden und steht damit stellvertretend für einen viel größeren Trend, der wie kein anderer die tektonischen Verschiebungen innerhalb der amerikanischen Gesellschaft offenbart. 1976, als der Demokrat Jimmy Carter den Republikaner Gerald Ford knapp besiegte, lebten nur 27 Prozent der Amerikaner in sogenannten *landslide counties*: Counties, in denen einer der beiden Kandidaten mit mindestens zwanzig Prozent oder mehr der Stimmen vorn lag – ab diesem Punkt kann man davon ausgehen, dass ein politisches Lager auch kulturell dominant ist. In der Folgezeit aber stieg die Zahl der Amerikaner, die in solchen Hochburgen wohnen, steil an. Bei der Präsidentschaftswahl 2016 erreichte sie ihren vorläufigen Höhepunkt: Sechzig Prozent der US-Bürger leben mittlerweile in solchen *landslide counties* – wobei die tatsächliche Marge oft noch sehr viel höher ist und man von einer politischen Monokultur sprechen kann.[22]

Amerikas geografische Spaltung findet also nicht zwischen den Bundesstaaten statt, sondern mitten in ihnen. Amerika zerfällt nicht in zwei Teile, sondern eher in ein ideologisches Mosaik, einen Balkan der Weltanschauungen. Allenfalls in den Staaten der Great Plains, wie Oklahoma und Kansas, sind Demokraten nirgendwo wirklich wettbewerbsfähig; Gleiches gilt für Republikaner in einzelnen Staaten Neuenglands. Ansonsten jedoch existieren auch in stark republikanisch oder demokratisch dominierten Bundesstaaten überall „Enklaven" der anderen Seite. So ist Kalifornien abseits seiner Küstenregionen relativ konservativ; und eine der liberalsten Großstädte der USA überhaupt, Austin, ist ausgerechnet die Hauptstadt des einst so erzkonservativen Texas, das freilich aufgrund des demografischen Wandels und einer rapide wachsenden hispanischen Bevölkerung längst in das Visier demokratischer Parteistrategen gerückt ist.

Wenn man in Tennessee über die Dörfer fährt, mit den Menschen dort ins Gespräch kommt und sie fragt, warum Nashville so anders ist als der Rest des Bundesstaates, haben die eine ziemlich klare und nicht unbedingt positiv eingefärbte Antwort: Es liege an den vielen *out-of-staters*, den Zugezogenen von außerhalb (manchmal fällt auch noch das Wort *Yankee* – jener abfällige Begriff, mit dem Südstaatler Amerikaner aus dem Norden bezeichnen). Tatsächlich ist Nashville eine der am schnellsten wachsenden Städte der USA. Der Nettozuwachs betrug in den letzten Jahren im Schnitt 20 000 Menschen. Bei diesem Tempo wird sich die Einwohnerzahl in dreißig Jahren verdoppelt haben. Die meisten kommen nach Nashville wegen der Jobs, die neben der Musikindustrie vor allem im Gesundheitssektor und in einer boomenden Technologieszene zu finden sind. Aber viel stärker als dies in Deutschland der Fall ist, trifft man immer wieder auf Menschen, die zunächst ohne Berufsperspektive tatsächlich wegen der Stadt umgezogen sind: wegen der Musik, der Restaurants, überhaupt wegen der „Vibes", wie man es auf Neudeutsch formulieren würde; und manche auch, weil sie aufgrund ihrer sexuellen Orientierung der Provinz den Rücken gekehrt haben.

Was in Nashville und an anderen Orten Amerikas passiert, hat der amerikanische Publizist Bill Bishop bereits 2008 als den „big sort“ bezeichnet: die Sortierung Amerikas in politisch-kulturell homogene Räume, ausgelöst durch einen sich über Jahrzehnte erstreckenden Prozess der Binnenmigration. Dazu muss man wissen, dass die amerikanische Gesellschaft sich traditionell durch eine im Vergleich zu Europa sehr viel größere Mobilität auszeichnet. Im Durchschnitt zieht jeder Amerikaner in seinem Leben 11,3-mal um.[23] Gleichwohl darf man sich den *big sort*, zumindest zu Beginn dieses Prozesses, noch nicht als eine politische „Abstimmung mit den Füßen“ vorstellen. In den 1970er-Jahren, als dieser Trend begann, dürfte bei der Wahl der Nachbarschaft wohl kaum die Erwägung eine Rolle gespielt haben, bloß nicht neben einem Demokraten oder Republikaner zu wohnen; und auch heute dürfte die Mehrzahl der Amerikaner das nicht zum Maßstab ihrer Entscheidung machen und einen Wahlatlas aufschlagen, um zu sehen, wo sie von der Präsenz der Gegenseite verschont bleiben.

Du bist, was du konsumierst: Über die Verquickung von Politik und Lebensstil

Der *big sort* läuft weitaus subtiler ab: Es geht um die richtigen Schulen und die passenden Freizeitmöglichkeiten, darum, ob man sich auch ohne Auto fortbewegen möchte oder aber es am bequemsten findet, auf breiten Straße zu fahren und niemals ein Parkplatzproblem zu haben. Den einen ist es wichtig, in der Nähe von Theatern, Restaurants und Museen zu leben; andere verzichten auf all das, wenn sie dafür in größeren Häusern wohnen können und mehr Abstand zu ihren Nachbarn haben. Einige zieht es in Gegenden, in denen es viele Kirchen mit einem lebendigen Gemeindeleben gibt, was anderen eher einen kalten Schauer über den Rücken jagt. Eine Studie fragte die Amerikaner 2014, ob sie lieber in einem größeren Haus mit reichlich Platz zwischen sich und den Nachbarn, dafür jedoch mehrere Meilen entfernt von Schulen, Restaurants und Geschäften leben würden, oder aber in einem kleineren Haus in enger Bebauung, doch dafür in unmittelbarer Nähe solch urbaner Annehmlichkeiten. Dabei zeigten sich die diametral unterschiedlichen Präferenzen von Liberalen und Konservativen: Während drei Viertel der liberalen US-Bürger lieber ein kleineres Haus in Kauf nehmen würden, sieht es bei konservativen Amerikanern genau spiegelverkehrt aus: Eine große Zahl von ihnen würde es bevorzugen, in größeren Häusern und dafür lieber weit entfernt vom Komfort urbanen Lebens zu wohnen.[24]

Und wer nimmt wohl besonders engagiert am *big sort* teil? Abermals Menschen, die über die Mittel verfügen, bei der Wahl ihres Wohnortes überhaupt nach Lebensstilpräferenzen vorzugehen. Und es ist insofern abermals nicht überraschend – auch dies ein Beispiel für „paradoxe Individualisierung" –, dass weiße, gebildete und überdurchschnittlich wohlhabende US-Bürger die homogensten politischen Netzwerke haben, also am wenigsten mit Menschen reden, die politisch anderer Meinung sind als sie selbst.[25] Denn sie können sich die Exklusivität der Echokammer leisten.

Natürlich: Segregation kannte das Land schon immer, beispielsweise nach ethnischen Kriterien (man denke nur an Little Italy, Chinatown oder andere Einwandererstadtteile, die heute nur mehr Freilichtmuseen für Touristen sind) – und selbstverständlich war Amerika immer auch eine Klassengesellschaft, in der Wohnviertel nach Einkommen voneinander getrennt waren. All das besteht fort. Die Sortierung nach Lebensstil aber ist neu, und sie ist eben nicht identisch mit der Klassenfrage: Es gibt sehr wohlhabende Wohnviertel in den Vororten, die demokratisch sind, aber auch solche, die republikanisch geprägt sind – aber wer sie durchquert und den kulturellen Kodierungsmodus des Landes verinnerlicht hat, spürt dennoch den Unterschied. Es gibt z. B. unterschiedliche Geschäfte. Ein gewiss extremes Beispiel, aber wiederum nur die Spitze des Eisberges, ist der Öko-Supermarkt Whole Foods, der in sehr eindringlicher – und, wie nicht wenige meinen, schon quasireligiöser – Weise einen nachhaltigen und gesunden Lebensstil bewirbt, wofür die Kunden allerdings auch schon einmal zwölf Dollar für eine kleine Tüte Bio-Erdnüsse bezahlen; nicht umsonst trägt der Supermarkt den spöttischen Beinamen „Whole Paycheck". 2012 gewann Barack Obama 89 Prozent der Counties, in denen es einen Whole-Foods-Markt gibt.[26]

Alles nur Anekdoten? Die Klassiker der modernen Soziologie hätten dem sicherlich vehement widersprochen, denn seit Georg Simmel und Max Weber (dessen zentraler Begriff hierfür freilich der der „Lebensführung" war), spätestens aber seit den „feinen Unterschieden" Pierre Bourdieus wissen wir, dass es sich beim Lebensstilkonzept um ein Konzept mit eminent politischen Folgen handelt.[27] Lebensstile geben Auskunft darüber, in welcher Weise Menschen sich ein sinnerfülltes oder auch moralisch legitimiertes Leben vorstellen. Damit sind sie nicht nur konstitutiv für die eigene Identität, sondern auch potenzielle Faktoren negativer Abgrenzung von anderen.[28] Und während es sich zumindest vordergründig gar nicht um einen Wertekonflikt handeln mag, manifestieren sich in diesen Lebensstilen Vorstellungen über das „gute Leben" und darüber, wie eine gerechte oder freie Gesellschaft auszusehen hat. In einigen Fällen ist diese potenzielle politische Relevanz von Lebensstilpräferenzen gewiss besonders offensichtlich – etwa dort, wo Ideen von Nachhaltigkeit und Umweltschutz unmittelbar mit Formen der Lebensführung verknüpft sind. Sie gilt aber generell, da die meisten Entscheidungen über den Lebensstil untrennbar mit der Rolle des Einzelnen als Konsument verbunden sind. Es ist eben nicht lediglich eine Frage des Geschmacks oder eines nicht weiter zu hinterfragenden ästhetischen Empfindens, welche Automarke jemand bevorzugt, ob ihm wichtig ist, in einem Altbauviertel zu wohnen, welche Kleidung er trägt und vieles andere mehr. Wir wissen sogar sehr genau, dass dem nicht so ist, da manche der vorgenannten Merkmale sehr eindeutig mit bestimmten ideologischen Orientierungen und Parteizugehörigkeiten korrelieren: Prius-Fahrer wählen häufig demokratisch; Fans der populären NASCAR-Serie sind überwiegend Republikaner; wer an Astrologie glaubt, ist – vielleicht ein schwerer

Schlag für alle, die dachten, Anti-Wissenschaftlichkeit sei in den USA nur auf der politischen Rechten beheimatet – sehr viel häufiger liberal in seinen Einstellungen als jemand, der dies nicht tut.[29]

Karl Marx hatte an dieser Stelle unrecht: Der Kapitalismus verdampft nicht alle Unterschiede. Raffiniert und geschmeidig wie er ist, hat der Kapitalismus längst begriffen, dass sich mit der Erfindung von Unterschieden eine Menge Geld verdienen lässt.[30] Die Vermarktung von Konsumgütern nach Lebensstilfaktoren spielt nämlich mit unseren Bedürfnissen nach Formierung, Bestätigung und vor allem auch Abgrenzung unserer Identitäten. Und wo Lebensstile politisch geworden sind und eine Gesellschaft sehr polarisiert ist, verwundert diese Relevanz erst recht nicht.

Bisweilen allerdings ist es in den USA kein subtiler Appell an das Unbewusste mehr, sondern funktioniert viel direkter: Wenn Nike beispielsweise seine Schuhe mit Colin Kaepernick bewirbt – jenem ehemaligen Quarterback der San Francisco 49ers, der als Erster begonnen hatte, während der Nationalhymne zu knien, um gegen rassistisch motivierte Polizeigewalt zu protestieren, und dafür von Trump als unpatriotischer „Hurensohn" beschimpft wurde –, dann ist die politische Positionierung offensichtlich. Dabei galt es doch stets als ungeschriebene Regel der Unternehmenspositionierung, dass man sich aus der Politik lieber heraushalten sollte, um ja niemanden zu verprellen – bis heute unvergessen ist schließlich Michael Jordans angebliche Antwort auf die Frage, warum er sich zu politischen Fragen nicht äußere: „Republicans buy sneakers, too."

Mittlerweile aber, angesichts der fortgeschrittenen Polarisierung und Politisierung der Gesellschaft, erscheint vielen Firmen eine solche Neutralität eher kontraproduktiv, da ihre Kunden ihnen politische Haltungen abverlangen.[31] Öffentlichkeitswirksamer sind dabei gewiss Aktionen, die linksliberale Themen unterstützen; aber bisweilen kommt es auch auf der anderen Seite zu symbolischem Engagement. Bekannt ist etwa der Fall von Chick-fil-A, einer Fast-Food-Kette, die seit Langem Organisationen der christlichen Rechten wie „Focus on the Family" finanziell großzügig fördert. 2012 schließlich sprach sich der Firmenchef vehement gegen die Homo-Ehe aus. Als daraufhin über die sozialen Netzwerke zum Boykott der Restaurantkette aufgerufen wurde, bildeten sich in den folgenden Tagen riesige Schlangen vor den Filialen von Chic-fil-A: Aus Solidarität besuchten Amerikas Konservative die Hühnchenbraterei. In einer ideologisch stark polarisierten Gesellschaft wird alles Persönliche irgendwann politisch.

Kein Feind in meinem Bett: Wie Demokraten und Republikaner sich aus dem Weg gehen

So sind den USA buchstäblich die Orte abhandengekommen, an denen Menschen mit unterschiedlichen politischen Ansichten einander noch begegnen. Zivilgesellschaftliche Organisationen, die früher Menschen unterschiedlicher Klassenlage und politischer Anschauung zusammengebracht haben, sind erodiert, wie der amerikanische Soziologe Robert Putnam schon vor einigen Jahren in „Bowling Alone" gezeigt hat.[32] Demokraten und Republikaner beten heute in verschiedenen Gemeinden.[33] Parteizugehörigkeit ist zum stärksten Faktor beim Onlinedating geworden.[34] Mehr als ein Drittel aller amerikanischen Eltern gaben in einer Umfrage an, zu missbilligen, wenn ihr Sohn/ihre Tochter jemanden von der politischen Gegenseite heiraten würde.[35] Parteizugehörigkeit überstieg schon zu diesem Zeitpunkt die Animositäten zwischen Menschen verschiedener Hautfarbe, wenngleich beides in den Köpfen vieler Amerikaner sicherlich aufs Engste verbunden ist. Collegeratgeber wie die „Princeton Review" informieren angehende Studenten und deren Eltern mittlerweile über die politischen Tendenzen der Colleges, was angesichts des Übergewichts liberaler Hochschulen vor allem für Konservative orientierend wirken dürfte.[36] Wenn es nicht die Bildungsanstalten des Landes sind, denen diese Aufgabe ja eigentlich zufiele, was sind dann überhaupt die Orte im Land, an denen noch Dissens stattfindet? Der Bereich, in dem Amerikaner vielen Untersuchungen zufolge traditionell am häufigsten die Bekanntschaft mit den Meinungen der Gegenseite machen, ist der

Arbeitsplatz. Das scheint einzuleuchten, denn zumindest auf den ersten Blick ist hier die Wahlfreiheit geringer als z. B. bei der Wahl des Wohnortes und erst recht des Lebenspartners. Doch offenbar greift selbst dort mittlerweile das Prinzip der politischen Segregation. Zumindest zeigen neuere Studien, dass Menschen, die das Gefühl haben, dass ihre eigene ideologische Ausrichtung nicht zu ihrer Firma passe, eher geneigt sind, die Arbeitsstelle zu verlassen. Bekannt ist ebenfalls, dass nicht nur einige Firmen, sondern auch ganze Branchen mittlerweile eine bestimmte politische Ausrichtung haben bzw. sie ihnen zugeschrieben wird, wie etwa die Klagen der wenigen konservativen Softwareentwickler im Silicon Valley zeigen, die sich als Opfer eines liberalen Mainstreams empfinden.[37]

Und noch einmal: Die meisten dieser Trennlinien sind selbsterrichtete Barrieren, Resultat bewusster Entscheidungen, oft auch solcher als Konsument, die verhindern, was früher gang und gäbe war: dass sich verschiedene Kulturen und damit in letzter Konsequenz unterschiedliche politische Ansichten begegnen. Natürlich ist davon auszugehen, dass die Menschen auch früher unterschiedliche Lebensmittel konsumierten und die einen mehr als die anderen auf Gesundheit und Qualität achteten sowie bereit (und in der Lage) waren, dafür einen höheren Preis zu zahlen. Aber mit der fortschreitenden Ausdifferenzierung von Anbietern nehmen die Möglichkeiten, ein kulturell eindeutiges Leben zu führen, fraglos zu. Wer einen Whole-Foods-Markt betritt, der weiß sehr genau, in welchem Teil Amerikas er sich gerade befindet. Früher gab es auch keine Datingportale, die in Sucheinstellungen nach der Parteiidentifikation fragten, auch keine Seiten wie „Esri", wo man die Postleitzahl eines Ortes eingibt und anhand zahlreicher Statistiken – von der durchschnittlichen Familiengröße bis hin zu den Hobbys, die dort betrieben werden – bereits vor einem möglichen Umzug ein sehr präzises soziokulturelles Profil dieser Gegend vor Augen geführt bekommt. Das große Versprechen der Digitalen Revolution war einmal, die Welt und die Menschen näher zusammenzubringen, und gewiss passiert das tatsächlich jeden Tag. Die Digitalisierung ermöglicht uns aber vor allem, nur diejenigen Orte zu betreten und denjenigen Menschen zu begegnen, die uns gefallen – und das sind das fast immer jene, die uns ähnlich sind.

Und selbst, wo es nicht um direkte Kommunikation mit anderen geht, sondern nur um passiven Konsum, können sich Vorstellungen voneinander entfernen. So haben sich auch die Unterhaltungskosmen von Republikanern und Demokraten weit auseinanderentwickelt. Keine der zwanzig Lieblingsfernsehsendungen von Republikanern taucht auf der Liste der zwanzig Lieblingssendungen von Demokraten auf. Auch das mag zunächst banal klingen – ist es aber keineswegs. Denn letztlich bedeutet es, dass innerhalb der *two Americas* unterschiedliche Geschichten erzählt werden, die unterschiedliche moralische Botschaften transportieren. Da sind etwa die gänzlich differenten Heldenfiguren, die beide Seiten verehren: Demokraten die gebrochenen, postmodernen, moralisch ambivalenten Borderliner aus Serien wie „Breaking Bad", „Dexter" oder „Mad Men", Republikaner hingegen die „echten" Amerikaner aus Reality-TV-Formaten wie „Duck Dynasty" und Castingshows, in denen es klare Gewinner und Verlierer gibt.[38] (Die Spur, die von hier so offensichtlich zu Trump führt, soll im nächsten Kapitel dieses Buchs verfolgt werden.)

Das Gleiche gilt, vielleicht noch weniger überraschend, für die Musikindustrie. Da ist natürlich Countrymusic, ein durchaus komplexes Genre, das nicht in allen Fällen den konservativen Stereotypen entspricht. Aber es gibt auch *classic country*, den noch immer populärsten Zweig dieser Musik – und die Bilder, die hier bemüht werden, sind in der Tat nicht besonders ambivalent: starke Cowboys, Frauen in sehr kurzen Shorts, Cowboystiefeln und Holzfällerhemden, Pickup-Trucks, versehrte Veteranen, leere Jack-Daniels-Flaschen und immer und überall Stars and Stripes. Wer das für arg klischeehaft hält, kann sich die Videos eines Künstlers wie Trace Adkins anschauen, der gern bei Trumps Wahlkampfveranstaltungen auftritt. *Classic country* ist weiß, männlich, patriotisch – und damit fraglos Verteidiger traditioneller Gesellschaftsvorstellungen. Es ist außerdem die nostalgisch-melancholische Stimme des *heartland*, denn fast alle Lieder handeln von Verlust. Ein Witz über Countrymusic lautet, dass, wer die Platten rückwärts hört, nach und nach alles wiederbekommt: den Hund, die Frau, den Truck, den Job, die Männlichkeit.

Die nervöse Zivilgesellschaft: Wenn die Politik keine Pause mehr kennt

Bis vor Kurzem, sagen wir vielleicht: bereits im Zeitalter der Polarisierung, aber noch vor Donald Trump, wäre die Antwort darauf, wann Amerikaner ihre Streitigkeiten überhaupt beiseitelassen und noch ein Fest der Gemeinsamkeit feiern können, ganz einfach gewesen: einmal im Jahr, beim Superbowl. Oder allgemeiner: Einzig der Sport, so die lange Zeit geltende Binsenwahrheit, überbrücke noch die Gräben im Land und liege jenseits der Politik. Wie so viele andere Gewissheiten hat Trump auch diese zerstört. Seit er amerikanische Footballspieler, die sich während der Nationalhymne hinknieten, um gegen rassistische Polizeigewalt gegen Schwarze zu protestieren, als „Hurensöhne" bezeichnet hat, ist es auch mit dieser Unschuld vorbei. Und wahrscheinlich war dies eine der wenigen von Trump selbst vom Zaun gebrochenen Kontroversen, die ihm ohne Wenn und Aber geholfen hat. Denn bald schon waren die Anliegen der protestierenden Sportler vergessen – begraben unter den Tiraden des Präsidenten. Die wenigsten redeten noch davon, welche Botschaft die NFL-Spieler transportieren wollten und was zu tun sei, um beispielsweise das amerikanische Justizsystem sensibler zu machen für rassistisch motivierte Ungerechtigkeiten. Es ging nur noch darum, wer wie zum Präsidenten und zum Land steht, wie viel Ehre der Fahne zu erweisen ist, ob der Sport die richtige Bühne für Politik ist.

Damit also hatte sich die Politik auch in die letzte noch „unberührte" Lebenswelt des Landes hineingefräst. Es kann jedoch für eine Gesellschaft nicht förderlich sein, wenn ihr keine unpolitischen Rückzugsorte mehr bleiben. Und obwohl es unpopulär ist, muss man diesen Vorwurf vielleicht sogar der amerikanischen Linken machen, die Trumps Angriff, selbstverständlich völlig zu Recht, für eine weitere skrupellose Spaltungsstrategie eines Demagogen hält – die Aktionen der Football-Millionäre hingegen für einen Akt mutiger Zivilcourage. Denn trotz des Gemeinplatzes, dass ja ohnehin alles Ideologie und auch Sportler mündige Staatsbürger seien, und trotz des wahren Hinweises, dass auch der American Football (wo siebzig Prozent der Spieler schwarz, aber achtzig Prozent der Zuschauer weiß und nur einer von 32 Clubbesitzern ein Afroamerikaner ist) selbst ein Beispiel für die Probleme des Landes ist: Gesellschaften, die dermaßen gespalten und von Hass durchzogen sind, brauchen, wollen sie nicht kollektiv den Verstand verlieren, vielleicht wirklich ein paar Ruheinseln und Rückzugsorte, wo es nicht um Politik geht und die ideologische Dauererregung abklingen kann. Der amerikanische Philosoph Robert B. Talisse hat daher kürzlich mit einem der klassischen Argumente im politischen Diskurs gebrochen: dass Demokratie eine tägliche Übung sei, die man gar nicht häufig genug praktizieren könne und am besten in alle Bereiche der Gesellschaft zu transportieren habe. Talisse aber sagt: Damit haben wir es gründlich übertrieben; und selbst alle gut gemeinten Versuche, durch Dialog einer Lösung näher zu kommen, verschärfen den Konflikt nur, weil es tatsächlich um tiefgreifende Meinungsverschiedenheiten geht, die vielleicht gar nicht zu überwinden sind. Man sollte die Brücken zur Gegenseite nicht völlig abbrechen. Wichtiger aber sei, sich überhaupt zu begegnen und miteinander zu reden – nur gerade nicht über Politik. Stattdessen gehe es darum, unpolitische Gemeinsamkeiten und Interessen zu finden, also das zu pflegen, was Talisse als „civic friendship" bezeichnet.[39]

Die erschöpfte Mitte und der entfesselte Rand

Was hier gezeichnet wurde, ist fraglos das sehr pointierte Bild einer extrem politisierten und kulturell fragmentierten Gesellschaft, in der die Anhänger beider Parteien in voneinander getrennten Universen leben, in denen unterschiedliche Informationen aufgenommen, unterschiedliche Moralvorstellungen weitergegeben und unterschiedliche Lebensstile gepflegt werden. Und anders als die geschlossenen Milieus früherer Zeiten, die eher auf einem Mangel an Wahlmöglichkeiten beruhten, sind die ideologischen Silos der Gegenwart selbst gewählt – eben im Sinne einer paradoxen Individualisierung, die nach einem Leben ohne Widerspruch strebt.

Das lässt wenig Platz für Ambivalenzen – aber diese existieren natürlich, und es ist wichtig, das zu betonen. Es gibt sicherlich Country-Fans, die demokratisch wählen, Republikaner, die einen Prius fahren, und wahrscheinlich wird dann und wann auch einmal ein hartgesottener Trump-Anhänger seinen Einkauf bei Whole Foods erledigt haben. Außerdem gibt es Millionen von Amerikanern, die gar nicht in die Raster passen, die hier vorgestellt wurden, die alles mit allem kombinieren und die vor allem ihre politische Einstellung nicht als Megaidentität verstehen, die ihr Leben bestimmt. Einige von ihnen haben kein Interesse an Politik und sind auch wenig informiert; andere aber gehören zu einer „erschöpften Mitte“, einem durchaus nicht ganz kleinen, eher moderaten Wählerblock, der sich mittlerweile von beiden Seiten nicht mehr angesprochen fühlt, sie für extrem hält und die toxische Polarisierung – und damit die gesamte Politik – einfach satthat.

Im politischen Diskurs und in der politischen Realität des Landes spielt diese erschöpfte Mitte allerdings keine große Rolle. Der eine Grund dafür ist ein sehr allgemeiner: Hochmotivierte und lautstarke Aktivisten dominieren, sobald sie eine kritische Masse überschritten haben, immer den politischen Diskurs. Aber im Fall der USA kommt noch etwas anderes hinzu, das den Primat ideologisch motivierter Basisaktivisten so stark gemacht hat: die Ausbreitung des Systems innerparteilicher Vorwahlen seit den 1960er-Jahren für fast alle politischen Ämter. Man muss es vielleicht als die institutionelle Seite der Individualisierungstendenzen der letzten vierzig Jahre sehen, und die Idee dahinter war verständlich: den Prozess zu demokratisieren, ihn aus den Hinterzimmern, den *smoke-filled rooms*, herauszuführen und damit mehr Partizipationsmöglichkeiten zu eröffnen. Denn zuvor waren die Kandidaten für politische Ämter von den „Bossen“ der US-Parteien – die ursprünglich keine auf innerparteiliche Beteiligung ausgerichtete Mitgliederparteien wie in Europa, sondern intransparente Wahlmaschinen waren – nach eigenem Gutdünken ausgesucht worden. Damit sollte Schluss sein.

Aber was die Initiatoren dieses Reformprozesses kaum voraussehen konnten: dass dadurch ja nicht automatisch „das Volk", diese stets abstrakte, semantische Leerstelle, stärker an der Kandidatenauswahl mitwirken würde – sondern eine durchaus begrenzte Anzahl von Basisaktivisten, die oft eine sehr bestimmte Agenda verfolgen. Denn die Beteiligung an den innerparteilichen Vorwahlen blieb gering: In der Regel betrug sie bei Kongresswahlen in beiden Parteien zusammen ca. 15 Prozent, bisweilen auch weniger, bei Präsidentschaftswahlen auch mal mehr. Das erleichterte gut organisierten Minderheiten, ihre Kandidaten durchzudrücken. Das bekannteste Beispiel ist die christliche Rechte, die vor allem in den 1990er-Jahren systematisch und gezielt Abgeordnete der Republikanischen Partei ins Visier nahm, die ihr nicht konservativ genug waren – und dann dafür sorgte, dass diese in den Vorwahlen einen finanziell bestens ausgestatteten Gegenkandidaten bekamen. Und erinnern wir uns: Da Amerikas Wahlkarte durch den *big sort* immer homogener wurde und die Politiker überdies durch den künstlichen Zuschnitt der Wahlkreisgrenzen oft noch sicherere *districts* schufen, traten die meisten Kandidaten in Super-Hochburgen an. Die Konsequenz: Sie mussten sich nur noch darum sorgen, die innerparteilichen Vorwahlen zu gewinnen – denn wer als Demokrat in der Bronx nominiert wurde oder als Republikaner im ländlichen Texas, der musste zur Hauptwahl nur noch antreten: Er konnte gar nicht verlieren. Also musste man sich einzig und allein der Parteibasis andienen: *playing to the base*, wie die Amerikaner das nennen. Dabei wiederum ging es lediglich um die besonders überzeugten Parteiaktivisten, die in der Regel eher weiter links oder rechts der Mitte operierten. Und so wurden folgerichtig Politiker nach Washington entsandt, deren Hauptziel es sein musste, genau diese Basis zufriedenzustellen. Es ist kein Wunder, dass die Kunst des Kompromisses in der Hauptstadt schon bessere Zeiten gesehen hat.

Die innerparteilichen Vorwahlen waren somit das Instrument der innerparteilichen ideologischen Säuberung (bei den Republikanern allerdings früher und bis heute auch konsequenter als bei den Demokraten) und damit ein wesentliches Vehikel der Polarisierung. Wie gesagt: das *Vehikel* der Polarisierung, wohl weniger die Ursache selbst, denn am Ende waren es eben doch einige Hunderttausend hoch mobilisierte und ideologisierte Basisaktivisten auf beiden Seiten. Wären die amerikanischen Parteien z. B. Mitgliederparteien europäischen Typs gewesen, hätten sich diese *true believer* vermutlich auf andere Weise Gehör verschafft, und die zentrifugalen Kräfte, die seit den 1960er-Jahren in der amerikanischen Gesellschaft freigesetzt wurden, hätten sich anders entfaltet.

Vielleicht also war eine andere Konsequenz des Vorwahlsystems noch viel wichtiger. Seine Einführung trug nämlich vor allem dazu bei, Hoffnungen auf eine immer direktere Beteiligung der „Basis“ am politischen Prozess zu schüren, entfachte damit auch Erwartungen, die Repräsentanten könnten jederzeit an den „Wählerwillen“ gekoppelt werden. Als schließlich ab 2009 die Tea Party, eine jener zahlreichen Basisgruppen der letzten fünfzig Jahre, die ebenfalls über den Weg der Vorwahlen (in diesem Fall bei den Zwischenwahlen 2010, als reihenweise moderate Republikaner aus dem Kongress flogen) Einfluss auf den Kurs der Partei nahm, Amtszeitbeschränkungen und, wie weiland hierzulande die Grünen, eine Art imperatives Mandat für „ihre“ Abgeordneten forderte, da war endgültig klar, wohin der Kult der Basisdemokratie geführt hatte: in eine populistische Mobilmachung, die früher oder später die Grundlagen repräsentativer Politik aufzehren musste, zumal all das auch noch mit einer Zeit extremer Polarisierung zusammenfiel, die das Bedürfnis nach puristischer Politik ohne Kompromisse enorm steigerte.

Eines der Ergebnisse dieser ziemlich toxischen Mischung war der Aufstieg Donald Trumps, der dann ab 2015 – ohne dass irgendjemand dies zunächst sonderlich ernst genommen hätte – aus einer konservativen Partei eine populistische Erregungsgemeinschaft formen sollte.

KAPITEL 3

Der Terror der Authentizität: Trump und die populistische Entfesselung

Jean Marie le Trump

Donald Trumps Aufstieg wäre undenkbar gewesen ohne die Polarisierung der amerikanischen Gesellschaft und Politik, wie sie im vorherigen Kapitel beschrieben wurde. Durch sie waren nicht nur bereits einige der Normen des zivilen Umgangs miteinander erodiert, die Sprache verroht, der politische Diskurs militarisiert. Die abgrundtiefe Spaltung des Landes war auch der Grund dafür, dass Trump am Ende im Weißen Haus landete. Denn es war ja nicht so, dass nicht auch vielen Republikanern klar war, was für ein monströser Narzisst, der weder moralisch noch intellektuell für das Amt geeignet war, da auf dem Wahlzettel stand. Viele von ihnen hatten noch während der überaus hässlichen Vorwahlen der Republikaner geschworen, ihn niemals zu unterstützen. Dass sie am Wahltag dann doch fast sämtlich in den Schoß der *Grand Old Party* zurückkehrten und Trump bis heute die Treue halten, liegt an der brutalen Freund-Feind-Kodierung im Land. Denn deren Logik lautet: Trump zu kritisieren oder ihm die Unterstützung zu verweigern, hätte im Nullsummenspiel der amerikanischen Politik allein die verhasste Gegenseite gestärkt. Und da der Präsident, einmal ins Amt gekommen, überhaupt eine ziemlich konventionelle konservative Politik betrieb (Steuersenkungen, Deregulierungen und Lockerung von Umweltstandards, die Berufung von konservativen Richtern an den Supreme Court und andere höhere Gerichte usw.), gibt es für sie bis heute kaum Gründe, an ihrer Unterstützung zu zweifeln. Sie ahnen vielleicht, dass im Weißen Haus jetzt ein veritabler Schurke sitzt; aber immerhin ist es *ihr* Schurke.

Gleichzeitig aber gibt es jenen anderen Teil der Partei, der sich sehr früh und sehr unwiderruflich an Trump gebunden hat, genauer: schon seit dem Sommer 2015, als der Immobilientycoon die Rolltreppe im Trump Tower hinunterfuhr und seine Kandidatur bekanntgab. Für sie ist Trump nicht einfach nur das kleinere Übel, das achselzuckend für den großen Kampf zu akzeptieren ist – sondern eine überlebensgroße Identifikationsfigur, die zu ihnen in einer Weise gesprochen hat wie kein Politiker zuvor. In vielerlei Hinsicht unterscheiden sich diese überzeugten Trump-Wähler von anderen republikanischen Wählern. Zunächst in ihrem sozialen Status: eher etwas weniger gebildet, eher mit einem geringeren Einkommen ausgestattet als die übrigen republikanischen Wähler, wenngleich es ihnen im Schnitt sehr viel besser geht, als die endlosen Reportagen über prekäre Kohlekumpel in West Virginia suggerieren.[1] Um ein veritables „Trumpenproletariat“, wie einige Journalisten Trumps wachsende Schar von Anhängern bezeichneten, handelt es sich nicht.

Der prototypische Trump-Wähler ist weiß und männlich, kommt finanziell relativ gut zurecht, hat allerdings auch genügend Gründe, sich um die Zukunft zu sorgen: ob die Beiträge zu seiner Krankenversicherung weiter steigen, ob das Geld reicht, um die Kinder aufs College zu schicken, und was mit seinem Job passiert, wenn die nächste Rezession kommt. Auf ihn passt jenes prägnante Sprachbild, mit dem der Soziologe Oliver Nachtwey den enervierenden Kampf einer mittlerweile erschöpften Mittelschicht beschrieben hat: Man strampelt sich nach oben auf einer Rolltreppe, die nach unten fährt, um am Ende wenigstens auf der Stelle zu treten.[2] Und es gibt für die Angehörigen dieses gesellschaftlichen Segments nicht mehr besonders viel Grund zu der Annahme, dass es die eigenen Kinder einmal besser haben werden als sie selbst – was aber stets ein unabdingbarer Bestandteil des vielbeschworenen Amerikanischen Traums war. Kein Wunder, dass die meisten von ihnen meinten, dass die besten Jahre hinter dem Land lagen. „Make America Great Again“ – diese ganz und gar nostalgische Losung von Trumps Wahlkampagne war vor allem auf sie zugeschnitten.

Auch in ihren politischen Einstellungen gab es Auffälligkeiten bei jenen, die Trump in den republikanischen Vorwahlen 2016 zum Sieg trugen. Sie waren eindeutig ablehnender gegenüber Minderheiten und betrachteten Einwanderung als das primäre Problem des Landes. Interessant war allerdings auch, dass sie laut vielen Umfragen in der Selbstidentifikation etwas seltener angaben, „konservativ“ oder „sehr konservativ“ zu sein. Sie waren zudem signifikant weniger religiös – tatsächlich machte ein Großteil der christlichen Rechten, die heute zu Trumps entschlossensten Verteidigern gehört, erst ihren endgültigen Frieden mit ihm, als klar war, dass ihm die Nominierung nicht mehr zu nehmen war. Außerdem gab es unter Trumps treuesten Fans wenig bis keine Sympathien für einen radikalen Umbau (bzw. Abbau) des amerikanischen Sozialstaates, für nachgerade utopische Ideen wie die Privatisierung der amerikanischen Rentenversicherung, wofür sich aber die Aktivisten und *true believer* des amerikanischen Konservativismus über Jahrzehnte begeistern konnten. So rechts und autoritär Trumps Basis also in gesellschaftspolitischen Fragen war, so wenig konnte man sich dort für die marktradikalen Ideen der Partei erwärmen. Und schon gar nicht verstanden sie, angesichts der Tatsache, dass immer mehr Industriejobs in Billiglohnländer abgewandert waren, warum beide Parteien so eifrige Verfechterinnen des globalen Freihandels waren.

Kurzum: Trump hatte jenen Teil aus dem Vorwahlelektorat der Partei brachial herausgebrochen, der tatsächlich viele Ähnlichkeiten besaß mit der Klientel rechtspopulistischer Parteien in Europa. Und er sprach sie an, wie wir es von Populisten auch auf dieser Seite des Atlantiks gewohnt sind: als Einheit und einzig wahre Verkörperung des Volkswillens, der gegen eine korrupte, dekadente und verlogene Elite stand.[3] Fand da also eine „Europäisierung“ der amerikanischen Rechten statt? Man könnte es gewiss so sehen; denn obgleich die Republikanische Partei immer weit rechts von den konservativen und christdemokratischen Parteien Europas operiert hatte, war sie doch lange Zeit keine rechtspopulistische Partei, wie sie in den westeuropäischen Demokratien seit den 1980er-Jahren wie Pilze aus dem Boden geschossen waren. In Einwanderungsfragen z. B. war sie in der Prä-Trump-Ära noch vergleichsweise liberal gewesen, auch wenn andere Strömungen stets koexistiert hatten.

Erst Trumps weißer Ethnonationalismus, die Methode der Tabubrüche und permanenten Provokationen, die extreme Personalisierung und die Neigung zu Verschwörungstheorien wiesen tatsächlich eher in die Richtung der Le Pens, der Haiders und Salvinis – nur alles eben eine ganze Spur wilder, militanter, enthemmter, in seiner Übertreibung vielleicht auch einfach amerikanischer. Die traditionellen Herzensthemen der Partei bedeuteten Trump hingegen wenig; er hatte wohl weder libertäre Ökonomen wie Milton Friedman oder August von Hayek gelesen noch glaubte irgendjemand ernsthaft, dass er vor dem Schlafengehen ein Stoßgebet gen Himmel schickte, auf dass Gott sich der christlichen Seele Amerikas annähme. Trump brauchte all das auch nicht, denn er hatte andere Knöpfe, die er drücken konnte. Er war der Champion der „affektiven" Polarisierung, von der im Teil zuvor die Rede war: Politik als Stammesdenken. So war die amerikanische Rechte in der Tat von der Nachzüglerin plötzlich zur Primaballerina des internationalen Rechtspopulismus geworden. Und zumindest einer aus Trumps Wahlkampfteam, der Publizist und ehemalige Betreiber der rechtspopulistischen Website „Breitbart" Steve Bannon, kannte sich mit den europäischen „Vorbildern" exzellent aus und wusste von der Verwandtschaft, sah Trump daher als den führenden Exponenten einer in Wahrheit global agierenden Bewegung.

As American as Apple Pie: Über die tiefen Wurzeln des Populismus in der politischen Kultur der USA

Doch man muss gar nicht den Blick auf die zeitgenössischen Pendants des „Trumpismus" in Europa lenken. Denn mit seiner populistischen Ansprache hatte Trump auch an sehr tiefsitzende Mentalitätsstrukturen der amerikanischen Gesellschaft angedockt. Man könnte auch sagen: Populismus ist eigentlich eine ausgesprochen amerikanische Angelegenheit. Seit der Nationenwerdung liegt er wie ein Schatten über der Republik. Als die Delegierten der Gründerstaaten 1787 in Philadelphia zusammenkamen, um die neue Verfassung auszuarbeiten, da tobte zwischen ihnen unter anderem auch ein Streit darum, wie direkt der Wille des Volkes sich in der Gesetzgebung niederschlagen sollte. Dabei ging es vorrangig um etwas anderes: Während die *Federalists* eine engere Union der unabhängig gewordenen ehemaligen Kolonien mit einer starken Zentralregierung befürworteten, setzten die *Anti-Federalists* auf einen loseren Staatenverbund mit weitgehender Unabhängigkeit der einzelnen Bundesstaaten. Doch standen dahinter auch verschiedene Konzeptionen von Demokratie, oder sagen wir: der *Möglichkeit* von Demokratie. Beide Seiten waren eifrige Studenten der Antike gewesen, und auch die *Anti-Federalists* waren nicht so naiv, zu glauben, dass das Modell der direkten Demokratie, wie es mit ein paar tausend Bürgern in der attischen Polis funktioniert hatte, einfach übertragbar war. Dennoch fürchteten sie, dass je größer der Verbund, desto größer auch die Distanz zwischen dem Volk und seinen Repräsentanten sein würde. Eine echte Rückkopplung gewählter Abgeordneter, so ihre Meinung, war nur möglich in kleinen Gemeinwesen, wo die Repräsentanten in permanentem Kontakt mit ihren Bürgern standen.

Am Ende jedoch setzten sich die *Federalists* durch, am prominentesten unter ihnen James Madison. Madison glaubte an das Volk als Souverän – und misstraute ihm zugleich zutiefst. Aus seinem Studium der attischen Demokratie und der Römischen Republik war er überzeugt, dass die Massen, sich selbst überlassen, zur Primitivität neigten, ihren Emotionen keinen Einhalt gebieten konnten. Deswegen war Athen gescheitert, so wie später Rom. Denn früher oder später würde stets ein Cäsar bereitstehen und dem Mob geben, was er verlangte: Enthemmung, Anarchie, Gewalt. Natürlich wollte Madison nicht in den Schoß der britischen Krone zurückkehren, und er selbst jedenfalls sah sich als aufgeklärter Anhänger der Republik. Aber es sollte eben keine direkte, sondern eine repräsentative Demokratie sein: Man musste den Volkswillen filtern, und zwar durch die Wahl von Abgeordneten, die an den Willen des Volkes durch Wahl und Wiederwahl gekoppelt waren, aber gleichzeitig unabhängig genug sein sollten, ihre eigenen Urteile zu fällen. Man schuf zwei Kammern des Parlaments, und die wichtigere war der Senat, dessen Abgeordnete ganze Bundesstaaten repräsentierten und, auf sechs Jahre gewählt (bis 1913 auch nicht in direkter Wahl durch das Volk, sondern durch die Parlamente der Einzelstaaten), über ein Höchstmaß an Unabhängigkeit gegenüber ihren Wählern verfügen sollten. Überhaupt entstand ein kompliziertes System von *checks and balances*, darunter eine mächtige Judikative mit einem starken Supreme Court, damit sich die verschiedenen Gewalten gegenseitig in Schach hielten. Am meisten Kopfzerbrechen aber bereitete den Verfassungsvätern die Exekutive: Wie verhinderte man, dass an die Spitze des Staates am Ende nicht doch ein Demagoge gelangte, der all die Schwächen der menschlichen Natur ausnutzte? Unter anderem eben dadurch, dass man auch ihn, um Gottes willen, nicht direkt vom Volk wählen ließ. Stattdessen sollte das Volk seinerseits in den einzelnen Bundesstaaten ein Gremium von Wahlmännern bestimmen, die ihrerseits wiederum den Präsidenten wählten: das sogenannte und heute stark zur Diskussion stehende *electoral college*. Sollte also doch einmal irgendwann ein Cäsar die Zustimmung des Volkes gewinnen, wären da noch immer gebildete, weiße, wohlhabende Männer – wie beispielsweise Madison –, die der ganzen Sache Einhalt gebieten würden.

Abgesehen davon, dass diese „Rückversicherung", als sie im Jahr 2016 wirklich gebraucht wurde, nicht funktionierte, weil die Wahlmänner des *electoral college* in der Verfassungsrealität einfach nur die Ergebnisse in den einzelnen Bundesstaaten mit ihrer Stimme abbilden: Die Gründerväter hatten damit die „radikaleren" demokratischen Impulse der Amerikanischen Revolution entscheidend neutralisiert. Die USA wurden eine sehr repräsentative Demokratie, in der es, zumindest auf Bundesebene, auch kaum Möglichkeiten der direkten Mitwirkung gab. Es war so etwas wie das erste gebrochene Versprechen der Demokratie. Manche Historiker sprechen gar von einer „Konterrevolution" oder einem antidemokratischen Coup, der sich in Philadelphia ereignet habe.[4]

Das mag in dieser Schärfe polemisch sein. Sicher aber ist, dass die Sehnsucht nach mehr und direkterer Demokratie, nach einer unmittelbareren Rückkoppelung der Repräsentanten an den Volkswillen, ebenso die Furcht vor abgehobenen Volksvertretern im fernen Washington fortan eine Konstante im politischen Diskurs des Landes blieben. Das allein würde wohl noch nicht genügen, um hier bereits den ersten Konflikt zwischen „Populisten" und dem „Establishment" zu lokalisieren. Aber dieser eher verfassungsphilosophische Konflikt erhielt bald noch andere Dimensionen und lud sich auch kulturell auf. Da es sich bei den *Federalists* vor allem um die wohlhabenden Eliten in den Küstenregionen handelte, die auch deswegen eine stärkere Zentralregierung befürworteten, weil sie Handel treiben wollten und dafür eine Marine brauchten, und in diesem Sinne, nach heutiger Terminologie, Kosmopoliten waren, verschmolz dieser Konflikt früh mit einem Konflikt zwischen Stadt und Land bzw. zwischen politischem Zentrum und politischer Peripherie.

Und niemand verkörperte die andere Seite des Konfliktes, den Widerstand gegen die kosmopolitisch ausgerichteten Eliten, wohl so stark wie Thomas Jefferson, der dritte Präsident der USA, der die Balance des Landes wieder in Richtung der Interessen der nicht-urbanen Klassen lenken wollte. Jeffersons Referenzpunkt, und bald Teil einer mächtigen Volksmythologie, war der *yeoman farmer*, der fern von Washington sein eigenes kleines Stück Land bestellte, autark lebte und ansonsten einfach in Ruhe gelassen werden wollte. Er war der idealtypische Bewohner dessen, was der britische Politologe Paul Taggart sehr viel später als Sehnsuchtsort jedweder populistischen Bewegung bezeichnen sollte: Die Rede ist vom *heartland*, einem mystischen Ort, der nicht exakt geografisch definiert, sondern ein Ort der Vorstellung ist; das versunkene Ideal einer Gemeinschaft, die vor allem gefühlsmäßig, eben „mit dem Herzen", begreifbar ist; ein Ort, der noch authentisch ist (ein Begriff, der uns gleich noch intensiv beschäftigen wird), frei von den Falschheiten der modernen Welt, ein Rückzugsort für die aufrechten und die ehrlichen, eben: für die „echten" Deutschen, die „echten" Franzosen, die „echten" Amerikaner, was natürlich zeigt, dass er einen exklusiven Charakter hat. In den USA gilt gemeinhin *Middle America*, in Frankreich *La France profonde* (das „tiefe Frankreich") als klassisches *heartland*; und im Deutschen kommt das Wort „Heimat" der Vorstellung vielleicht noch am nächsten.[5]

Insofern ist gewiss wahr, dass alle repräsentativen Demokratien den Schatten des Populismus über sich spüren. Doch in den USA war er besonders allgegenwärtig. Denn hier fungierte er, so der amerikanische Historiker Michael Kazin in seiner bis heute maßgeblichen Abhandlung zum Thema, als funktionales Äquivalent zum Sozialismus oder zu anderen revolutionären Ideologien in Europa.[6] Populismus erlaubte nämlich ebenfalls eruptiven und radikal anmutenden Protest – war aber zugleich die kongeniale Protestform einer Gesellschaft, die die verfasste Ordnung gar nicht wirklich fundamental infrage stellen wollte. Salopp ausgedrückt: Man haute kurz auf den Putz, kam aber nie auf den Gedanken, die Statik der amerikanischen Politik oder Gesellschaft grundlegend zu verändern oder gar die Abrissbirne einzusetzen. Das hatte, wie so vieles andere, Tocqueville bereits früh erkannt: Die Amerikaner, meinte er, liebten den Wandel, aber sie fürchteten die Revolution. Denn statt zur Revolution ruft der Populismus, damals wie heute, zur „Reinigung" von allen korrupten Elementen und damit zur Rückkehr zu den ursprünglichen Idealen auf. Insofern ist er von seiner Natur her oft defensiv und letzten Endes Verteidiger des Status quo. Für die Mächtigen einer Gesellschaft ist er äußerst beruhigend, weil er – trotz der rebellischen Pose – die Systemfrage doch nie stellt. Das ist gemeint, wenn die Rede ist vom „leeren Herzen" des Populismus, dem normativen Vakuum im Inneren der meisten populistischen Bewegungen, die eben nicht das Bild einer ganz anderen Gesellschaft entwerfen, wie es klassische Ideologien in der Regel tun.

Die Silent Majority: Wie Amerikas Konservative den Populismus für sich entdeckten

Auf ein politisches Lager ließ sich der Populismus nicht festlegen, und dafür war er auch einfach zu allgegenwärtig im politischen Diskurs des Landes. Aus heutiger Perspektive ist allerdings fraglos erstaunlich, dass er in den USA sehr lange und sehr viel häufiger ein Stilmittel der politischen Linken war. Die erste moderne populistische Partei, die der

Sache überhaupt ihren Namen gab, war die „People's Party", auch „Populist Party" genannt – eine Bewegung vor allem von Farmern im späten 19. Jahrhundert, die gegen die Macht der großen Kartelle und Monopole aufbegehrte. Die *Populists* waren keine Sozialisten, aber doch kritisch gegenüber den Auswüchsen des Kapitalismus. Und ein paar Jahrzehnte später, in der Weltwirtschaftskrise der 1930er-Jahre, bediente sich auch Franklin D. Roosevelts Politik des *New Deal* kräftig aus dem sprachlichen Arsenal des Populismus, wenn der Präsident die „Plutokraten" an der Wall Street für Amerikas Malaise verantwortlich machte, von „Räuberbaronen" und „ökonomischen Royalisten" sprach – womit er äußerst erfolgreich war, denn damals wussten die Demokraten tatsächlich noch einen Großteil der weißen Arbeiterklasse hinter sich.[7]

Erst in den 1960er-Jahren kam es dann, wie Kazin es ausdrückt, zur „Eroberung" des Populismus durch den amerikanischen Konservativismus. Das hatte zum einen mit der Veränderung des amerikanischen Liberalismus zu tun, der sich kulturell und habituell vom Milieu der Arbeiterklasse entfernt hatte; davon war schon die Rede im letzten Kapitel. Aber das Ganze war von rechts auch einigermaßen brillant eingefädelt worden. Das Ausnutzen rassistischer Ressentiments spielte bei der politischen Wanderung des Populismus von links nach rechts von Anfang an eine große Rolle. Amerikas erster Rechtspopulist mit landesweiter Ausstrahlung war George Wallace, zwischen 1963 und 1987 mehrfach Gouverneur von Alabama und ein klarer Befürworter der Rassentrennung. Wallace, in vielerlei Hinsicht mit Trump 2015/2016 vergleichbar, war einer jener Demokraten, die nach 1964 sukzessive die Partei verließen. In jenem Jahr allerdings versuchte er noch einmal, den Kurs der Partei zu drehen und über den Weg der Vorwahlen Kandidat der Demokraten bei den Präsidentschaftswahlen zu werden. Er scheiterte; aber dass er auch außerhalb des Südens bei Wählern aus der weißen Arbeiterklasse eine erstaunlich hohe Zustimmung fand, signalisierte, dass es in der Partei kräftig rumorte.[8]

Wallace agitierte gegen realitätsferne Bundesrichter und Washingtoner Eliten, die sich anmaßten, den Amerikanern ihre Lebensweise aufzudrücken. Er hingegen sah sich als Verteidiger des *way of life* der Südstaaten – der vor allem auf der Diskriminierung einer Minderheit beruhte. Schon zu Beginn der konservativen Umkodierung des amerikanischen Populismus spielte Rassismus also eine bedeutende Rolle, denn mit jedem Verweis auf *the people* waren natürlich weiße Amerikaner gemeint; auch diese Verquickung hat Trump, wie so vieles andere, nicht selbst erfunden. Doch war da noch mehr als nur Rassismus. Wallace experimentierte auch mit einem aggressiven Antiintellektualismus, wenn er über wirklichkeitsfremde „Pseudointellektuelle" und „Theoretiker" spottete, die meinten, dass ein Plan aus ihrer Schublade überall im Land funktionieren müsste – während doch eigentlich der „gesunde Menschenverstand" den richtigen Weg weise. Der Mann aus Alabama lebte und atmete buchstäblich die eigene populistische Botschaft. Wie wahrscheinlich kein amerikanischer Politiker vor ihm – aber unzählige nach ihm – spielte er die Rolle des bodenständigen Amerikaners aus dem *heartland*. Wallace trug aus Prinzip gebrauchte Anzüge und bekundete stolz, auf jede seiner Mahlzeiten Ketchup zu schütten – alles, um sich als authentischer Vertreter von *Middle America* zu inszenieren. Nun hatten Wallaces politische Positionen innerhalb der Demokratischen Partei angesichts der innerparteilichen Umwälzungen dieser Jahre keine Zukunft. Bei den Republikanern aber schon: Für viele Wähler aus der weißen Arbeiterklasse war Wallace daher nur ein kurzer Zwischenstopp auf ihrem unvermeidlichen Weg zur Republikanischen Partei. Und sehr lange dauerte die Transformation nicht: Schon 1968 sollten viele von ihnen genau dort landen – durch Richard Nixons Wahlsieg in jenem Jahr avancierten die Republikaner zur Mehrheitspartei der weißen Arbeiterklasse.

Dabei besaß es schon eine gewisse Ironie, dass gerade dieser stets etwas linkisch wirkende Mann zum Helden der populistischen Mobilisierung werden sollte. Denn Nixon war kein Volkstribun, sondern ein gehemmter, verschlossener, distanzierter Mensch. Und vor allem war er ein Geschöpf Washingtons; bei seiner Wahl zum Präsidenten 1968 hatte er bereits seit über zwanzig Jahren im Politikbetrieb der Hauptstadt mitgemischt. Doch Nixon hatte wie kein anderer Politiker seiner

Generation die neuen Bruchlinien der amerikanischen Gesellschaft ertastet. Er spürte, dass die Demokratische Partei bis zum Platzen inklusiv und heterogen geworden war und dass viele Menschen aus der weißen Arbeiter- und Mittelklasse in Wahrheit weder für die schwarze Bürgerrechtsbewegung noch für die jungen Menschen, die gegen den Vietnamkrieg oder für neue Sexualnormen stritten, irgendwelche Sympathien hatten. Also spielte Nixon all diese Gruppen virtuos gegeneinander aus und appellierte an die „forgotten Americans, the non-shouters, the non-demonstrators", Menschen also, die einfach nur hart arbeiten, ihre Steuern zahlen und ansonsten in Ruhe gelassen werden wollten.

Den Begriff, der all das auf den Punkt bringen sollte, hatte ihm 1969 sein enorm einflussreicher Redenschreiber Pat Buchanan ins Manuskript geschrieben: die *silent majority*, die schweigende Mehrheit. Es war ein geradezu klassischer Topos populistischer Weltsicht: die Vorstellung einer numerischen Mehrheit, die bisher aus undurchsichtigen Gründen von einem Elitenkartell von der Macht ferngehalten wurde. Der Begriff mochte harmlos klingen, doch unterschwellig transportierte er bereits jenes Verschwörungsdenken, für das der amerikanische Konservativismus sich fortan als anfällig erweisen sollte – und das sich in den Obama-Jahren in ein paranoides Phantasma hineinsteigern sollte. Und so ist man nicht überrascht, dass Donald Trump – dessen Selbsterfindung als Politiker 2011 mit dem Streuen der Verschwörungstheorie begann, dass Obama nicht in den USA geboren und damit illegitim im Amt sei – gerade diesen Slogan für seine Kampagne 2016 schamlos recycelt hat. Auch die Verachtung gegenüber der freien Presse hatte Nixon bereits in allen Variationen durchgespielt, ebenso die fortgesetzte Steigerung zu dem Zeitpunkt, als er wegen Watergate mit dem Rücken zur Wand stand. Sein Chefideologe Buchanan verlautbarte 1973: „There is no element in American life more out of touch with the concerns and beliefs of the common man than the liberal press."[9] Bis zu Trumps „Fake News Media" als „Feinden des amerikanischen Volkes" war es da allerdings noch ein Stück des Wegs.

Latte Liberals: Populismus und Lebensstil

Nichts von alldem hätte allerdings solche Kraft entwickelt, wäre nicht parallel jener Prozess abgelaufen, der im zweiten Kapitel so ausführlich dargestellt wurde: die kulturelle Auseinanderentwicklung des Landes und seine Fragmentierung nach Lebensstilen. Das war schon immer und überall das Substrat des Populismus gewesen, und auch hier half es den Republikanern, als ihnen zur Behebung der seit den 1980er-Jahren rapide wachsenden Ungleichheit im Land wenig einfiel und ihre Forderung nach noch weiteren Deregulierungen auch nicht besonders populär war, die sozioökonomische Konfliktlinie mit einer kulturellen zu überschreiben. Sie überzeichneten also bewusst die lebensweltlichen Unterschiede im Land und schufen damit eine Erzählung, die sich tatsächlich als ziemlich effektiv erweisen sollte: nämlich die von einer urbanen und versnobten „liberalen Elite", die von den Küstenregionen des Landes mit Verachtung auf die Bewohner von *Middle America* herabschaute und sie bevormunden wollte, wie sie ihr Leben zu leben hätten. Zur liberalen Elite gehörten nach dieser Lesart wahlweise die Intellektuellen, liberale Bürgerrechtler, Professoren und Lehrer, die Filmproduzenten von Hollywood, die Redaktionen der großen Zeitungen sowie überhaupt die gesamte Kulturindustrie, aber auch Washingtoner Regierungsbürokraten und, natürlich, die Politiker der Demokratischen Partei. Sie lebten in ihren eigenen abgeschlossenen Milieus, wo sie von den wahren Sorgen und Nöten des Durchschnittsamerikaners wenig mitbekämen. Berühmt wurde der Werbespot, den die konservative Lobbygruppe „Club for Growth" 2004 gegen den Demokraten Howard Dean schaltete und der zeigte, wie man Politik- und Lebensstilkritik miteinander verschmelzen konnte: „Howard Dean should take his tax-hiking, government-expanding, latte-drinking, sushi-eating, Volvo-driving, New York Times-reading, body-piercing, Hollywood-loving, left-wing freak show back to Vermont, where it belongs."[10] Und niemand tat den Schöpfern dieses Ressentiments einen größeren Gefallen als Barack Obama im Jahr 2008, als er während des Wahlkampfes in einem unbedachten Moment äußerte, angesichts der sozialen Verheerungen im Land sei es kein Wunder, dass die Menschen im ländlichen Amerika sich „an ihre Waffen und ihre Religion klammerten“ – Opium für ein einfältiges Volk eben.

Diese Erzählung der Republikaner war schon damals an jene adressiert, die weder mit libertären Staatsvorstellungen noch mit religiösem Eifer an die Partei zu binden waren, ohne die die Partei aber angesichts der demografischen Verschiebungen im Land nicht länger mehrheitsfähig war: eben jene weiße Arbeiterklasse, von der seit Trump permanent die Rede ist und die fast so etwas wie ein journalistischer Fetisch geworden ist. Und natürlich war diese Erzählung einigermaßen perfide, weil sie mit politischen Argumenten oder Positionen rein gar nichts zu tun hatte, sondern allein auf der Ebene des Ressentiments spielte. Doch zur Wahrheit gehört auch: Sie hätte keine Resonanz gefunden, wenn sie nicht tatsächlich mit einer subjektiven Lebenserfahrung korrespondiert hätte. Viele weiße Amerikaner ohne Collegeabschluss fühlten sich zunehmend von den Demokraten verlassen, empfanden, dass sie in den Reden liberaler Politiker – übrigens ebenso wie in Teilen der Populär- und Unterhaltungskultur – schlicht nicht mehr vorkamen mit ihren Sorgen, Ängsten und Bedürfnissen. Sie spürten die kulturelle, habituelle Entfremdung, die in den USA wahrscheinlich früher auftrat als in Europa, wo die Parteien links der Mitte zu diesen Schichten etwas später allerdings ebenfalls den Kontakt verloren. Amerikas Konservative hatten ihnen zwar auch nicht besonders viel an konkreter Politik zu bieten, um ihren relativen Statusverlust aufzuhalten, eher im Gegenteil. Doch immerhin boten sie Anlass zur kollektiven Identifikation mit einer *Idee* von Amerika – ganz gleich, wie nah diese Idee jemals an der realisierten Wirklichkeit war –, während die tonangebenden Multiplikatoren des amerikanischen Liberalismus, vor allem verstärkt seit den 2000er-Jahren, ihnen ständig erzählten, wie falsch so ziemlich alles von dem sei, woran sie und ihre Väter und Mütter geglaubt hatten: weil ja schon die Idee von Amerika ein Schwindel sei, da alles Geleistete und all der Reichtum auf der Ausbeutung anderer beruht hätten. Da blieb nicht viel, worauf man ohne Schuldgefühle stolz sein konnte.

Trumps Vorläuferin: Sarah Palin und der intellektuelle Niedergang einer Partei

Von Ronald Reagan in den 1980er- bis zu George W. Bush in den 2000er-Jahren schafften es republikanische Politiker ein ums andere Mal, ihre liberalen Konkurrenten als elitäre Out-of-touch-Schnösel zu karikieren, sich selbst aber zu den authentischen Vertretern des *heartland* zu stilisieren. Vor allem der Texaner George W. Bush, Präsident von 2001 bis 2009, hatte darin eine besondere Meisterschaft entwickelt. Und dass auch ihn, wie später Trump, die liberalen Medien verspotteten und verlachten, ihn für einen naiven Einfaltspinsel hielten, verlieh ihm in den Augen seiner Anhänger – von denen es viele gab, bis Bush schließlich nach dem katastrophalen Krieg im Irak plötzlich fallen gelassen wurde – nur umso mehr Glaubwürdigkeit.

Und doch verläuft der Weg von Nixon zu Trump nicht ganz so geradlinig. Der amerikanische Konservativismus hatte immer auch eine vollkommen andere Seite; und sie zu ignorieren, hieße, die Geschichte nur zur Hälfte zu verstehen – und zu übersehen, welch gewaltige Zäsur Trumps Aufstieg, bei allem, was historisch schon angelegt war, doch darstellt. Denn die Republikanische Partei war in all den Jahrzehnten zuvor gleichzeitig und in steter Spannung zu ihrer populistischen Ausrichtung immer auch eine ideenzentrierte Partei der Intellektuellen gewesen. Um die konservative Bewegung hatte sich seit den 1960er-Jahren ein dichtes Netz aus Think Tanks, Zeitschriften und Verlagen gewoben, ins Leben gerufen als autarke Gegenwelt zur liberalen Dominanz in den Medien und an den Universitäten. Und zwischen republikanischen Regierungen und dem intellektuellen Kosmos der Bewegung hatte es stets einen außergewöhnlich engen Austausch gegeben. Es war daher überhaupt nicht ironisch gemeint, wenn die Republikaner – die sich heute einem Mann unterworfen haben, der nach Ansicht eines seiner Biografen seit dem Studium kein Buch mehr auch nur angerührt hat – selbst in der Zeit der Präsidentschaft George W. Bushs noch als „Partei der Ideen“ bezeichnet wurden, mit zahlreichen Akademikern von Eliteuniversitäten in hohen Regierungsämtern.[11] Nicht, dass das immer ein Grund zur Beruhigung sein muss. Bushs katastrophales Irak-Abenteuer war ja – auch wenn ein routinierter Anti-Amerikanismus in Europa es gern so glauben wollte – primär gerade nicht die Übersprunghandlung eines texanischen Cowboys, sondern die Frucht jahrelanger Planungen am Reißbrett konservativer Intellektueller gewesen, Teil eines Masterplans, den Nahen Osten völlig neu zu ordnen, ganz in der Tradition jakobinischer Weltbeglückung.

Mit Trumps Unterwerfung der Partei unter seinen Willen aber war es spätestens vorbei mit dem doch recht einzigartigen Balanceakt, gleichzeitig Partei der Ideen *und* Partei der populistischen Mobilisierung zu sein. Und so ist es kein Zufall, dass sich die ärgsten Widersacher des Präsidenten innerhalb der eigenen Partei, oft auch als *NeverTrumpers* bezeichnet, häufig aus genau jenem Kreis von Intellektuellen rekrutieren, die das große Schlamassel zwischen Euphrat und Tigris maßgeblich mitangerichtet hatten. Man darf ihnen glauben, dass sie ehrlich entsetzt sind über Trumps Politik. Aber neben ihrer Verachtung ist da auch eine Kränkung spürbar, dass der Reality-TV-Star auf sie und ihresgleichen nie auch nur einen Cent gegeben und nicht die geringste Verwendung für sie hat.

Allerdings hatten genau jene Intellektuellen auch selbst kräftig mitgewirkt am Spiel mit dem Populismus. Sie wussten schließlich, wem sie in Wahrheit die schönen Wahlsiege im Zeitalter konservativer Hegemonie zu verdanken hatten: ganz sicher nicht feingeistigen Abhandlungen über konservative Denker wie Carl Schmitt und Leo Strauss im „National Review“ oder „Weekly Standard“, den beiden journalistischen Flaggschiffen der konservativen Bewegung. Und trotz all der Erfolge – oder gerade ihretwegen – verließ sie nie das Gefühl, dass die Zeit gegen sie arbeitete und sowohl die kulturellen Veränderungen als auch die absehbaren demografischen Verschiebungen im Land sie schon bald die Mehrheitsfähigkeit kosten würden. Daher hielten sie nach allem Ausschau, was die Ära konservativer Dominanz verlängern und dazu beitragen konnte, den populistischen Appell noch tiefer in der amerikanischen Gesellschaft verfangen zu lassen. Und kamen dabei schließlich irgendwann auf verwegene Ideen. Trump hatte nämlich durchaus eine ziemlich direkte Vorläuferin, jemanden, der ein paar Jahre vor ihm bereits mit einer äußerst aggressiveren Spielart des Populismus experimentiert hatte. Wäre man gezwungen, doch den einen Zeitpunkt zu benennen, da die Sache schon vor ihm anfing, merkwürdige, ja geradezu groteske Züge anzunehmen (wenngleich es noch viel grotesker werden sollte), dann müsste die Rede sein von einer idyllischen Kreuzfahrt durch Alaskas Fjorde im Jahr 2007.[12] Organisiert worden war die Reise, eine Art Promotiontour für die treuesten und betuchtesten Leser der Zeitschrift, vom konservativen „Weekly Standard". Mit dabei waren einige der Schwergewichte unter Amerikas konservativen Publizisten, vor allem die beiden Herausgeber des „Standard", Fred Barnes und William Kristol. Während eines Landgangs waren sie zum Abendessen eingeladen bei der Gouverneurin von Alaska, die unter anderem damit Furore gemacht hatte, sich mit den großen Ölmultis in ihrem Bundesstaat anzulegen: Sarah Palin. Man darf wohl getrost sagen, dass diese schon etwas älteren Herren dem Charme ihrer sehr viel jüngeren Gastgeberin erlagen. Palin strahlte nicht nur eine rohe und völlig unverbrauchte Energie aus. Sie hatte auch eine Biografie, die nach populistischer Ikone schrie: aus bescheidenen Verhältnissen, einst Bürgermeisterin der Kleinstadt Wasilla, Mitglied einer glaubensstrengen evangelikalen Gemeinde, Mutter von vier Kindern, eines davon mit Down-Syndrom, der Mann ihr Highschool-Sweetheart. Und zumindest der Selbstinszenierung nach war Palin eine begeisterte Jägerin, die in ihrer Freizeit am liebsten mit ihrem Nachwuchs schwer bewaffnet durch den Schnee stapfte, Elche erlegte und auch gleich eigenhändig ausweidete.

Palin verkörperte einen uramerikanischen Mythos: jenen der „Pionierfrau", die an der äußersten *frontier* – der westlichen Grenze, an der Wildnis und Zivilisation aufeinandertreffen – des Landes ihren Posten hielt, dabei tougher war als all die verweichlichten Männer. Hätte es sie nicht schon gegeben, man hätte sie erfinden müssen. Und da damals das Wort von Intellektuellen wie Kristol und Barnes noch Einfluss hatte innerhalb der Partei, gelang es ihnen, Palin dem

Kampagnenteam des republikanischen Kandidaten von 2008, John McCain, als Vizepräsidentschaftskandidatin unterzujubeln.

Palins Biografie klang fast zu schön, um wahr zu sein; und das war sie schließlich auch. Aber dass ihr Familienleben ein paar andere und nicht ganz so christliche Seiten aufwies, das wurde erst später deutlich, genau wie ihre vollständige Überforderung mit der nationalen Politik und, dass sie nicht wusste, dass es sich bei Süd- und Nordkorea um zwei verschiedene Länder handelt. Zunächst aber schien die Wette auf sie aufzugehen. Angesichts des historischen Wahlerfolgs von Obama – und der Neigung, solcherlei Ereignissen in der Retrospektive eine gewisse historische Zwangsläufigkeit zu unterstellen – wird mittlerweile häufig vergessen, wie Palins Nominierung damals die konservative Parteibasis elektrisierte, und zwar auf eine Weise, wie es später erst bei Trump wieder der Fall sein sollte. In den Tagen nach ihrer Nominierung zog das Duo McCain/Palin in den Umfragen an Obama/Biden vorbei. Der Höhenflug hielt zwar nur wenige Wochen an, aber es war das einzige Mal, dass die Republikaner überhaupt vorn lagen.

Es gab einiges an Palin, das einen Teil der republikanischen Parteibasis später auch zu Trump ziehen sollte. Da war zum einen ein beißender Antiintellektualismus. Wie bereits angedeutet, hatte Palin ihn kaum erfunden, aber sie führte ihn doch in neue Höhen, ganz ohne besondere Anstrengungen oder Kalkül. George W. Bush etwa war noch, wie andere Populisten in der Partei, Absolvent einer Ivy-League-School gewesen und ein Teil seines Antiintellektualismus war nur Attitüde. Palin aber musste sich gar nicht verstellen: Bei vielen Fragen hatte sie wirklich keinen blassen Schimmer. Der Spott und Hohn, den sie dafür erntete, machte sie in den Augen ihrer Fans allerdings nur glaubwürdiger. Dann lief alles nach dem Drehbuch des Antiintellektualismus: Waren es doch abermals die „liberalen Eliten“, die in ihrer Arroganz nicht wahrhaben wollten, dass auch Sarah aus Wasilla ein Platz am Tisch zustand. Palin registrierte diese Reaktion der Parteibasis und begann, nach anfänglicher Unsicherheit, bald lustvoll in der Verachtung ihrer Feinde zu baden. Und sie provozierte immer weiter: Keine politische Frage, die sie nicht mit dem gesunden Menschenverstand beantworten zu können glaubte, kein Problem, für das sie nicht weltfremde Theoretiker verantwortlich machte. Amerika brauche keinen Intellektuellen im Weißen Haus, bekundete sie an die Adresse des Dozenten für Verfassungsrecht Barack Obama: „We need a commander-in-chief, not a professor of law."[13]

Wer die wahre Wirkung des Antiintellektualismus verstehen will, muss sich davon frei machen, in ihm einfach nur die Zelebration von Dummheit oder Unwissenheit zu sehen. Es steckt schon mehr dahinter, und übrigens ist nicht alles davon vorschnell als gänzlich illegitim zurückzuweisen. Im Kern geht es beim Antiintellektualismus stets darum, den vermeintlich unbestechlichen Alltagsverstand des gemeinen Mannes gegenüber den Anmaßungen und neunmalklugen Empfehlungen weltfremder Theoretiker und Intellektueller aufzuwerten. Zumindest vordergründig atmet er damit einen egalitären Geist, was ihn zu einer bevorzugten Waffe aller Populisten macht. Der amerikanische Historiker Richard Hofstadter, der den Begriff in den 1960er-Jahren wie kein anderer popularisierte, hielt diese Geisteshaltung für älter als die USA, eingeschleppt von der ersten Siedlergeneration. Schließlich habe schon die Puritaner ein tiefes Misstrauen gegenüber kirchlichen Eliten und Hierarchien ausgezeichnet, da sie dadurch die Gleichheit unter den Gläubigen und den persönlichen Zugang zum Göttlichen gefährdet sahen. Man brauche keine Zwischeninstanz, um die Wahrheit der Heiligen Schrift zu erkennen – der einzelne Gläubige sei dazu selbst in der Lage. Insofern war es auch der unbedingte Wille zu Demokratie und Gleichheit, der den Antiintellektualismus entstehen und ihn zu einer historisch durchaus emanzipatorischen Kraft werden ließ.[14] Aber natürlich konnte das – so wie es 2008 mit Palin und der Republikanischen Partei geschah – ganz und gar zerstörerische und irrationale Züge annehmen, die keine andere Wahrheit außerhalb der selbst gefühlten mehr gelten ließen.

Auf Palins Kundgebungen tobte bisweilen ein veritabler Mob, der sich im Nachhinein nur als Vortrupp dessen entpuppen sollte, was noch folgen würde. Und anders als John McCain, der Menschen unterbrach, die davor warnten, dass mit Obama bald ein Muslim im Weißen Haus sitzen könnte, ließ Palin ihre Fans gewähren. Wenn sie bei ihren Wahlauftritten auf dem platten Land bekundete, sie sei froh, nun endlich wieder in „real America" zu sein, um dort vor „real Americans" zu sprechen, klang das in den Ohren der einen Hälfte des Landes nur nach banaler Wähler-Anschmeiße; die andere Hälfte aber verstand sofort, wovon Palin sprach, und goutierte auch die rassistischen Untertöne ihrer Reden. Vor allem aber teilten ihre Anhänger Palins Gefühl der kulturellen Belagerung durch einen progressiven Zeitgeist. Und je mehr sie von den Medien ob ihrer offensichtlichen Ahnungslosigkeit verspottet wurde, desto überzeugter waren ihre Anhänger, dass sie bloß das Exempel war, an dem die sogenannten liberalen Eliten des Landes ihre allgemeine Verachtung für alles zeigten, wofür *Middle America* stand. Palins Kränkungen waren auch ihre Kränkungen. Der Sommer und Herbst 2008, das war – im Rückblick betrachtet – die Zeit, in der ein primitiver Ur-Instinkt im limbischen System der Partei aktiviert wurde und eine nationalistische, entzivilisierende und paranoide Welle ihren Ausgang nahm, die bald die gesamte Partei verschlucken und am Ende Donald Trump wieder ausspucken würde.

Trump und der Aufstieg der totalen Anti-Politik

Die sieben Jahre zwischen Palins kometenhaftem Aufstieg – die sich bald darauf wie andere konservative Politiker ihren Ikonenstatus als Kommentatorin bei Fox News versilbern ließ – und Trumps Auftritt auf der Bühne waren im Nachhinein eine Zwischenphase. Auf der einen Seite gelangte mit Barack Obamas Amtsantritt die paranoide amerikanische Rechte bereits zu voller Blüte. Wer jetzt Fox News einschaltete oder konservatives *Talk Radio* hörte, wer den Aktivisten zuhörte, die sich in der 2009 in eruptivem Protest entstandenen Tea Party sammelten, der musste glauben, das Land stünde vor dem Untergang, regiert von einem sozialistischen Usurpator im Weißen Haus, der das Land mutwillig zugrunde richtete. Die Republikanische Partei aber, deren Funktionäre mittlerweile eine Heidenangst hatten vor der populistischen Welle, die sie doch selbst mit losgetreten hatten, schien unterdessen eine Zeit lang noch einigermaßen die Balance zu halten zwischen der Sphäre halbwegs normaler Politik und dem, nun ja, Wahnsinn, der Abend für Abend im medialen konservativen Paralleluniversum über den Äther ging. 2012 nominierte die Partei Mitt Romney zum republikanischen Präsidentschaftskandidaten, einen zwar konservativen, aber nicht wirklich radikalen Politiker, der sich noch eindeutig im Spektrum normaler und demokratischer Politik bewegte. Es war das letzte Hurra des halbwegs moderaten Parteiflügels und verdeckte lediglich, wie moralisch und intellektuell verwildert ein Teil der republikanischen Parteibasis mittlerweile war.

Als Trump 2015 seine Kandidatur bekanntgab, was zunächst kaum jemand ernst nahm, war der Boden daher längst bereitet. Das bedeutet allerdings nicht, dass sein Weg zur Nominierung als Präsidentschaftskandidat der Republikaner völlig zwangsläufig und nicht zu verhindern gewesen wäre. Befördert wurde er auch dadurch, dass in einem sehr breiten und fragmentierten Feld viele der anderen Kandidaten um dieselben Wählersegmente buhlten – die einen um die gut ausgebildeten und wohlhabenden republikanischen Wähler in den Suburbs; die anderen um die christliche Rechte –, während Trump der eindeutige und alleinige Champion der weißen Arbeiterklasse war. Dort fand dann allerdings in der Tat eine fast nahtlose logische Fortsetzung, was mit Palin acht Jahre zuvor begonnen hatte: ein geifernder, von Ressentiments getriebener Populismus, der für alles, was auch nur ansatzweise nach etablierten Institutionen und Politik klang, nichts als Verachtung übrighatte. Trumps Populismus war eine Drehzahl höher als alles, was das Land zuvor erlebt hatte, umfassender, aber zugleich auch ideologisch zielloser und unbestimmter.

Die „feindliche Übernahme“, wie manche behaupteten, war es dennoch nicht: Trump war gewissermaßen auf Einladung gekommen. Er radikalisierte nur, was in der Partei längst Fuß gefasst hatte. Das galt nicht nur für die Tatsache, dass er die subtilere weiße Identitätspolitik anderer Republikaner einfach simplifizierte und von der Anspielung zu offen rassistischen Mitteln überging. Den Republikanern war aber vor allem die Kontrolle über die eigene populistische Erzählung entglitten, so wie Goethes Zauberlehrling, der die selbst entfesselten Kräfte nicht im Zaum halten konnte. Diese Erzählung hatte sich längst verselbstständigt, teils auch von ihren ideologischen Etiketten getrennt. Es ging jetzt nicht mehr allein um die „liberalen Eliten", um „Hollywood" oder um die Ivy-League-Universitäten an der Ostküste. Nach über fünfzig Jahren der Verhöhnung des politischen Betriebs galt nun ganz Washington – inklusive der Republikanischen Partei – als kaputt und korrupt, als ein Ort chronischer Ineffizienz, an dem Tag für Tag die Steuergelder verschwendet wurden und man sich dabei noch in überparteilicher Eintracht gegenseitig auf die Schulter klopfte. Jeder, und zwar wirklich jeder republikanische Politiker führte seine Wahlkampagnen jetzt explizit als Kreuzzug gegen Washington, selbst jene, die seit dreißig Jahren im Kongress saßen. Eigentlich führte die Partei einen Kreuzzug gegen sich selbst.

Trump war somit wahrlich nicht der einzige, der sich im Vorwahlkampf 2015/2016 innerhalb der Partei als Anti-Politiker inszenierte. Alle waren nun Rebellen, alle versprachen, in Washington „aufzuräumen", alle kämpften „mutig" gegen das Establishment – vielleicht mit der Ausnahme von Jeb Bush, der als Bruder und Sohn zweier Präsidenten diese Karte wohl kaum ziehen konnte; er, der als hoher Favorit ins Rennen gegangen war, war dann jedoch in fast schon tragischer Weise chancenlos in diesem Jahr des Aufruhrs.

Und natürlich: In diesem bisweilen bizarren Überbietungswettbewerb, wer am wenigsten mit Washington zu tun hatte und der größte Populist von allen war, konnte niemand Trump das Wasser reichen. Er hatte versprochen, „den Sumpf trockenzulegen" – was die anderen ebenfalls zugesichert hatten, um dann doch nur die quakenden Frösche zu bleiben. Was immer man Trump auch vorwerfen mochte, eines stimmte ja: Ein Politiker war er nicht. Mit ihm hatte die Politik- und Politikerverachtung ihren wohl kaum noch zu steigernden Höhepunkt erreicht. Auf das unter Republikanern berühmte „11. Gebot" Ronald Reagans: „Du sollst nicht schlecht über andere Republikaner sprechen", gab Trump schon mal gar nichts, als er nach und nach jeden seiner politischen „Parteifreunde" in derbster und persönlichster Weise beleidigte. Und alles, was einem Großteil der veröffentlichten Meinung während des Wahlkampfes als unverzeihliche Fehltritte erschien – das Nachäffen eines behinderten Journalisten, die Verächtlichmachung eines gefolterten Kriegshelden, das Unterstellen von Menstruationsbeschwerden bei einer kritisch nachfragenden Journalistin – bestätigte seine wachsende Fangemeinde von Politikverächtern nur darin, dass da endlich jemand die Bühne betreten hatte, der Schluss machte mit den leeren Ritualen der politischen Klasse und einfach so redete, wie ihm der Schnabel gewachsen war.

„He is real": Authentizität als Legitimationsgrundlage populistischer Führerschaft

Deswegen: So sehr sich Palin und Trump auf den ersten Blick unterscheiden mochten – hier die bodenständige *Hockey Mom* aus Wasilla, dort der flamboyante Immobilienmogul und Reality-TV-Star aus Manhattan –, so sehr floss ihre ungeheure Popularität aus derselben Quelle: Sie galten und gelten ihren Anhängern als *authentisch*. Sie waren damit der Gegenentwurf zu einer als weltfremd und abgehoben wahrgenommenen politischen Klasse, deren Sprache als austauschbar und steril empfunden wurde. Aber warum ist Authentizität den Menschen generell und speziell den Anhängern des populistischen Parteiführers überhaupt so wichtig? Wahrscheinlich exakt deswegen, weil sie in einer Welt, in der alles disponibel und produzierbar erscheint und wir weniger denn je erkennen können, was *fake* ist und was nicht, in Wahrheit so schwer zu haben ist.

Man sollte bei dem Begriff Authentizität zumindest einen Augenblick verweilen, denn er ist fraglos einer der Schlüsselbegriffe unserer Zeit im Allgemeinen und zum Verständnis des Populismus im Besonderen. In ihm steckt nämlich eine ebenso mächtige wie letztlich wohl unerfüllbare Sehnsucht nach einer Unmittelbarkeit und Ursprünglichkeit des Denkens, Handelns und Fühlens, die in modernen Gesellschaften nicht eingelöst werden kann. Aus der historischen Vogelperspektive handelt es sich dabei um eine durchaus spezifisch moderne Sehnsucht, die ihren Ausgang, wie so vieles andere, in der Aufklärung des 18. Jahrhunderts nimmt, auch wenn manche die Quellen dieses Denkens bereits in der protestantischen Reformation verorten.[15] Gegen die höfische Kunst der Selbstinszenierung, in der die Falschheit regiert, wurde damals das Ideal der „Aufrichtigkeit“ propagiert. Geradlinigkeit, Ehrlichkeit, Ursprünglichkeit: Das waren die Werte, mit denen ein sich moralisch überlegen fühlendes Bürgertum seinen neuen Machtanspruch rechtfertigte. Vor allem mit Rousseaus Klage über die Selbstentfremdung schließlich beginnt die bis heute andauernde Suche des Menschen nach seiner inneren, unverfälschten Natur, seinem wahren Wesenskern, nach Wahrheiten, deren Quellen vor allem im Individuum selbst liegen und die nur von dort ihre letztendliche Legitimation erhalten können.[16]

Seitdem erleben wir die stete Steigerung des Verlangens, ja, des Hungers nach Authentizität. Einen zwischenzeitlichen Höhepunkt erlebte dieses Bedürfnis mit der 1968er-Generation und den nachfolgenden sozialen Bewegungen in den 1970er-Jahren. Schluss sollte jetzt sein mit den Rollenspielen der bürgerlichen Gesellschaft, es galt vielmehr, sich selbst zu finden und zu verwirklichen, also eben: authentisch zu sein. Wo das Private politisch ist, da gilt es im Übrigen auch, die Mauern zwischen privater und öffentlicher Moral einzureißen, denn warum sollte man bei der Arbeit, in der Freizeit oder in der Politik ein anderer sein als der, der man eben, ganz authentisch, *wirklich* ist? Einige freilich, am prominentesten unter ihnen der amerikanische Literaturkritiker Lionel Trilling, wiesen schon damals auf die potenziell gefährlichen Konsequenzen des Verlangens nach Authentizität hin, argumentierten, dass soziales Zusammenleben stets nur mit erlerntem und der jeweiligen Situation angepasstem Rollenverhalten möglich sei, dass es ein Irrtum sei, zu glauben, der Mensch als Kulturwesen besitze überhaupt irgendwo tief in sich verborgen einen unverfälschten Naturkern, unangetastet von den sozialen Konventionen seiner Umwelt – was ja nichts deutlicher verrät als die bekannte und natürlich zutiefst paradoxe und verräterische Maxime aus der Management-Ratgeberliteratur: „Seien sie authentisch!“[17]

So verständlich (wie vergeblich) der Wunsch nach Authentizität als Reaktion auf die Entfremdungserfahrung moderner Gesellschaften auch ist: Das Verlangen nach der Befreiung von gesellschaftlichen Konventionen kann immer auch ein entzivilisierendes Potenzial entfalten. Es appelliert an jenes „Unbehagen in der Kultur“[18], mit dem Sigmund Freud den Widerstand gegen die gesellschaftliche Domestizierung und Disziplinierung der menschlichen Triebbefriedigung beschrieben hat. Deswegen ist es nicht überraschend, dass die Sehnsucht nach Authentizität heute vor allem bei populistischen Parteien und Bewegungen sowie bei deren Anführern eine so überragende Rolle spielt, wo Affektkontrolle nicht eben hoch im Kurs steht, sondern wo es gilt, sich frei zu machen von all den Tugendwächtern und Moralgouvernanten. Schließlich geht es beim Populismus und bei der Authentizitätssuche um das Gleiche: um die Ausschaltung der Zwischeninstanzen und Mittelsmänner – „Cut the middleman!“, wie eine alte Parole des Populismus lautet. Beide Phänomene dulden nichts zwischen sich und der Welt, woraus ein bisweilen infantiler Trotz entstehen kann. Alles, was nicht „echt“ ist und als gesellschaftlich oktroyiert gilt, wird daher zum Feind erklärt. Was man daher früher z. B. als Höflichkeitsregel im Umgang miteinander bezeichnet hätte (was natürlich manche fürwahr grotesken Überempfindlichkeiten nicht ausschließt), wird plötzlich als artifizielle *political correctness* verleumdet, als eine elitäre Etikette, die der Wahrheit im Weg stehe.

Im Grunde handelt es sich beim Populismus ebenso wie beim Authentizitätswahn um die Auswüchse eines sich selbst zelebrierenden, entgrenzten und narzisstischen Individualismus. Das ist zumindest ein Teil der Erklärung für die Realitätsverneinung populistischer Parteien. Wenn die Suche nach Wahrheit ohnehin nur noch als inneres Erlebnis des Einzelnen möglich erscheint, versagt zwangsläufig jedes wissenschaftliche Gutachten und überhaupt jede externe Autorität, die nicht durch inneres Empfinden beglaubigt ist.[19] Dabei ist Authentizität überhaupt kein Wert für sich, wie kürzlich der Islamwissenschaftler Thomas Bauer in einem klugen Essay geschrieben hat: Authentisch sei schließlich auch „der Wolfsburger Jugendliche, der sich dem IS anschließt, um sich im Köpfeabschneiden authentisch selbst zu verwirklichen."[20]

Trump musste, um als authentisch zu gelten, eigentlich nur die Rollenerwartungen jenes Systems systematisch unterlaufen, das in den Augen seiner Anhänger wie kein anderes für Falschheit und Künstlichkeit steht – eben die Politik. Der populistische Tabubrecher durchbricht die Anstandsregeln der öffentlichen Sphäre für seine Anhänger kollektiv mit, die sich jedes Mal, wenn Trump wieder öffentliche Empörung hervorruft und die mittlerweile ritualisierte Empörungswelle beginnt, ein kleines Stück mitbefreit fühlen und den symbolischen Protest genießen. Er benimmt sich auch in ihrem Namen daneben; und er kann es tun, weil er es sich leisten kann.[21]

Es gehört zur intellektuellen Abgeklärtheit, zu betonen, dass auch Authentizität eine Frage der Inszenierung ist; aber das ändert nichts daran, dass der Präsident in vielerlei Hinsicht ja tatsächlich *unscripted* ist und keine unnötige Zeit mit der Vorbereitung auf seine Aufgaben verschwendet. Trumps Reden auf seinen *rallys* beispielsweise folgen keinem Plan, besitzen keinen roten Faden, haben keine erkennbare Dramaturgie. Sie mäandern einfach vor sich hin, sind direkter Ausfluss dessen, was Trump gerade in dem Augenblick durch den Kopf spukt, zuzüglich einiger Evergreens („Witch hunt!") in seinem Repertoire. Wer die ziellosen Litaneien seiner Reden einmal verschriftlicht vor sich gehabt hat, der kommt nicht umhin festzustellen, dass der ungefilterte Bewusstseinsstrom in James Joyces experimentellem Roman „Ulysses" dagegen harmlos und künstlerisch unambitioniert wirkt. Da ist nichts, was der Sache Struktur gibt, einfach nur die Innenansicht einer narzisstischen Persönlichkeit, die vor den Augen der Welt ihren Kopf ausschüttet, ein Labyrinth der Sprache, aus der es einen logischen Ausgang nicht gibt.

Und natürlich sind auch die Tausende von Tweets, die Trump seit 2011 abgesetzt hat, als ihn, ein Verhängnis der Geschichte, jemand mit dem Kurznachrichtendienst vertraut gemacht hat, im Kontext der

Produktion von Authentizität zu verstehen. Auch aus ihnen scheint ein derart ungefilterter Bewusstseinsstrom frei von jeder Affektkontrolle zu fließen, dass die Tatsache, dass Trump zumindest bisweilen wohl sehr genau kalkuliert, welche rhetorischen Blendgranaten er gerade in den politischen Diskurs wirft, dahinter verschwindet. Nicht nur ist Twitter in der Tat das kongeniale Instrument populistischer Kommunikation; ohne vermittelnde Instanzen, die die Kommunikation zwischen dem einzig legitimen Volkswillen und seiner Verkörperung (denn so interpretieren sich alle Populisten) stören könnte, was Trump ja auch stets betont: Glaubt nicht den Medien, lest, wenn ihr die Wahrheit erfahren wollt, einfach meine Tweets. Trump selbst sprengt überdies auch hier alle uns vertrauten Grenzen zwischen der öffentlichen und der privaten Sphäre, da sein Account ein Sammelsurium von Meinungsäußerungen verschiedenster Art darstellt, in dem der Präsident nicht nur politische Stellungnahmen abgibt, seine Gegner beleidigt und Verschwörungstheorien verbreitet, sondern auch die Weihnachtsdekoration seiner Frau im Weißen Haus lobt, den Fernsehkritiker spielt oder seine 65 Millionen Follower dazu aufruft, bei „Dancing with the Stars" für seinen ehemaligen Pressesprecher Sean Spicer zu stimmen. Wie immer ist es fast unmöglich, zwischen dem Privat- und dem Staatsmann Donald Trump zu unterscheiden, denn er selbst kennt den Unterschied ja auch nicht. Wo die ganze Welt nur ein Spiegelsaal des eigenen Egos ist, ergibt diese Differenz auch keinen Sinn: In der Welt Donald Trumps ist alles persönlich.[22]

Man könnte das alles für unerhört und beispiellos halten. Aber unerhört und beispiellos ist es nur, wenn man Trump für einen Politiker hält und ihn daher mit anderen Politikern vergleicht. All diese Vergleiche müssen jedoch schnell an ihre Grenzen stoßen. Dabei ist es nicht so, dass wir jemanden wie Trump nicht schon einmal *irgendwo* gesehen hätten. Die Schamlosigkeit und Vulgarität, die Ineinssetzung von Privatem und Öffentlichem, die Selbstentblößung – es gibt gesellschaftliche Bereiche, wo all dies kein Defizit darstellt, sondern im Gegenteil erst zur Teilnahme qualifiziert. Und damit sind wir in jener Welt angelangt, aus der Trump tatsächlich gekommen ist; denn der wahre

Donald Trump ist eine Figur aus dem Reality-TV. In „The Apprentice“, einer Casting-Show, spielte Trump von 2005 bis 2015 in insgesamt 14 Staffeln den unerbittlichen Juroren, der über das Schicksal der ihm ausgelieferten Kandidaten den Daumen hob oder senkte und damit entschied, wer als Gewinner das Privileg erhielt, ein Jahr in einem seiner Unternehmen zu arbeiten. Es gibt keinen Zweifel daran, wie wichtig für die Erschaffung einer Persona namens Donald Trump seine Rolle in „The Apprentice“ war. Dort hat er sich über zehn Jahre lang einem Millionenpublikum als entscheidungsstarker Macher mit vorgestrecktem Kinn präsentieren können, der Woche für Woche unterlegene Kandidaten mit dem Spruch „You're fired!“ nach Hause schickte. Dort lernte er auch die Gesetze einer Unterhaltungsindustrie, die wie keine andere das Produkt Authentizität verkauft.[23]

Einige, vor allem jene, die Trumps Eigenartigkeit einen höheren Sinn zuschreiben wollten, haben ihn mit Ronald Reagan verglichen: auch dieser ein Mann aus der Unterhaltungsbranche, der als Schauspieler mit dem Vorurteil zu leben hatte, seicht und oberflächlich zu sein, heute aber fraglos zu den historisch wichtigen US-Präsidenten zählt. Doch obgleich beide unbestritten auf ihre jeweilige Art die fortschreitende Verquickung von Politik und Entertainment verkörpern, ist dieser Vergleich im Kern doch falsch und verkennt einen wesentlichen Unterschied. Ein Schauspieler und ein Reality-TV-Star tun nämlich völlig unterschiedliche Dinge.[24] Ein Schauspieler spielt eine Rolle; ein Reality-TV-Star aber spielt sich selbst, nur größer und lauter. Die populären Figuren des Reality-TV sind zudem meist weder die strahlenden noch die gebrochen-komplexen Helden, wie wir sie aus fiktionalen und dramatischen Stoffen kennen. Sie sind oft nicht besonders nett oder nobel, fallen auch nicht immer durch Weisheit und Klugheit auf. Schon gar nicht sind sie sonderlich komplexe und tiefsinnige Individuen. Es sind fast immer vulgäre und rücksichtslose Charaktere, die das Interesse der Zuschauer auf sich ziehen. Und es gehört zu den deprimierenden Einsichten in die menschliche Natur, dass gerade sie es sind, denen die Zuschauer ihre „Performance“ am ehesten abkaufen, die damit also für real, eben: authentisch gehalten werden. Trump konnte während der 14 Staffeln des „Apprentice“ deswegen schon all das sein, was er auch als Präsident lustvoll aufführen sollte: egozentrisch, gemein, brutal, vulgär, dann und wann auch, wie alle Despoten vor ihm: großzügig und milde. Entscheidend war allein, dass sein Publikum ihm die Rolle als strenger Richter seiner unterwürfigen Kandidaten abnahm.

Der Gegensatz von Populismus und Charisma

Der Vorrang, den populistische Wähler dem Wert der Authentizität anderen Eigenschaften gegenüber einräumen – etwa Werten wie Integrität, Empathie, Kompetenz –, ist ein Ausgangspunkt, von dem sich zahlreiche andere Merkmale der Beziehung zwischen dem populistischen Anführer und seiner Gefolgschaft ableiten und erklären lassen, nicht nur bei Trump. Wenn ein Politiker z. B. eine besondere Beziehung zu seinen Anhängern aufgebaut hat und das Band zwischen beiden besonders eng erscheint, dann ist oft (viel zu oft) die Rede vom „Charisma“. Insbesondere bei Parteiführern aus dem rechten und autoritären Spektrum ist das Wort schnell zur Hand, und natürlich schwingt dabei immer die Reminiszenz an die großen Volksverführer aus dunkleren Kapiteln der Menschheitsgeschichte mit.

Nun ist unbestreitbar, dass Trumps Zugriff auf seine Anhängerschaft von besonderer Qualität ist: Man könnte auch von bedingungsloser Gefolgschaft sprechen. Trump hat die Natur dieser Beziehung früher erkannt als alle anderen, als er bereits im Januar 2016, während des Vorwahlkampfes, feststellte, dass er am helllichten Tag auf New Yorks Fifth Avenue jemanden erschießen könnte – und doch keinen einzigen seiner Wähler verlieren würde. Nach allem, was passiert ist, scheint das keine so gewagte Prognose mehr zu sein.

Und doch ist fraglich, ob es sich dabei um Charisma handelt – jedenfalls, wenn man sich von der inflationären Verwendung des Wortes befreit, nach der jeder halbwegs telegene und der öffentlichen Rede mächtige Politiker irgendwann einmal als Charismatiker bezeichnet wurde und die oft auch für Stars aus der Sport- und Unterhaltungsbranche herangezogen wird. Es gibt jedoch eine sehr viel präzisere Definition des Begriffs, die vom Soziologen Max Weber stammt und ein spezifischeres Phänomen beschreibt: Charisma, aus dem Griechischen übertragen die „Gnadengabe“, bezeichnet nach Weber eine bestimmte Form der Macht über andere Menschen, deren einzige Legitimation im Glauben der Anhänger an die „Außeralltäglichkeit“ des Anführers besteht. Der Charismatiker erfüllt eine Funktion, die in traditionellen Gesellschaften den Propheten, Schamanen oder Magiern zugesprochen worden war, die in modernen Gesellschaften jedoch nur noch dann und wann als „revolutionäre Kraft“ in Erscheinung tritt. Charisma hat daher rein gar nichts zu tun mit Dingen wie Popularität, Ausstrahlung, Begabung zur freien Rede usw. Sie ist im Grunde gar keine Eigenschaft einer Person, sondern beschreibt eine soziale Beziehung zwischen Anführer und Gefolgschaft, und zwar eine von besonderer emotionaler Aufladung, die immer auch quasireligiöse Züge trägt. Das Aufkommen eines Charismatikers verdankt sich in der Regel dem Bewusstsein einer existenziellen Krise, in der nur noch der Bruch mit allen überkommenen Traditionen und Routinen Abhilfe verspricht. Wenn die üblichen Wege, Veränderungen herbeizuführen, als gescheitert gelten, dann fokussieren sich die Hoffnungen auf eine von der „Vorsehung“, der „Geschichte“ oder sogar von „Gott“ gesandte Persönlichkeit, die über ein höheres Wissen zu verfügen scheint und deren Willen sich die Gemeinde daher beinahe bedingungslos unterwirft.

Kein Wunder ist es daher, dass dieser Typus nach 1945, in der Zeit nach den großen Katastrophen, nur noch höchst selten hervorgetreten ist; man kann die Exemplare vielleicht an den Fingern einer Hand abzählen. Der letzte bekannte Charismatiker allerdings bewegt sich tatsächlich in zeitlicher Schlagweite Trumps: Es ist ausgerechnet sein Vorgänger im Amt des Präsidenten. Denn wie sonst sollte man die Stimmung auf Barack Obamas Wahlkampfveranstaltungen der Jahre 2006 bis 2008 wohl interpretieren? Um deren sakrale Dimension zu erkennen, brauchte man gewiss kein Religionssoziologe zu sein: die entrückten Gesichter, die weinenden Menschen, die andächtige Stille, das Amen des „Yes We Can“ am Ende jedes Absatzes seiner Predigten. Was sich zwischen Obama und seinen Anhängern in jenem Zeitraum abspielte, das erinnerte in der Tat an jenen Prozess der emotionalen Vergemeinschaftung, für den Weber sich mit dem Charisma-Begriff ja nicht zufällig bei der Theologie bedient hatte.

Nichts davon aber spielt bei Trump eine Rolle. Umweht ihn in den Augen seiner Anhänger wirklich eine Aura der Außeralltäglichkeit? Wohl kaum, auch wenn er selbst das zweifellos anders sieht. Wenn Obamas Wahlkampfveranstaltungen Feldgottesdienste waren, dann gleichen Trumps Veranstaltungen eher Volks- und Rummelfesten. Da gibt es keine Transzendenz und keine Metaphysik, keine Hoffnung auf Erlösung und Aufbruch zu neuen Ufern, sondern nur den trotzigen Abwehrkampf einer Gemeinschaft, die selbst mit Trump im Weißen Haus überzeugt bleibt, dass alles gegen sie läuft. Populismus ist im Allgemeinen eher kein Charisma-freundliches Terrain.[25] Er ist fraglos stark personenzentriert (obwohl es einige Gegenbeispiele gibt), da die Idee eines einheitlichen Volkswillens natürlich eine Fiktion ist, die sich – angesichts der Unmöglichkeit, täglich ein Plebiszit durchzuführen, um die Einheitlichkeit des Volkswillens zu bestätigen – am besten aufrechterhalten lässt, indem ein Einzelner zum Sprachrohr des diffusen Volkswillens gemacht wird. Im Populismus spricht der Volkswille also durch den politischen Führer und ist in diesem Sinne identisch mit ihm. Die Kernidee des Populismus drückt sich in jenem Plakat aus, mit dem die österreichische FPÖ 1994 Werbung für ihren Spitzenkandidaten Jörg Haider gemacht hat: „ER sagt, was WIR denken.“ Das Wissen des Populisten ist das Wissen des „Jedermann“, er exekutiert nur, was der Common Sense, der gesunde Menschenverstand, zum Offensichtlichen erklärt. Charisma hingegen bezieht sich auf einen Anführer, der in den Augen seiner Anhänger Zugang zu einem Wissen hat, über das andere nicht verfügen. Was den Charismatiker daher von anderen populären Anführern unterscheidet, ist die Tatsache, dass die Menschen sich gar nicht in ihm wiederfinden wollen, sondern etwas suchen, das größer ist als sie selbst. Dies ist der Sinn des berühmten Satzes des Kulturhistorikers Jacob Burckhardt aus den „Weltgeschichtlichen Betrachtungen": „Größe ist, was wir nicht sind." Menschen, die zu Charismatikern werden, haben oft eine Aura der Unberührbarkeit, der Distanz, bisweilen auch der Selbstversunkenheit. Bei einer wahrhaft charismatischen Beziehung zwischen Führer und Gefolgschaft geht es eben gerade nicht darum, jemanden zu bejubeln, weil er Anlass zur Identifikation bietet und man sich in dem wohligen Gefühl wiegt, dass selbst ein Präsident ein Mensch wie du und ich ist, dass er Fehler macht und ein Sünder bleibt.

Noch einmal: Charisma ist keine Eigenschaft, und deswegen ist vollkommen gleichgültig, ob ein Politiker sich selbst für gottgesandt oder mit übernatürlichen Fähigkeiten ausgestattet hält, wie es bei Trump vermutlich der Fall sein dürfte, der sich ja mindestens als „stabiles Genie" sieht. Entscheidend ist allein die Art der Beziehung und welche Qualitäten seine Anhänger ihm zuschreiben. Doch trotz all seiner maßlosen Prahlereien lieben und verehren seine Anhänger Trump nicht, weil er ganz anders wäre als sie, sondern, im Gegenteil, weil sie sich in ihm spiegeln können: Weil sie denken, dass er so redet und denkt und fühlt wie sie, die gleichen Begierden, Ängste und Beschwerden kennt. Er mag märchenhaft reich sein (obwohl das ja, bis zur Vorlage seiner Steuererklärung, so recht niemand weiß), aber er gibt sein Geld nicht für die Distinktionsästhetik der Oberklasse aus, kauft keine teure Kunst und trinkt keinen teuren Wein, bestellt sein Steak immer „gut durch" und verspeist es dann, wie weiland der Südstaaten-Populist George Wallace, mit Ketchup. Er ist nicht als großer Philanthrop bekannt, und in seinem Stockwerk im Trump Tower hat er kein dezentes Massivholzparkett verlegt, sondern protzigen Marmor; einzig die Geschichte von den goldenen Klobrillen scheint doch Fake News zu sein. „A poor person's idea of a rich person", so hat ihn die amerikanische Schriftstellerin und Journalistin Fran Lebowitz einmal bezeichnet – und man weiß nicht, ob man es treffend finden soll oder eher als Beweis für die tatsächliche Arroganz des Kulturbetriebes auszulegen hat.

Es sind die Kompensationshandlungen und Statussymbole eines Parvenüs, der zwar schon mit dem goldenen Löffel im Mund geboren wurde, aber doch immer der Proll aus Queens geblieben ist, der von Manhattans Patrizierklasse nie akzeptiert wurde. Man mag die Selbstidentifikation seiner Wähler mit ihm für merkwürdig halten, aber so war es schon bei anderen Milliardären, die trotz eines teilweise noch sehr viel verschwenderischeren Lebensstils als geerdet und volksnah galten – der ehemalige Kreuzfahrtanimateur und Schlagersänger Silvio Berlusconi, dem weder Vorwürfe der Korruption noch Bunga-Bunga nennenswert schadeten, dürfte dafür das beste Beispiel sein. Und zum Wirtschaftsmagnaten Trump gehört schließlich auch, dass sein Unternehmen sich fundamental von anderen, sagen wir, modernen Wirtschaftsimperien unterscheidet. Die Trump Organization ist kein multinationales, komplexes und anonymes Unternehmen, sondern ein vormoderner Familienclan zum Anfassen. So ist die Unterstützung für ihn auch der Aufstand gegen eine immer unpersönlichere Welt.

Um das nicht falsch zu verstehen: Das Band zwischen Trump und seinen Anhängern ist fraglos äußerst belastbar. Es geht eben auch ohne die Transzendenz des Charismas, das ja übrigens auch chronisch instabil ist, weil sein Feuer nicht ewig brennt. Vielleicht fährt man sogar besser ohne. Irgendwann ist schließlich alles Charisma einmal verschlissen und kehrt auch nie wieder ganz zurück – das war bei Obama nicht anders. Das gilt vor allem, sobald ein Charismatiker in Amt und Würden angekommen ist und der Prozess der Veralltäglichung beginnt. Regierungsverantwortung macht mit Charisma das, was die Institution der Ehe mit den Leidenschaften der einstmals stürmisch Verliebten anstellt: Am Ende geht es doch immer nur noch um den Abwasch.

Diese Gefahr droht Populisten so unmittelbar nicht; Trump schon gar nicht. Anders als der Charismatiker steht der Populist auf keinem hohen Podest, von dem er stürzen könnte. Er ist bereits ein Sünder, so wie wir alle Sünder sind; das ist die Teflonschicht, die ihn schützt. Populisten, so die Historikerin und Politikwissenschaftlerin Karin Priester, gelten ihrer Gefolgschaft als „Inkarnation“ ihrer selbst, und auch deswegen hat die Unterstützung für Trump unter keinem seiner Fehler gelitten.[26] In den Augen seiner Basis sind die Angriffe auf ihn auch Angriffe auf sie selbst, was übrigens 2020 zu den großen Dilemmata der demokratischen Wahlkampfstrategen gehören wird: Bezeichnen sie Trump als Rassisten, müssen wohl auch seine Wähler Rassisten sein (denn wer sonst würde einen Rassisten wählen?); ist er ungebildet und unwissend und, nun ja, schlicht dämlich, muss der Vorwurf wohl auch seinen Wählern gelten, da ihnen dann offenbar selbst das intellektuelle Niveau abgeht, solcherlei zu erkennen.

Der Punk im Weißen Haus: Populismus als antiautoritäre Bewegung

Ein letzter Punkt, der mit alldem verbunden ist, betrifft das mit Abstand am weitesten verbreitete aller Missverständnisse, die über den zeitgenössischen Rechtspopulismus kursieren. Eines scheint nämlich allen klar zu sein: dass es sich hierbei selbstverständlich um eine autoritäre Bewegung handelt. Nun spricht tatsächlich einiges für diese Behauptung. Es gibt natürlich autoritäre Elemente im Rechtspopulismus, messbar z. B. dort, wo mit den komplizierten Entscheidungsprozessen in repräsentativen Demokratien gehadert wird und stattdessen der Ruf nach einer starken Exekutive oder sogar einem starken politischen Führer erschallt, der einmal richtig durchregiert. Für einige Spielarten des Rechtspopulismus gilt das sogar ziemlich uneingeschränkt, wie in Osteuropa, wo viele Menschen noch unter den Bedingungen autoritärer Diktaturen aufgewachsen sind. Und in den USA haben zahlreiche Studien nachgewiesen, dass Republikaner ihre Kinder autoritärer erziehen als Demokraten: Sie neigen stärker zur körperlichen Züchtigung und stufen Werte und Eigenschaften wie Folgsamkeit, Respekt und gute Manieren bei ihrem Nachwuchs höher ein als Selbstentfaltung oder Kreativität.[27] Und schließlich: Dass Trumps Verhalten autoritäre Züge trägt, ist unumstritten. Er erträgt keinen Widerspruch; das Regieren in einer pluralistischen Gesellschaft und in einem System mit Gewaltenteilung hat er bis jetzt entweder noch immer nicht recht verstanden, oder aber er verachtet es ganz bewusst. Ginge es nach ihm, dann wäre er identisch mit dem Staat. Er bewundert – und beneidet gewiss auch –

die Regierungschefs und die Diktatoren anderer Länder, die sich nicht täglich von den Medien das bieten lassen müssen, was er glaubt, ungerechterweise ertragen zu müssen.

Und doch ist es komplizierter mit der Autorität, gerade im Verhältnis zwischen Trump und seiner populistischen Anhängerschaft, aber auch bei vielen westeuropäischen rechtspopulistischen Parteien. Der Populismus arbeitet sehr stark mit Bildern von „Aufklärung“ und „Mündigkeit“, behauptet, eine Bewegung „kritischer“ Bürger anzuführen, die sich von den Eliten emanzipiert haben. Er spricht, was nun ebenso kontraintuitiv wie angesichts der wahren Motivlage nachgerade absurd klingen mag, oft in der Sprache der individuellen Selbstermächtigung oder, wie es auf Neudeutsch auch heißt: des Self-Empowerment. Nichts bringt das besser zum Ausdruck als jener langjährige Leitspruch von Fox News, der wie kein anderer Amerikas Liberale verzweifeln lässt: „You Decide“ – wir berichten nur, der Zuschauer entscheidet dann selbst, wie er alles einzuordnen hat, und bildet sich seine Meinung. Ist das nicht angesichts der tendenziösen Aufbereitung des Ganzen ein schlechter Witz? Ja, schon, möchte man sagen – aber auch eine Losung, die kongenial dem Anspruch des modernen Menschen entspricht, er komme schon selbst zurecht, verstehe alles zur Gänze und brauche keine bevormundenden „Mainstreammedien“, die ihm die Welt erklären. Auch hier geht es, wie bei der Sehnsucht nach Authentizität und der Kritik an der repräsentativen Demokratie, um das vermeintliche Ausschalten der Mediatoren. Warum den 97 Prozent der Klimawissenschaftler glauben, wenn man sich doch die relevanten Informationen zum Klimawandel im Internet selbst zusammensuchen kann, um den ganzen Schwindel zu entlarven? Die eigentliche Triebfeder des modernen Selbstermächtigungspopulismus ist ein entgrenztes und institutionalisiertes Misstrauen gegenüber allem und jedem, die Ablehnung von allem, was nicht Teil der eigenen gefühlten Wirklichkeit ist. Vielleicht passt deswegen am besten der Begriff des französischen Soziologen Daniel Bensaïd, der von einem „autoritären Individualismus“ sprach: „Jedem seine Wahrheit.“[28]

Alles nur Rhetorik? Gewiss, aber eine mit Folgen. Das wird offensichtlich, wenn man die entgleiste Aufklärungsmentalität des Populismus systematisch vergleicht mit den Mechanismen der Wahrheitsfindung anderer rechter und fraglos uneingeschränkt autoritärer Bewegungen und Denker. Weder der klassische Konservativismus noch der Faschismus kannten diese Idee der individuellen Selbstermächtigung, einschließlich seiner zumindest vordergründig radikal egalitären Konsequenzen. Edmund Burke, Vordenker des britischen Konservativismus und dabei ein noch gemäßigter Vertreter, empfahl die Orientierung am Wissen und den Erfahrungen der Vorväter. Sich ausschließlich des eigenen Verstandes zu bedienen, sei schließlich eine gefährliche Sache, denn ohne abgesicherte, historische Erfahrungsräume gleite die Gesellschaft in Anarchie ab. Vor allem sei nicht jeder nach Herkunft gleichermaßen dazu bestimmt, eine kompetente Meinung über die Führung der Staatsgeschäfte zu haben. Im Faschismus ist der individuelle Anspruch auf Wahrheit natürlich erst recht suspendiert. Hier ist es der von der Vorsehung auserwählte Führer, in dem sich die Wahrheit manifestiert – im Sinne jenes Charismas, von dem gerade noch die Rede war.

Die Verbindung zwischen Trump und seiner Basis scheint unverbrüchlich. Aber nur, solange alles nach dem Drehbuch der ersten drei Jahre dieser Präsidentschaft abläuft: wenig reale Politik, keine Kompromisse mit der Gegenseite, jeden Tag maximale Empörung. Die vermeintlich eiserne Treue zu ihm bezieht sich einzig und allein auf sämtliche Anschuldigungen der Gegenseite, die ihm in der Tat nichts anhaben können und den faustischen Pakt zwischen ihm und seiner Anhängerschaft nur stärken. Doch wer über einen langen Zeitraum die Online-Communitys rechter Websites wie „Breitbart“ studiert, dem wird auffallen, dass Trump vor allem zwei Dinge gefährlich werden können: erstens relative Ruhe an der Empörungsfront; zweitens jeder Anschein einer Kooperation mit der Gegenseite. Sobald gewittert wird, der Präsident könnte von der nationalistischen „America First“-Politik abweichen, überhaupt Weichheit und Schwäche gegenüber den Demokraten zeigen, ist das Misstrauen sofort aktiviert. Und Trump weiß das natürlich sehr genau, ist auch deswegen nachgerade panisch darauf bedacht, bloß nicht den harten Kern seiner Anhängerschaft zu verlieren – der umso wichtiger für ihn wird, je stärker er sich belagert fühlt. In Wahrheit handelt er gerade nicht als autonomer, starker Führer, dessen eisernem Willen sich alles zu unterwerfen hat, sondern eher nach der berühmten Devise Alexandre Auguste Ledru-Rollins, eines Protagonisten der französischen Februarrevolution von 1848: „Ich muss ihnen folgen, ich bin ihr Führer."

Die Autoritarismusforschung, wie sie von Theodor W. Adorno und anderen Denkern der Frankfurter Schule enorm populär gemacht wurde, ging bei autoritär veranlagten Persönlichkeiten vor allem von einer lebenslangen, unheilbaren Fixierung auf eine starke Vaterfigur aus – der Vater als moralische Instanz, als Beschützer, aber auch als Strafender. Nichts davon (außer vielleicht die Rolle des Beschützers) assoziiert man jedoch mit den meisten populistischen Ikonen der Bewegung, mit den Salvinis, Haiders und Straches – oder eben mit Trump. Sie sind das Gegenteil der strengen Vaterfiguren der Autoritarismusforschung, die ihre Zöglinge züchtigen und erziehen wollen, denn Populisten haben die Menschen immer schon so genommen, wie sie sind. Eher sind es wohl moderne Post-68er-Kumpel-Väter, die ihren verzogenen Kindern gegen die bevormundenden Lehrer den Rücken stärken und sie weiter dazu anstacheln, sie sollten sich nicht vorschreiben lassen, wie sie leben, was sie zu fühlen und woran sie zu glauben hätten.

Allein die Vorstellung, Trump könnte den Amerikanern auch nur ansatzweise ein Opfer abverlangen, ist geradezu absurd angesichts des vollständigen Opportunismus seines Regierungsstils. Trump will nicht gefürchtet werden; er will geliebt werden. Allein: Auch das kann bei einem Narzissten ohne moralischen Kompass gefährlich genug werden.

KAPITEL 4

Die Imitation des Feindes: Über die Radikalisierung der amerikanischen Linken

Bill Clinton 2020

Stellen wir uns einen Augenblick vor, Bill Clinton, Demokrat und Präsident der USA von 1993 bis 2001, wäre gleich nach dem Ende seiner Präsidentschaft eingefroren und im Jahr 2020 wieder aufgetaut worden. Für einen Politologen ist das natürlich einerseits ein ganz und gar unseriöses Gedankenexperiment; andererseits ist es ziemlich hilfreich, um zu verstehen, wie schnell sich die Welt manchmal verändern kann. Nehmen wir also weiter an, Clinton würde sich nach einer kurzen Aufwärmphase dazu entschließen, sich noch einmal um die Präsidentschaftskandidatur der Demokraten zu bewerben: Welche Chancen hätte er, der bei seinem Abschied aus dem Amt im Januar 2001 von immerhin 66 Prozent aller US-Bürger ein gutes Zeugnis für seine Amtsführung ausgestellt bekam, wohl bei den Vorwahlen seiner Partei?

Die Antwort ist ganz einfach: überhaupt und absolut gar keine nämlich. Sein berühmter Satz „The Era of Big Government is Over" würde ihn heute entweder als kaltherzigen Plutokraten ausweisen oder als Narr, der den Lügen des Neoliberalismus auf den Leim gegangen ist. Er hätte sich für die von ihm vorangetriebene Deregulierung des Banken- und Finanzsektors zu rechtfertigen, da diese nach einhelliger Meinung die Wirtschaftskrise von 2008 mitausgelöst hat, deren katastrophale Folgen Clinton, zu seinem Glück, in seinem Kältesarg verschlafen hätte. Als nächstes wäre da Clintons Unterschrift unter dem „Defense of Marriage Act", der u. a. festlegte, dass das Bundesrecht die Ehe zwischen Menschen gleichen Geschlechts, auch wenn sie in einzelnen Bundesstaaten legalisiert ist, nicht anerkennt. Anders ausgedrückt: Clinton war ein Gegner der sogenannten Homo-Ehe und damit Vertreter einer Position, die heute innerhalb der Demokratischen Partei nicht einmal mehr als intellektuell satisfaktionsfähig gilt. Die von ihm forcierte Verschärfung des Strafrechts – auch bei geringeren Vergehen drohten jetzt drakonische Gefängnisstrafen – führte vor allem zur massenhaften Inhaftierung von Afroamerikanern, womit Clinton zweifelsohne nach gegenwärtiger Sichtweise in seiner Partei ein rassistisch motiviertes Justizsystem unterstützte. Man könnte diese Liste endlos fortsetzen; und bei alldem ist die radikale Neubewertung seiner Rolle in der „Lewinsky-Affäre" noch gar nicht erwähnt: Während seine sexuelle Umtriebigkeit damals unter Demokraten noch als die Schwerenöterei eines Womanizers durchging, gilt sein Verhalten heute, im Zeichen von #MeToo, als typisches Jagdgebaren eines *sexual predator.* Kurzum: Man müsste Clinton wohl empfehlen, sich bis auf Weiteres wieder auf Eis legen zu lassen – oder sein Glück vielleicht lieber bei den Republikanern zu versuchen.

Die Demokratische Partei des Jahres 2020 ist eine fundamental andere als jene des Jahres 2001. Sie ist sogar eine andere Partei als jene, die Barack Obama 2009 ins Weiße Haus gewählt hat, wenngleich damals schon einiges auf den Weg gebracht war. Nicht nur ist sie weiblicher und ethnisch weitaus diverser als zu Zeiten Bill Clintons. Sie ist zudem ein gutes Stück nach links gerückt. Im Windschatten der Republikaner hat sich auch die Demokratische Partei radikalisiert. Es mag sein, dass sich in den Vorwahlen der Partei 2019/2020 einer der als „moderat" geltenden Kandidaten der Partei durchsetzt, beispielsweise der ehemalige Vizepräsident Joe Biden oder der Bürgermeister von South Bend, Pete Buttigieg. Aber auch sie werden der neuen Zeit Tribut zollen und mit einem Programm in den Wahlkampf ziehen, das weitaus linker sein wird als alles, was die Partei bisher vertreten hat.

Das Attribut „radikal" in Verbindung mit den Demokraten mag manche irritieren. Wenn von der Polarisierung der USA die Rede ist, dann liegt der Fokus fast immer auf der Republikanischen Partei. Das hat wahrlich gute Gründe. In einigen Aspekten dürften die Republikaner die Nase vermutlich uneinholbar weit vorn haben: bei der Militarisierung der Sprache oder bei der Neigung zu Verschwörungstheorien. Und seitdem die Partei sich Trump unterworfen hat und er sie nach seinem Ebenbild formt, gilt das auch für die Verachtung demokratischer Normen. Was die ideologische Verschärfung der Programmatik und die recht geringe Toleranz gegenüber jenen Parteigenossen angeht, die von diesen Prinzipien abzuweichen wagen, nehmen sich beide Parteien hingegen nur wenig. Seitdem bei den Republikanern ein in vielerlei Hinsicht prinzipienloser Nihilist am Ruder ist, könnte man sogar darüber streiten, wer hier eigentlich ideologisch rigider agiert.

Aber, so ließe sich einwenden, fordern die Demokraten nicht einfach nur, was in Deutschland und anderen europäischen Ländern eine Selbstverständlichkeit ist, z. B. eine kostenlose universitäre Ausbildung oder Krankenversicherung für alle? Das stimmt; aber es macht vor allem deutlich, dass man mit dem Wort radikal zunächst wertfrei umgehen sollte. Wo die Verhältnisse radikal ungerecht und skandalös erscheinen, da mag der Ruf danach, an der „Wurzel" des Problems anzusetzen (lat.: *radix* = Wurzel), einiges für sich haben. Aber radikal bleibt ein solches Vorgehen. Die Idee, eine staatliche Krankenversicherung für alle Amerikaner einzuführen und fast sämtliche privaten Versicherungen zu eliminieren, bedeutet immerhin die praktische Verstaatlichung von einem Siebtel der amerikanischen Ökonomie; außerdem wäre da noch die Frage, was mit den 500 000 Menschen geschieht, die derzeit noch für Privatversicherungen arbeiten; und schließlich würde das ganze Vorhaben nach verschiedenen Schätzungen ca. zwanzig Billionen Dollar in zehn Jahren kosten.[1] Der Vorschlag, alle Collegeschulden amerikanischer Studenten zu begleichen, käme den amerikanischen Staat im Vergleich geradezu günstig, er würde lediglich mit 1,6 Billionen Dollar zu Buche schlagen.[2] All diese Vorhaben sind keineswegs völlig unmöglich, wie einige Gegner behaupten – letztlich geht es nur um die Frage, woher man die Mittel dafür nimmt; und angesichts der horrenden Kosten für die Gesundheitsfürsorge im Land würde das Geld ja auch irgendwo wieder eingespart. Aber in ihren Dimensionen sind solche Pläne durchaus, sagen wir, risikofreudig, und brächten Umbauten von Staat und Gesellschaft der USA mit sich, die die Architektur des Landes tiefgreifend verändern würden.

Radikal zu sein, bedeutet, in wirklich transformativen Dimensionen gesellschaftlicher Umgestaltung zu denken – das dürfte hier zweifelsohne der Fall sein. Und ideologisch auf die Welt zu schauen, bedeutet, sie stets aus einem Guss zu deuten, alle gesellschaftlichen Malaisen anhand derselben zwei oder drei großen Deutungskategorien zu erklären – auch das trifft, wie wir noch sehen werden, auf die Demokraten des Jahres 2020 zu; und einiges davon ist deutlich verstörender als der legitime Ruf nach kostenloser Krankenversicherung oder gebührenfreier Bildung. Was immer man von solchen Plänen halten mag: Dass sie dazu beitragen, die bereits in apokalyptischen Dimensionen denkenden Wähler der Republikanischen Partei zu beruhigen, ist jedenfalls eher unwahrscheinlich.

Mutlos, ziellos, zahnlos: Der amerikanische Liberalismus im Zeitalter konservativer Hegemonie

Allerdings war die Ansicht, die Wurzeln allen Übels nur auf einer Seite – sprich: der Republikanischen – zu sehen, auch unter amerikanischen Politologen vor nicht allzu langer Zeit noch weit verbreitet. Ihrer Meinung nach war Polarisierung eigentlich der falsche Ausdruck, um zu verstehen, was im Land vor sich ging. Der Begriff ergab für sie nur dann Sinn, wenn man ihm ein bestimmtes Attribut voranstellte: *asymmetrische* Polarisierung. Denn während Polarisierung ja impliziert, dass die Mitte schwindet und die Ränder stärker werden, beharren die Deuter des politischen Geschehens darauf, dass die Radikalisierung nur auf einer Seite stattgefunden habe: bei den Republikanern, deren Politiker, Aktivisten und Wähler kollektiv nach rechtsaußen gewandert seien. Die Demokraten hingegen seien weiterhin eine inklusive, ziemlich moderate Mitte-links-Partei, aller radikalen Pläne schon ihrem zentristischen Temperament nach gänzlich unverdächtig. Am prominentesten vertreten wurde die These von der asymmetrischen Polarisierung von den beiden amerikanischen Politologen Thomas Mann und Norman Ornstein 2012 – auf dem Höhepunkt des Tea-Party-

Furors: „The Republican party has become an insurgent outlier – ideologically extreme; contemptuous of the inherited social and economic policy regime; scornful of compromise; unpersuaded by conventional understanding of facts, evidence and science; and dismissive of the legitimacy of its political opposition.“[3]

Darin steckte zweifelsohne eine Wahrheit, obwohl sie im Augenblick ihrer Niederschrift schon wieder fragwürdig geworden war.[4] Der Begriff der asymmetrischen Polarisierung freilich beschrieb die Verhältnisse zu keinem Zeitpunkt passend. Denn er erweckt den Eindruck, dass sich da zwei Punkte unterschiedlich weit von einer irgendwie fixierten politischen Mitte wegbewegt hätten. In den abstrakten Raummodellen von Politikwissenschaftlern mag so etwas vorkommen, in der wirklichen Welt aber ist das wenig einleuchtend. Denn die „Mitte“, dieser stets ominös bleibende Begriff, ist eben kein statischer Ort, sondern veränderbar: Was gestern noch als die fixe Idee esoterischer Sonderlinge galt, kann ein Jahrzehnt später plötzlich zur nicht weiter hinterfragten Selbstverständlichkeit einer Gesellschaft avancieren. Nehmen wir aber an, es wäre so wie im Modell der asymmetrischen Polarisierung postuliert und eine Partei würde diese Mitte einseitig räumen – dann wäre das keine sehr probate Strategie, um Wahlen zu gewinnen, sondern müsste eigentlich unweigerlich im Desaster enden. Das Problem ist nur, dass die Republikaner seit den 1980er-Jahren, als sie endgültig mit der konservativen Bewegung verschmolzen, bekanntlich ziemlich erfolgreich an der Wahlurne waren. Offenkundig müssen Amerikas Konservative auf ihrem Weg nach rechtsaußen einen Teil der Mitte mitgenommen haben.

Ein anderer Begriff trifft die Sache daher besser: nämlich der einer „konservativen kulturellen Hegemonie“.[5] So lassen sich die 1980er- und 1990er-, vermutlich auch noch die frühen 2000er-Jahre recht akkurat beschreiben. In diesen Jahrzehnten waren die Republikaner die „Wettermacher“ der amerikanischen Politik, denen die Demokraten ziemlich hilflos hinterherhechelten – unabhängig davon, welche Partei gerade das Weiße Haus oder den Kongress beherrschte. Die amerikanische Linke befand sich seit den 1970er-Jahren in einer tiefen Identitätskrise.

Nicht viel war geblieben vom Aufbruch des Jahrzehnts zuvor, von Lyndon B. Johnsons etwas nebulösem Versprechen einer *Great Society*, das aber in jedem Fall einen ambitionierten Umbau der Architektur von Staat und Gesellschaft in den USA ankündigte. Zumindest angesichts der hochfliegenden Erwartungen – darunter nicht weniger als die „Abschaffung der Armut" – waren die Resultate eher enttäuschend.

Als die Republikanische Partei unter Reagan mit einem aggressiven Anti-Etatismus die gesellschaftliche Debatte zu bestimmen begann, reagierten Amerikas Liberale zunächst mit Empörung, dann mit Orientierungslosigkeit und schließlich, im letzten Stadium unter Bill Clinton, mit Anpassung, besser noch: Unterwerfung. Der linke Flügel der Partei murrte ob des Kotaus, aber die meisten Demokraten fanden das wenig anstößig: Es war die Zeit der „Dritten Wege", als auch die Mitte-links-Parteien in Europa dem neoliberalen Zeitgeist ihren Tribut zollten. Musste das dann nicht für die USA, das Land der Anbetung des Kapitalismus, in dem mit linken Positionen kein Blumentopf zu gewinnen war, erst recht gelten?

Im Grunde war es Amerikas Konservativen gelungen, ihre eigene populistische Erzählung einer von Selbstzweifeln geplagten Linken einzuträufeln: dass die USA eben ein Mitte-rechts-Land seien und die abgehobenen Küsteneliten keine Ahnung hätten von den Lebens- und Denkweisen des amerikanischen *heartland*. Amerikas Liberale kämpften ja nicht nur gegen eine öffentliche Meinung an, in der die republikanische Verunglimpfung des Sozialstaats erheblich verfangen hatte. Da war außerdem die schlichtweg nicht zu ignorierende Tatsache, dass die USA lange Zeit ein sehr religiöses Land blieben. Deswegen trauten Amerikas Demokraten auch bei Themen wie Abtreibung und Homosexualität ihren eigenen Positionen nicht. Zwar waren sie hier die eindeutig liberalere Partei, aber sie hielten sich programmatisch doch lieber im Ungefähren, präsentierten sich weiter als ideologisch bunte Sammlungsbewegung und versuchten, ihre Vorsicht als modern, flexibel, pragmatisch zu verkaufen – während die Republikaner, obgleich sozialstrukturell mindestens ebenso heterogen, seit den 1970er-Jahren auf dem Weg zu einer stramm konservativen Weltanschauungspartei waren. Sie waren jetzt eine Bewegungspartei geworden; die Demokraten ein politischer Gemischtwarenladen. *Die* liberale Bewegung gab es ebenfalls nicht, sondern nur eine Vielzahl unterschiedlichster Gruppen mit ganz unterschiedlichen Begehren, aus denen sich kaum eine kohärente Erzählung formen ließ.

Am Ende dieses Prozesses vermieden viele Demokraten sogar das Wort „liberal" als Selbstbeschreibung, was in den USA eigentlich die Übersetzung für „linksliberal" oder „sozialdemokratisch" ist. Dieses Label hatten die Politiker der Partei seit dem *New Deal* und bis in die 1960er-Jahre stolz getragen. Mittlerweile aber galt die Bezeichnung als toxisch, synonym mit „elitär" oder „versnobt". Amerikas Demokraten nannten sich, wenn sie sich überhaupt ideologisch festlegen wollten, jetzt lieber *progressive* – ein nicht unbedingt besonders präziser Begriff, der aber neben einer grundsätzlichen Aufgeschlossenheit dem Fortschritt gegenüber wohl vor allem eine Attitüde modernen Pragmatismus transportieren sollte, eine Geisteshaltung, die sich im Bund wähnte mit aufgeklärtem und wissenschaftlichem Denken. Das klingt dünn; und das war es auch.

Die Bush-Jahre waren dann ebenso Höhe- wie Wendepunkt der konservativen Hegemonie. Sie begannen für die Demokraten noch in der totalen Defensive. Vor allem standen sie jetzt ganz im Bann der inzwischen perfektionierten republikanischen *noise machine* aus Fox News und *Talk Radio*, die die Öffentlichkeit rund um die Uhr mit konservativer Ideologie beschallte. Nicht nur trugen viele Demokraten in diesen Jahren die drastischen Steuerkürzungen der Bush-Regierung mit, von denen fast ausschließlich die Wohlhabenden profitierten (übrigens in noch sehr viel unverschämterer Weise als von den späteren Steuersenkungen unter Trump, die zumindest teilweise auch der Mittelklasse zugutekamen). Da war natürlich außerdem die Zustimmung vieler Demokraten im Kongress zum Irakkrieg, unter ihnen nicht zuletzt Hillary Clinton, die schon damals alles dem einen Ziel unterordnete: selbst ins Weiße Haus zu gelangen. Direkt nach dem 11. September war der nationale Schulterschluss über sämtliche Parteigrenzen hinweg psychologisch gewiss noch nachvollziehbar gewesen. 2003 aber gab es genügend kritische Stimmen, die davor warnten, auf welch tönernen Füßen die vermeintlichen Beweise der Bush-Regierung für die Existenz von Massenvernichtungswaffen standen und dass einige im Kabinett vielleicht ganz andere Beweggründe für den Feldzug hatten. Aber der Vorwurf, nicht *tough* genug zu sein im sogenannten Kampf gegen den Terror, nicht genug Patriotismus zu zeigen, ängstigte die Demokraten mehr als die Zweifel an der Sinnhaftigkeit des Krieges. Es war ein Beispiel dafür, wie stark und einschüchternd die Ideologie der Republikaner die öffentliche Debatte bestimmte und wie wenig die Demokraten alldem entgegenzusetzen hatten.

2004 gewann Bush triumphal die Wiederwahl zum Präsidenten; kurz danach jedoch brach nicht nur seine Popularität ein, sondern auch die gesamte konservative Hegemonie in sich zusammen. Das lag am katastrophalen Irak-Feldzug selbst, der die Spannungen innerhalb der Wählerkoalition der Partei extrem verstärkte und jenen isolationistischen Strömungen unter den republikanischen Wählern Auftrieb gab, die sich 2015/2016 unter Donald Trumps Parole „America First" sammeln sollten. Es lag, mehr noch, am ökonomischen Zusammenbruch von 2008, der die Gewissheiten neoliberaler Wirtschaftspolitik erschütterte, die, aller weiter eifernden Staatsfeindschaft zum Trotz, in dieser Form auch nicht mehr wiederkehren sollten. Die konservative Bewegung war nach diesen Blamagen nicht mehr der disziplinierte und geschlossene Kampfverband, der über Fox News und andere Kanäle die Themen vorgab, sondern vornehmlich mit sich selbst beschäftigt – auch wenn die Gegenseite sie weiter als furchteinflößenden, monolithischen Block wahrnahm.

Und schließlich: Im Zeitalter der jetzt totalen Polarisierung war so etwas wie eine ideologische oder kulturelle Hegemonie des einen Lagers im Grunde unmöglich geworden. Denn eine solche Dominanz setzt schließlich voraus, dass unterschiedliche politische Lager überhaupt noch denselben Diskursraum bewohnen, in dem die Botschaft der einen Seite das Denken auch der anderen Seite bestimmt. Das aber war im Zuge der Herausbildung ideologischer Echokammern nicht länger der Fall. Auch deswegen begannen Amerikas Liberale langsam den Schrecken vor der vermeintlichen Überlegenheit des Gegners zu verlieren, glaubten nicht länger daran, dass die DNA der USA zwangsläufig konservativ sein musste. Eine Reihe von progressiven Kräften entdeckte vor allem das Internet als Raum der Mobilisierung und versuchte – freilich unter sehr viel basisdemokratischeren Prämissen –, dort mithilfe von Blogs und sozialen Netzwerken jene homogenen Kommunikationsräume aufzubauen, wie Konservative sie mit Fox News und *Talk Radio* längst besaßen. Es ging ihnen darum, demokratische Abgeordnete in ähnlicher Weise auf eine linksliberale ideologische Linie einzuschwören, wie es konservative Aktivisten mit den Politikern der Republikanischen Partei schon seit Langem taten. Die sogenannten *netroots* – ein Kunstwort aus Internet und *grassroots* – waren durch Organisationen wie MoveOn.org, eine liberale Lobbyorganisation, die Geld für linke Demokraten sammelte, auch durchaus erfolgreich bei der Mobilisierung. Bei den Wahlen 2004 unterstützten viele von ihnen den Senator von Vermont, Howard Dean – er war vermutlich der am weitesten links stehende Demokrat seit den 1970er-Jahren, der es immerhin in die Nähe der Nominierung zum Präsidentschaftskandidaten der Partei schaffte, auch wenn es für ihn am Ende nicht reichte und mit John Kerry abermals ein Vertreter des moderaten Parteiestablishments zum Zug kam.[6]

2008 schließlich hatte Barack Obama seinen Auftritt. Aus der Perspektive, aus der wir die Geschichte hier erzählen – dem Weg der Partei nach links –, war er eine Figur des Übergangs. Wie viele erfolgreiche Politiker funktionierte er wie ein Rohrschachtest, in den jeder hineinprojizieren konnte, was er mochte. Im Vergleich zu Bill Clinton stand Obama in der Tat bereits weiter links. Insgesamt jedoch verkörperte er noch immer die zentristische und technokratische Tradition in der Partei. Seine Gesundheitsreform, der „Affordable Care Act", nach seinem Schöpfer auch „Obamacare" genannt, baute teilweise auf Ideen auf, die aus konservativen Denkfabriken stammten (was freilich die Republikaner nicht daran hinderte, diese Reform ebenfalls in eine Reihe mit staatssozialistischen Experimenten zu stellen). Auch in gesellschaftspolitischen Fragen vollzog Obama eher nach, was sich an der Basis der Partei längst als neue Mehrheitsmeinung herauskristallisiert hatte. 2012 etwa tat er sich lange schwer mit dem Votum für die Homo-Ehe; sein Vizepräsident Joe Biden musste den zögerlichen Präsidenten förmlich dazu drängen. Wie wunderlich anachronistisch dieses Zaudern heute erscheint, zeigt, wie schnell es danach sowohl mit dem Wandel der öffentlichen Meinung als auch mit dem Kurswechsel innerhalb der Partei ging.

Und doch hatte allein die charismatische Energie, die Obama freigesetzt hatte, die große Vision von „Hope and Change", so inhaltlich unbestimmt sie auch gewesen sein mag, noch ganz andere Sehnsüchte geweckt, auch bei vielen sehr jungen und sehr liberalen Menschen. Sie versprachen sich von Obama eine tiefgreifende Transformation der amerikanischen Gesellschaft und Politik, obgleich damals noch nicht ganz klar war, wohin das führen sollte. Wie gesagt: Ein wenig war das ein Missverständnis, das auch erklärt, warum sich das Verhältnis zwischenzeitlich, als die unvermeidlichen Mühen des Regierungsalltags den anfänglichen Enthusiasmus aufzehrten, so sehr abkühlte zwischen dem Charismatiker und seiner „Gemeinde". Denn Obama war kein Revolutionär. Er dachte nicht daran, das Land einmal komplett auf links zu drehen. Seine Meinung glich jener, die gemäßigte Linksliberale schon immer über die USA gehabt hatten: Nicht alles war perfekt, es gab genügend Versäumnisse und Sünden der Vergangenheit, der unreflektierte Hurra-Patriotismus der Konservativen war ein wenig peinlich – aber alles in allem waren die USA als Idee eben doch so ziemlich das Wunderbarste, was in der Geschichte passiert war. Also galt es, Ideale und Realität in einem langsamen Prozess weiter einander anzunähern.[7] Obama dachte schon damals, was er Ende 2019 einer, wie er es empfand, zu weit nach links gerückten Partei bei mehreren öffentlichen Auftritten ins Stammbuch schrieb: dass der durchschnittliche Amerikaner keineswegs der Meinung sei, das ganze System müsse „umgestürzt" werden.

So blieb Obama eine komplexe, widersprüchliche Figur. Die Hoffnungen auf einen fundamentalen Wandel hatte er mit angeschoben; aber die wirklich transformativen Elemente der amerikanischen Linken sammelten sich in diesen Jahren außerhalb seiner Regierung – und zunächst auch außerhalb der Demokratischen Partei. Der Druck, sich eindeutiger aufzustellen und mit dem Mittekurs der Vergangenheit zu brechen, kam gleich von zwei Seiten, die sich untereinander selbst nicht grün waren: von einer revitalisierten ökonomisch-populistischen Linken einerseits; und von den Vertretern der *identity politics* andererseits.

Die Jakobiner kommen

Es gibt wohl nicht sehr viele Menschen in Europa, die sich mit den Jakobinern der Französischen Revolution von 1789 identifizieren. Die Jakobiner waren die radikale Fraktion unter den französischen Revolutionären. Ihnen reichte die konstitutionelle Monarchie nicht, sie wollten die Republik, die Abschaffung des Königtums und die strikte Trennung von Staat und Kirche – und sie wollten echte, auch soziale Gleichheit. Alles sehr vernünftig aus Sicht des Jahres 2020; aber 1789 waren, sagen wir, noch nicht alle so weit. Im Verlauf der Revolution radikalisierten die Jakobiner sich, setzen auch nach der Hinrichtung des Königs 1793 den Kampf gegen „Konterrevolutionäre“ fort, wozu aber bald nicht mehr allein die Aristokraten und der Klerus, sondern auch die moderaten Fraktionen unter den Revolutionären zählten. Unter ihrem Anführer Robespierre endete das zwischen 1793 und 1794 in *La Terreur*, der Terrorherrschaft, in der zehntausende „Feinde der Revolution“ hingerichtet wurden und Frankreich in einem Strom aus Blut versank. Der berühmte Satz von der „Revolution, die ihre eigenen Kinder frisst“, hat in dieser Terrorherrschaft ihren Ursprung. Vielen gelten die Jakobiner daher als die Urahnen aller neuzeitlichen totalitären Bewegungen mit ihren missglückten Versuchen, den Himmel auf Erden zu schaffen, um dabei doch immer nur in einer sehr irdischen Hölle zu landen. Meist fungiert die Bezeichnung als Beleidigung: Wer den anderen einen Jakobiner nennt, der unterstellt ihm, vor lauter politischem Eifer die Maßstäbe aus den Augen zu verlieren, den Zweck stets über die Mittel zu stellen. Die wenigen Provokateure, die als Selbstbezeichnung mit dem Wort spielen, wollen damit ihre Verachtung für die lauwarmen und halbgaren Kompromisse der vorsichtigen Reformer demonstrieren, die den großen Sprung doch nie wagen und daher nur verzagt den Status quo verteidigen. Es gibt linke und rechte Jakobiner; gemein ist ihnen die Überzeugung, keine halben Sachen zu machen und dass dort, wo gehobelt wird, auch Späne fallen.

Im September 2010 gründet ein junger Collegestudent in den USA eine marxistische Zeitschrift: den „Jacobin". Bhaskar Sunkara, der damals 21-jährige New Yorker, gehört zu einer ziemlich winzigen sozialistischen Splittergruppe: den Democratic Socialists of America, kurz DSA. Die DSA haben 2010 weniger als 5000 Mitglieder – in den gesamten Vereinigten Staaten von Amerika. Wenn Sunkara zu den Treffen der Gruppe geht, dann trifft er dort einige wenige gleichaltrige Studenten – und ansonsten ein paar übrig gebliebene Aktivisten der 68er-Generation. Dazwischen findet man altersmäßig nicht viel. Amerikas Sozialisten sind irrelevant, denn in den USA gibt es keinen Sozialismus, hat es (so glauben es zumindest viele) nie einen gegeben; und 2010 sieht es auch nicht so aus, als würde es ihn je geben – obwohl das Land gerade eine Wirtschaftskrise erlebt, wie es sie seit den 1930er-Jahren nicht erlitten hat. Der „Jacobin", die Zeitschrift, die aus diesem Milieu kommt und für dieses Milieu geschrieben wird, erscheint zunächst nur online, aber wenige Monate später wird Sunkara die erste gedruckte Auflage mit ein paar Dutzend Exemplaren herausgeben; die meisten davon verteilt er in seinem Wohnheim an der George Washington University in Washington, D. C.[8]

Im Jahr 2010, im Zeitalter des großen Zeitschriften- und Zeitungssterbens, eine gedruckte Zeitschrift zu gründen, die sich zudem zu einer Ideologie bekennt, die es nach landläufiger Meinung in den USA gar nicht gibt, geleitet von einem 21-Jährigen ohne journalistische Erfahrungen – das klingt wie eine sichere Totgeburt. Formulieren wir es etwas vorsichtiger: Die Erfolgsaussichten eines solchen Projekts scheinen zu jener Zeit in etwa so groß wie die Wahrscheinlichkeit, dass der Star der Reality-TV-Show „The Apprentice", Donald Trump, einmal als Präsident im Weißen Haus residieren wird.

Heute, keine zehn Jahre später, sitzt Trump im Weißen Haus – und Sunkara hat aus dem „Jacobin" das publizistische Flaggschiff des linken Amerikas gemacht. Ein „helles Licht in dunklen Zeiten", so hat der amerikanische Sprachwissenschaftler und Veteran der amerikanischen Linken, Noam Chomsky, die Zeitschrift genannt. Die Printversion hat heute 50 000 Abonnenten – obwohl alle Inhalte auch online frei verfügbar sind. Im Schnitt wird die Website pro Monat 1,5 Millionen Mal angeklickt. An den etablierten linksliberalen Politikzeitschriften wie der „New Republic" ist das sozialistische Vierteljahresjournal längst vorbeigezogen, ganz zu schweigen von älteren marxistisch beeinflussten Publikationen wie „Dissent". Aber die Klicks und Abozahlen sind nicht das Entscheidende. Der „Jacobin" repräsentiert auch heute gewiss nicht das ideelle oder tatsächliche Zentrum des Widerstands gegen Trump, bleibt ein Winzling im Vergleich zum liberalen Establishment von „New York Times" und „Washington Post". Aber die Zeitschrift gilt als wichtiger Ort der Debatte der amerikanischen Linken, dabei als provozierender, unvorhersehbarer, interessanter als die Konkurrenz – mit einem Wort: als Avantgarde. Gleichzeitig steht der „Jacobin" eben nicht außerhalb dessen, was man als das intellektuelle Universum des liberalen Amerikas bezeichnen könnte, sondern ist Teil einer größeren Debatte – allein das zeigt den großen Unterschied zur Vergangenheit, als Amerikas Marxisten nur einen Platz am Katzentisch einnahmen.

Und die Democratic Socialists of America, Sunkaras politische Heimat, haben heute fast 60 000 Mitglieder und Lokalsektionen in allen fünfzig Bundesstaaten. Auch das ist an sich gewiss noch keine Zahl, die die Bourgeoisie vor der proletarischen Revolution zittern lassen muss. Aber die DSA sind zumindest in manchen amerikanischen Großstädten eine so aktive Gruppe, dass ihre Mitglieder in einige Landesparlamente gewählt worden sind. Zwei von ihnen sitzen mittlerweile sogar im Repräsentantenhaus in Washington, D.C., darunter der ultimative Shootingstar der amerikanischen Politik Alexandria Ocasio-Cortez, die ihren Wahlbezirk in der New Yorker Bronx einem langjährigen Vertreter der demokratischen Parteimaschine abgejagt hat.

Wenn man wissen will, wie es um die zukünftige politische Signifikanz einer neuen Bewegung bestellt sein wird, ist es manchmal sinnvoll, buchstäblich an der Oberfläche zu bleiben und Dinge wie Stil und Habitus sehr ernst zu nehmen. Keiner von beiden, weder der „Jacobin" noch die DSA, hat nämlich etwas von der Aura des esoterischen Sektierertums, die die marxistische Linke seit ihrem Niedergang in den späten 1970er-Jahren im Westen ausgestrahlt hat. Es soll daher nicht der übliche Vorwurf des Salonmarxismus sein oder, noch unsinniger, mangelnder „Authentizität", wenn man feststellt, dass die Fotos von Veranstaltungen der marxistischen Subkultur in New Yorker Hipster-Lofts und anderswo oft so aussehen, als seien sie Lifestylemagazinen oder Modekatalogen entsprungen. Der „Jacobin" hat auch in seiner Sprache und visuellen Ästhetik keine Ähnlichkeit mit dem depressiv-technizistischen Jargon, der Marxisten sonst so oft zu eigen ist, sondern ist von einer fast schon irritierenden Poppigkeit und Leichtigkeit. Als es das letzte Mal „cool" war, ein Sozialist zu sein, studierte Daniel Cohn-Bendit noch Soziologie in Paris. Kurzum: Was da gerade auf Amerika zurollt, hat eine lebensweltliche Verbindung zur amerikanischen Jugendkultur – und diese Erkenntnis verrät bisweilen mehr über das künftige Schicksal einer Bewegung als jedes Studium programmatischer Entwürfe.[9]

Socialism made in America

Womöglich rührt das Avantgarde-Bewusstsein amerikanischer Sozialisten daher, dass sie in der Tat weniger Grund haben als ihre gegenwärtigen Pendants in Europa, sich als Nachhut zu fühlen. Nicht vom Erbe einer großen sozialistischen Tradition beschwert zu sein, mag ein großer Vorteil sein. Da ist nicht das Gefühl, auf ausgetretenen Pfaden zu laufen, ständig konfrontiert zu sein mit der Glorie, aber eben auch dem Scheitern der Vorgänger.

Die USA waren schließlich das Land, das alle sozialistischen Theoretiker stets verzweifeln ließ. Marx und Engels hatten einst große

Erwartungen in Amerika gesetzt, denn sie glaubten, dass die sozialistische Weltrevolution dort ihren Ursprung nehmen würde, wo der Kapitalismus am weitesten fortgeschritten war. Da waren die USA, gleich nach dem Vereinigten Königreich, eine ziemlich sichere Wette. Sogar noch im Jahr 1907 – als sich in Europa schon längst eine schlagkräftige Arbeiterbewegung entwickelt hatte – war der Gründungsvater der deutschen SPD, August Bebel, überzeugt, dass die USA als erstes Land sozialistisch werden würden.[10] Es kam bekanntlich anders, und die Gründe dafür können hier nicht in epischer Breite dargelegt werden. Der deutsche Soziologe Werner Sombart ging als Erster der klassischen Frage auf den Grund: „Warum gibt es keinen Sozialismus in den USA?" Und er fand eine recht einfache Antwort: „An Roastbeef und Apple Pie wurden alle sozialistischen Utopien zuschanden." Sombart hob damit auf den vergleichsweise höheren Lebensstandard der amerikanischen Arbeiterklasse ab. Das mochte neben vielem anderen (den Unmengen an verfügbarem Land, was die Spannungen in den Zentren der Industrialisierung minderte; der programmatischen Flexibilität der amerikanischen Parteien aufgrund ihres dezentralen Charakters; der frühen Verwirklichung des allgemeinen Wahlrechts für weiße Männer, was in Europa ein wesentliches Moment der sozialistischen Mobilisierung darstellte) eine Rolle gespielt haben. Die stärkste Erklärung für das Ausbleiben einer sozialistischen Partei der USA ist aber wohl noch immer die ethnische Zersplitterung der Arbeiterschaft, was dazu führte, dass nicht nur Schwarz und Weiß, sondern auch Katholiken und Protestanten, Iren und Italiener zwar gemeinsam am Fließband standen, aber in ihren eigenen Nachbarschaften wohnten, in ihren eigenen Kirchen beteten, dann auch ihre eigenen Gewerkschaften gründeten, die ihre eigenen Interessen vertraten. Unter diesen Voraussetzungen war die Entstehung eines übergreifenden Klassenbewusstseins beinahe unmöglich, herrschte daher die extrem auf Individualität abhebende *American Ideology* praktisch unangefochten sogar noch in den Souterrains der amerikanischen Gesellschaft.[11]

Alles, was Amerikas Sozialisten jemals vorweisen konnten, waren ein paar Bürgermeister in einigen Großstädten, vor allem im Mittleren

Westen, und der Achtungserfolg der Sozialistischen Partei bei den Präsidentschaftswahlen 1912, als ihr Kandidat, Eugene V. Debs, immerhin sechs Prozent der Stimmen erhielt. Nach 1945, im Zuge der Konfrontation mit der Sowjetunion und der folgenden antikommunistischen Hysterie der McCarthy-Ära, verschwand sogar die kleine sozialistische Subkultur in den USA, und die Bezeichnung wanderte für viele Jahrzehnte in den Giftschrank der politischen Rhetorik, fungierte nur noch als Schimpfwort, mit dem Konservative alle belegten, die für eine größere Rolle des Staates warben. Selbst in den Protestbewegungen der 1960er-Jahre spielten Marxisten in den USA eine weitaus geringere Rolle als in Europa.

Doch irgendetwas ist seither offenkundig gehörig ins Rutschen geraten in der Hochburg des Kapitalismus. Dreißig Jahre nach dem Ende des Kalten Kriegs und dem Scheitern des „real existierenden Sozialismus" kursieren auf einmal Umfragen wie jene des Meinungsforschungsinstituts PEW vom Juni 2019, der zufolge 65 Prozent der Demokraten eine „positive" oder „sehr positive" Haltung gegenüber dem Begriff Sozialismus einnehmen.[12] Andere Erhebungen haben klare Sympathien für eine sozialistische Wirtschaftsordnung vor allem unter *millenials*, also jenen Amerikanern, die zwischen den frühen 1980er- und den späten 1990er-Jahren geboren wurden, zutage gefördert, während der Kapitalismus dort keine große Unterstützung mehr erfährt.

Nun ist nicht ganz klar, was etwa jene oben zitierten 65 Prozent der Demokraten unter Sozialismus verstehen. Die wenigsten dürften wohl so klare Vorstellungen haben wie die Aktivisten der DSA, denen es in der Mehrheit tatsächlich um die Abschaffung der kapitalistischen Wirtschaftsordnung und die Überführung von Privat- in Gemeineigentum geht – wenngleich sich natürlich alle von einer Kommandowirtschaft nach sowjetischem Vorbild distanzieren. Der Begriff dürfte in erster Linie als Abgrenzung zu einem mittlerweile sehr viel negativer konnotierten Wort – eben Kapitalismus – fungieren. Wenn die Vokabel Sozialismus inhaltlich überhaupt näher ausbuchstabiert wird, denken die meisten wahrscheinlich eher an einen robusten Wohlfahrtsstaat skandinavischer Prägung, wie wir ihn in Schweden oder Finnland finden – und wie er in etwa Bernie Sanders, der Gallionsfigur der amerikanischen Linken, vorschwebt. Doch egal, welche dieser Interpretationen am Ende zutrifft: Es markiert in jedem Fall eine Zäsur in einem Land, von dem stets behauptet wurde, dass die linkere der beiden größten Parteien – also die Demokraten – noch immer die zweitkapitalistischste Partei der Welt sei.

Doch wie kam es zu dieser Zäsur? In diesem Fall ist die einfachste Antwort wohl die plausibelste: dass nämlich die realen Verhältnisse im Land den Glauben an den Kapitalismus zwangsläufig erschüttern mussten. In einem kontinuierlichen Trend war die soziale Ungleichheit seit der Präsidentschaft Reagans bereits seit Jahrzenten angestiegen. Hatten 1980 die reichsten ein Prozent „nur" 22 Prozent des Gesamtvermögens des Landes besessen, verfügten sie 2018 über 39 Prozent; bei den unteren fünfzig Prozent war es ziemlich exakt in die entgegengesetzte Richtung gegangen.[13] Noch entscheidender aber war, dass in den Vereinigten Staaten mit ihrem Vom-Tellerwäscher-zum-Millionär-Mythos vor allem die soziale Mobilität nachgelassen hatte: Es ist heute unwahrscheinlicher als vor vier Jahrzehnten, dass Kinder aus der Arbeiterklasse einen höheren sozialen Status als ihre Eltern erreichen.

Und doch brauchte es zusätzlich zu alldem fraglos auch die Wirtschaftskrise von 2008, die Verheerungen angerichtet hat, die z. B. Deutschland in dieser extremen Form aus vielen Gründen erspart geblieben sind. In der Wahrnehmung fatal war dabei, zu welchen Lösungen die Politik griff, um die Krise einzudämmen: Man entschied sich für die Rettung der großen Banken und Versicherungen – während viele Amerikaner nicht länger die Hypotheken für ihr Haus bezahlen konnten, ihre Arbeit oder ihre private Altersversorgung verloren. Es mag sein, dass es zu diesem – übrigens in seltener überparteilicher Einigkeit verabschiedeten – *bailout* tatsächlich keine Alternative gab, weil bei einem kompletten Zusammenbruch des Finanzsektors noch weitaus Schlimmeres gedroht hätte. Aber gerade die Existenz eines solchen Sachzwangs und die Ohnmacht der Regierung mussten den Eindruck verstärken, dass dann offenkundig etwas ganz Grundsätzliches nicht stimmen konnte mit der Wirtschaftsordnung des Landes.

„We are the 99 %“: Occupy Wall Street

Das erste Anzeichen, welch enorme politische Erschütterung die Wirtschaftskrise ausgelöst hatte, zeigte sich im September 2011 in New York, als Aktivisten den Zuccotti Park in Manhattan besetzten und monatelang dort ausharrten. Das war der Beginn von Occupy Wall Street, einem Protestmodell, das sich rasch in vielen amerikanischen Großstädten fortpflanzte. Beobachtern fiel es nicht ganz leicht, sich einen Reim auf Occupy zu machen. Es gab keine Organisation, keine Führungsstruktur. Das war eine bewusste Entscheidung der Urheber von Occupy, da ihnen das Ideal einer basisdemokratischen Gemeinschaft ohne jede Hierarchie vorschwebte. Alle Entscheidungen sollten im Konsens getroffen werden – und man braucht kein Zyniker zu sein, um zu ahnen, dass insofern nicht sehr viel entschieden wurde, die Resolutionen von Occupy nicht gerade durch programmatische Schärfe auffielen.

Doch darauf kam es auch gar nicht an; das Kryptische war – im Gegenteil – eine Stärke der Bewegung. Denn so entging Occupy dem Schicksal vieler anderer linker und kapitalismuskritischer Gruppierungen, die sich im sektiererischen Streit um die politische Ausrichtung oft schon im Anfangsstadium aufspalten. Die Forderungen von Occupy blieben ziemlich allgemein, der Antikapitalismus oft vage – die Empörung gegen fette Banker-Boni im Zeichen von Zwangsversteigerungen im ganzen Land und Millionen Arbeitslosen war allerdings auf breiter Basis anschlussfähig. Vom Sozialismus sprachen bei Occupy nur die wenigsten. Wenn überhaupt die Rede war von einem ideologischen „Überbau“, dann waren anarchistische Einflüsse weitaus stärker, aber linke Organisationen spielten insgesamt eine eher unbedeutende Rolle. Der Slogan von Occupy – „We are the 99 %“ – war jedoch äußerst effizient: simpel und prägnant, ganz im Einklang mit dem populistischen Zeitgeist.

Wenig trieb Occupys Aktivisten so sehr um die wie Angst, von irgendeiner Seite politisch instrumentalisiert zu werden. Das war neben vielem anderen natürlich ein entscheidender Unterschied zur Tea

Party, die sich zwar ebenfalls als Revolte gegen die gesamte etablierte Politik inszenierte, in Wahrheit aber natürlich Fleisch vom Fleisch der konservativen Bewegung war. Occupy hingegen entging zunächst allen offiziellen Umgarnungsversuchen. Es war im Grunde auch ein Missverständnis, Occupy primär als soziale Bewegung zu verstehen. Es gab ja keine Bewegung im Sinne einer aktionsfähigen Organisation, die Strategien entwickelte, Aufgaben festlegte, auch nur versuchte, gezielt Einfluss zu nehmen. Man marschierte nicht, man verabschiedete keine Petitionen an Parlamente, man rief nicht seine Abgeordneten an. Man besetzte stattdessen einen öffentlichen Platz in einer immer stärker privatisierten Stadt, die zudem das Zentrum des globalen Finanzkapitalismus war – das war eine Aktion mit einer ganz anderen symbolischen Wirkung. Die Adressatin Occupys war auch nicht primär die Politik, denn die Aktivisten der Bewegung hegten wenig Illusionen, wie nachgerade ohnmächtig diese den multinationalen Konzernen mittlerweile gegenüberstand. Der Soziologe Manuel Castells nannte Occupy ein „non-demand-movement“: eine Bewegung ohne konkrete Forderungen.[14] Occupy war im Grunde ein *Performance Act*, ein Stück Theater und Spektakel, „more moment than movement“, wie es ein Beobachter der Proteste festgestellt hatte.[15]

Aber genau diese Inszenierung produzierte die kostbarste Ware moderner Gesellschaften: Aufmerksamkeit. Was Occupy zu sagen hatte, diffundierte daher kräftig in den öffentlichen Diskurs. Ende 2011 begann plötzlich der Präsident, die Parole von den 99 Prozent, die gegen das eine Prozent der wirtschaftlichen Eliten stünden, zu benutzen. In Obamas Wahlkampagne hatte offenkundig jemand erkannt, welcher Wert im ebenso allgemeinen wie schlichten Slogan von Occupy lag. Im Wahlkampf 2012 halfen die „99 %“ dabei, den Kandidaten der Republikaner, Mitt Romney, als mitleidlosen „Ein-Prozenter“ zu definieren, der als ehemaliger Manager eines Hedgefonds in der Tat das ideale Ziel einer solchen Kampagne war. Damit war die Sprache des Linkspopulismus in die amerikanische Parteipolitik eingekehrt, man könnte auch sagen: zurückgekehrt. Freilich hat sich dies nach Obamas Wahlsieg in dessen zweiter Amtszeit politisch nicht sonderlich deutlich widergespiegelt – wozu allerdings auch die Wahrheit gehört, dass die Obstruktionspolitik der Republikaner den Präsidenten in seinem Spielraum extrem einschränkte.[16]

Feel the Bern

Doch der Geist, der da geweckt worden war, verschwand nicht einfach; und im Wahlkampf 2015/2016 fand er endlich seine genuine Verkörperung – natürlich in Bernie Sanders. Der Aufstieg des damals 74-jährigen Sanders war ein Phänomen ganz eigener Art. Obwohl die meisten Amerikaner seinen Namen bis 2015 vermutlich noch nie gehört hatten, lässt sich wahrlich nicht sagen, er sei aus dem Nichts gekommen. Sanders war ein Veteran der 1968er-Protestgeneration und hatte dabei von der Bürgerrechts- bis zur Friedensbewegung kaum ein Feld des studentischen Aktivismus ausgelassen. Was ihn von seinen Generationsgenossen unterschied, war nicht so sehr, dass er seinen Positionen weitgehend treu geblieben war. Entscheidend war, dass bei ihm der Kampf gegen den westlichen Imperialismus in Vietnam und den Rassismus im Inneren der amerikanischen Gesellschaft immer schon nur Teil des großen Ganzen gewesen war: des Kampfs für die sozialistische Umgestaltung der Gesellschaft. Sanders war nicht einfach nur links wie so ziemlich alle seine Kommilitonen – er war, in den frühen Jahren seines politischen Engagements, ein waschechter Marxist.

Zudem hatte Sanders sich danach nicht, abermals im Gegensatz zu vielen anderen Angehörigen der Neuen Linken, im wunderlichen Labyrinth der *identity politics* verloren (das uns in Kürze noch beschäftigen wird), sondern weiter in Kategorien von Klasse und sozialer Ungleichheit gedacht, dabei, trotz aller Kontinuität, übrigens durchaus etwas moderatere Positionen entwickelt, die ihn schließlich, in europäischer Terminologie, eher als äußerst linken Sozialdemokraten auswiesen. Sein Weg war von Anfang an der der institutionellen Politik gewesen – ebenfalls in Abgrenzung zu den Jüngern der *identity politics*, die sich von sozialen Bewegungen den großen Wandel versprachen, sich nach den Dekaden des Aufbruchs aber vor allem in den Innenraum amerikanischer Universitäten zurückgezogen hatten, um dort Debatten zu führen, von denen der Rest des Landes nicht einmal wusste, dass sie existierten.

Auch Sanders allerdings suchte, nachdem sich der politische Aktivismus der 1960er-Jahre nationenweit verlaufen hatte, sein Refugium dort, wo ein Teil dieses Geistes noch lebendig war. In seinem Fall war das Burlington, eine für ihren progressiven Geist bekannte, äußerst beschauliche Universitätsstadt im ebenfalls sehr liberalen Bundesstaat Vermont. Dort wurde Sanders als unabhängiger Kandidat 1981 Bürgermeister, was angesichts seines politischen Profils als Sozialist wohl höchstens noch in einem Dutzend anderer amerikanischer Städte möglich gewesen wäre. 1991 zog er als Abgeordneter in das amerikanische Abgeordnetenhaus ein, 2006 wurde er Senator von Vermont im US-Senat. Sanders blieb über all die Jahre *Independent*, schloss sich also weder den Demokraten noch den Republikanern an, auch wenn er dem *Democratic Caucus*, also der Fraktion der Demokraten im Kongress, beitrat. Dann und wann erschien im Laufe dieser Jahrzehnte in größeren Zeitungen ein Porträt über den selbsterklärten Sozialisten. Aber er galt als Kuriosum und Geschichte für das Sommerloch, ein Relikt aus vergangenen Zeiten, eben: Amerikas letzter Sozialist.

Doch dann kam 2008 der große Crash, die Zuspitzung der sozialen Ungleichheit im Land, und schließlich Occupy Wall Street. Und plötzlich war Sanders und das, wofür er stand, kein obskures Randphänomen mehr, sondern befand sich im Zentrum der Debatte – eine Art politische Kassandra, die immer schon mit dem großen Kladderadatsch des Kapitalismus gerechnet hatte. Das Land erholte sich bereits unter Obama von der Krise, erst sehr langsam, dann etwas schneller. Aber das Misstrauen blieb, ebenso wie die große Ungleichheit im Land. Seit 2014 begann Sanders, plötzlich ausgestattet mit einer Publizität wie noch nie zuvor in seinem politischen Leben, laut mit dem Gedanken zu spielen, als Präsidentschaftskandidat anzutreten – als Demokrat, da er sich über die Chancen als Vertreter einer dritten Partei angesichts des amerikanischen Wahlsystems wenig Illusionen hingab. Das Echo innerhalb der Demokratischen Partei, wo man alles tat, um Hillary Clinton den Weg freizuräumen, war äußerst verhalten; aber außerhalb war es sofort gewaltig. Als Sanders im Mai 2015 schließlich seine Kandidatur bekannt gab, brach er innerhalb kürzester Zeit alle Rekorde für Kleinspenden. Mit Sanders' Kampagne zeigte sich, dass Occupy Wall Street, auch wenn die Zeltstädte längst aus den amerikanischen Metropolen verschwunden waren, mehr als nur einen griffigen Slogan hinterlassen hatte: nämlich ein im ganzen Land verankertes Netzwerk von Aktivisten, die ihre eigene Kritik an der sozialen Ungleichheit in den Vereinigten Staaten in Sanders' Rhetorik widergespiegelt sahen. Sie bildeten den Kern dessen, was sehr schnell zu einer veritablen Massenbewegung werden sollte, getragen von einem Enthusiasmus, der der Clinton-Kampagne vollständig abging. Sanders wurde eine Kultfigur, „Feel the Bern" der inoffizielle Slogan der Kampagne.

Sanders' Unterstützer waren vor allem männlich, jung – nach einer Studie erhielt er 71 Prozent der Stimmen der *millennials*[17] –, überwiegend weiß und verfügten über einen überdurchschnittlichen Bildungsstand. Allerdings ging es ihnen trotz hoher Abschlüsse wirtschaftlich nicht besonders gut. Viel eindeutiger, als dies bei Trump der Fall war, verdankte sich Sanders' Unterstützung 2015/2016 tatsächlich in erster Linie ökonomischen Ängsten. Seine Anhänger sorgten sich – anders als dies bei Trumps Basis der Fall ist – nicht so sehr darum, in einer globalisierten und stark wissensbasierten Ökonomie die künftigen Verlierer zu sein, denn die meisten von ihnen waren sehr gut ausgebildet. Sie fühlten sich auch nicht von Einwanderern bedroht. Eher fürchteten sie, von vornherein ums Überleben kämpfen zu müssen. Viele von ihnen gingen noch aufs College oder hatten gerade ihr Examen gemacht – und wurden nachgerade erdrückt von den Studienkrediten, die sie für ihre akademische Ausbildung hatten auf sich nehmen müssen. Selbst wer in den USA nur ein staatliches Mittelklasse-College besucht, kann am Ende der vier Jahre mit 100 000 Dollar Schulden ins Berufsleben starten. In Zeiten, in denen ein Collegeabschluss noch automatisch den sozialen Aufstieg bedeutete, mochte das die Investition wert gewesen sein. Seitdem dies jedoch fragwürdig geworden war, konnte man sich schlicht um einen fairen Start ins Leben betrogen fühlen. Sanders stellte nicht nur eine kostenlose Ausbildung für alle in Aussicht, sondern sprach auch davon, einen Großteil der Collegeschulden zu eliminieren. Ein Stück legitime, aber auch ganz altmodische Interessenpolitik war da also durchaus mit im Spiel.

Bei allen Unterschieden profitierte natürlich auch Sanders von jenem Verdruss über die etablierte Parteipolitik, die Trumps Aufstieg befördert hatte. Zwar wäre es Sanders nicht in den Sinn gekommen, seine Konkurrentin Hillary Clinton in so drastischen Farben als Teil eines korrupten Parteiestablishments zu zeichnen, wie Trump dies mit seinen Widersachern in der Republikanischen Partei tat. Andererseits war die große Distanz zwischen Sanders und der Demokratischen Partei nicht gespielt: Er war ja wirklich kein Demokrat. Auch seine Unterstützer fühlten sich, wie Trump, als Teil eines Aufstands gegen ein Parteiestablishment; und wie der Inhalt der gehackten E-Mails des Democratic National Committee zeigte, war ihr Misstrauen gegenüber der Parteiführung im Übrigen sehr berechtigt, versuchte man dort doch Hillary Clinton statt Sanders auf den Schild zu heben.

Dennoch: Wenn man in dieser Zeit mit jemandem aus dem Umfeld der Sanders-Unterstützer sprach, war man schon verblüfft, wie ähnlich sich mitunter die generelle schroffe Ablehnung von etablierten Institutionen ausnahm. Auch Sanders' Fans sprachen plötzlich verächtlich von den „Mainstream-Medien“ wie CNN oder der „New York Times“, die ihrer Ansicht nach alles taten, damit Clinton und nicht etwa ihr großes Idol die Nominierung erhielt. Und obgleich sie sich ideologisch fast diametral von den Unterstützern Trumps unterschieden, schätzten auch sie an ihrem Kandidaten das Ungeschliffene, Grobe, ja, auch das Laute und Wütende, das sie ebenfalls, ganz wie Trumps Anhänger, für ein Zeichen von Authentizität hielten. Man darf es nicht übertreiben: Da waren unendlich viele Unterschiede zwischen Trumps und Sanders' Anhängern, ganz zu schweigen vom Charakter und den politischen Positionen der beiden Kandidaten.

Dennoch war vieles wahr an der Beobachtung, dass es sich zumindest zum Teil um verwandte Phänomene handelte in diesem Jahr des populistischen Aufruhrs – was unter anderem erklärt, dass ein zwar kleiner, aber durchaus nicht völlig insignifikanter Teil der Sanders-Wähler sich aus Verdruss über die Niederlage gegen Clinton in den Vorwahlen bei der Präsidentschaftswahl im November 2016 tatsächlich für Trump entschied.[18]

In gewisser Weise aber war Sanders' Mission dennoch erfolgreich. Schon 2016 trieb er Clinton weiter nach linksaußen, als ihr selbst wohl lieb war. Noch deutlicher aber sollte der gewaltige Einfluss Sanders' bei den Vorwahlen der Demokraten vier Jahre später werden: 2020 versucht er es ein weiteres Mal mit einer Kandidatur (der Ausgang ist offen, da diese Zeilen geschrieben werden), aber er ist längst nicht mehr der Exot von 2016. Viele Forderungen, die Sanders damals als Alleinstellungsmerkmal für sich beanspruchen konnte – das Recht auf eine kostenlose Collegeausbildung, die Einführung einer staatlichen Krankenversicherung, einen Mindestlohn von 15 Dollar und einiges andere mehr – gehören mittlerweile zum Konsens innerhalb der Partei. So ist heute wahr, was noch vor zehn Jahren undenkbar gewesen wäre: dass die Demokraten des Jahres 2020 nicht zuletzt auch die Partei des Sozialisten Bernie Sanders sind.

Republic of Me: Die Untiefen der Identity Politics

Sanders' Aufstieg produzierte allerdings nicht nur einen Konflikt zwischen dem Linksaußen und der moderaten Mitte der Demokratischen Partei. Die Sache war ungleich komplizierter und verzwickter. Es war schon die Rede davon, dass sich Sanders' Unterstützer vor allem aus jungen, weißen Männern rekrutierten. Das machte sie für manche in der Partei ziemlich verdächtig. Jedenfalls war der Name, der für seine treuesten Unterstützer bald zirkulierte, nicht unbedingt positiv gemeint: die „Bernie Bros". Im Lager Hillary Clintons, wo man von der historischen Mission erfüllt war, die erste Frau ins Weiße Haus zu wählen, unterstellten manche den Sanders-Unterstützern, Clinton wegen ihres Geschlechts abzulehnen. Richtig war zumindest, dass viele der besonders begeisterten Sanders-Fans der Meinung waren, man solle sich wieder stärker auf die Klassenfrage konzentrieren, anstatt die Partei als Interessenvertretung einer Aneinanderreihung von Minderheiten zu verstehen. Was nützte es, wenn ein Kandidat eine Frau war oder schwul oder schwarz, wenn sie oder er es nicht ernst meinte mit dem Kampf gegen die Finanzoligarchie? Clinton wiederum fand Sanders' Fokus auf die Widersprüche des Kapitalismus einseitig und beizeiten obsessiv. In einer Rede während des Vorwahlkampfs ging die einstige Außenministerin der USA damit hart ins Gericht: „If we broke up the big banks tomorrow [...] would that end racism? Would that end sexism? Would that end discrimination against the LGBT community? Would that make people feel more welcoming to immigrants overnight?“[19]

Es war ein Stellvertreterkrieg: Der Konflikt zwischen dem Clinton-Lager und dem Sanders-Lager symbolisierte die Spannung zwischen den Anhängern von *class politics* vs. *identity politics* und damit den Kern der derzeitigen Kontroverse nicht nur innerhalb der amerikanischen Linken. Dabei ist es beinahe unmöglich, präzise zu definieren, worum es sich bei *identity politics* überhaupt handelt. Die Debatte darum ist eine einzige Polemik, und Gegner und Anhänger des Konzepts verstehen darunter nicht unbedingt immer das Gleiche. Lässt man die Polemik beiseite, geht es im Wesentlichen darum, dass für die Anhänger der *identity politics* auch Klasse nur eine von vielen Identitäten ist. Menschen können aufgrund zahlreicher Kriterien benachteiligt sein: wegen ihrer Hautfarbe, ihres Geschlechts, ihrer sexuellen Orientierung, ihrer Religion usw. Die Anhänger der *class politics* bestreiten all das nicht, beharren aber darauf, dass die soziale Klasse der entscheidende, archimedische Punkt aller gesellschaftlichen Strukturen bleibt. Nur wer soziale Ungleichheit als universelles Problem erkenne, könne auch alle anderen Benachteiligungen nachhaltig bekämpfen. Sanders würde argumentieren: Ein Mindestlohn von 15 Dollar die Stunde, wie er ihn fordert, ist ein universelles Mittel;

aber natürlich kommt er faktisch vor allem vielen Hispanics und Afroamerikanern zugute, die überproportional häufig schlecht bezahlten Tätigkeiten nachgehen. Wer in Kategorien von Klasse denkt, der kämpft, in dieser Lesart, automatisch für alle Minderheiten. Die Befürworter der *identity politics* haben nichts gegen einen höheren Stundenlohn; sie glauben aber nicht, dass die Probleme von Menschen verschiedener Identität miteinander vergleichbar sind. Für den weißen heterosexuellen Mann, der in dieser Weltanschauung an der Spitze einer Gesellschaft abgestufter Privilegien steht, mag der Mindestlohn genügen; wer aber aufgrund anderer Kriterien diskriminiert wird, den wird auch das nicht befreien.

Was sich um die marxistische Hipster-Subkultur in amerikanischen Großstädten angelagert hat, was durch Occupy Wall Street Auftrieb bekam und schließlich in Bernie Sanders' Wahlkampagne vollends Gestalt annahm, ist bei allen Widersprüchen und Unterschieden als politische Bewegung dennoch einigermaßen klar zu umreißen. Bei den Anhängern der *identity politics* fällt eine solche Bestimmung sehr viel schwerer; sie sind zudem – anders als der *socialism made in America* – nicht plötzlich wie aus dem Nichts (oder aus der Versenkung) aufgetaucht, sondern eher der vorläufige Kulminationspunkt einer langen Entwicklung. Es gibt nicht die eine Bewegung, Organisation, Führungsfigur, die im Namen der *identity politics* sprechen würde; und vermutlich wäre das auch ein Widerspruch, da deren Vertreter sich ja stets durch ihre Unterschiede definieren. *Identity politics* wird überdies – gerade aus dem liberalen Lager selbst – immer und immer wieder attackiert, ist Zielscheibe des Spotts, gilt als geistiger Nährboden einer totalitär gewordenen *political correctness*. Die Bücher der Kritiker, vom liberalen Publizisten und Ideengeschichtler Mark Lilla bis zum ex-konservativen Politologen Francis Fukuyama, sind veritable Bestseller. Und doch bleibt *identity politics* als grundsätzliche Weltsicht umfassend deutungsmächtig, beeinflusst von den Massenmedien bis zu den Politikern der Demokratischen Partei das Denken des amerikanischen Liberalismus und durchdringt, da eben dieser Liberalismus in der Tat kulturell dominant ist, noch die entlegensten Ecken der amerikanischen Alltagskultur mit ihrer heiligen Trias aus Diversität, Differenz und Antidiskriminierung.

Aber auch wenn es keine Bewegung gibt, keine Organisation, keine Anführer der *identity politics* – der Ursprung und das geistige Epizentrum des Ganzen sind unschwer zu lokalisieren: natürlich die amerikanischen Universitäten, die ohnehin eine der besonders homogenen ideologischen Echokammern im Land sind. Dort nämlich wurden schon lange jene Debatten geführt, die seit einigen Jahren die ganze Nation erreicht haben: über die Privilegien weißer, heterosexueller Männer, mit denen gebrochen werden müsse; über Identität als fluides, postmodernes Prinzip, dem zufolge vor allem Geschlecht primär als ein gesellschaftliches Konstrukt und keine biologische Tatsache gehandelt wird; über die überwiegend dunkle Seite der amerikanischen Geschichte, die hier nicht länger als Heldenepos religiöser Pilger, nobler Gründerväter und mutiger Pioniere erzählt wird, sondern als Tragödie, die mit der Abschlachtung der Ureinwohner begann, mit der Sklaverei ihre logische Fortsetzung fand und mit der fortbestehenden Alltagsdiskriminierung von Minderheiten beinahe ungebrochen weitergeht. Wie immer man zu dieser Interpretation der amerikanischen Geschichte stehen mag, eines dürfte unstrittig sein: Einen Anschlag auf den nationalen Konsens eines Landes, dessen Bürger sich über weite Strecken ihrer Geschichte als Teil einer besonderen Sendung verstanden haben, stellt sie gewiss dar. Vom Mythos der amerikanischen Gründerväter etwa, über zwei Jahrhunderte von allen Lagern mit religiöser Inbrunst verehrt, bleibt bei dieser Lesart amerikanischer Geschichte nicht viel – waren doch die meisten von ihnen Sklavenhalter.

Die Anhänger der *identity politics* sehen sich in der Tradition anderer emanzipatorischer Bewegungen in der amerikanischen Geschichte, wie etwa Martin Luther Kings Bürgerrechtsbewegung, der ersten Welle des Feminismus oder der Schwulenbewegung. Allerdings dürfte die Perspektive ihres wortmächtigsten Kritikers Mark Lilla der Wahrheit wohl näherkommen, der eher den strukturellen Bruch betont. Demnach ging es zwar damals wie heute um Anerkennung. Doch während die Anerkennung der sozialen Bewegungen der

1960er- und 1970er-Jahre auf die Aufhebung und Überwindung von Unterschieden zielte, auf die vollständige Teilhabe an der amerikanischen Zivilgesellschaft, geht es heute oft um das Gegenteil: das Recht darauf, anders zu sein, das Pochen auf Differenz, die Verteidigung und Behauptung der eigenen Identität. Lilla interpretiert *identity politics* als letztlich narzisstischen Rückzug ins eigene Selbst, eine obsessive Beschäftigung mit dem eigenen Innenleben, die es schwer mache, mit größeren gesellschaftlichen Fragen umzugehen und institutionell zu wirken.[20] Ganz richtig ist das nicht, denn politische Wirksamkeit entfaltet das Ganze ja doch – sonst würden wir nicht so viel darüber reden.

Identity politics geht es um Bewusstseinsveränderung – daher die Rede davon, *woke*, also „wach" zu sein; und so ungewöhnlich ist dieser Ansatz nicht für politische Bewegungen, die oft erst später, wenn überhaupt, den Raum institutioneller Politik für sich entdecken. Problematischer könnte sein, dass die inhärente Logik der Bewegung manchmal Konsequenzen gebiert, die tatsächlich jede Art der Solidarität unmöglich machen, da die verschiedenen Gruppen sich bisweilen auch noch selbst voneinander abgrenzen. Überhaupt wird heute innerhalb dieses Teils der amerikanischen Linken oft angenommen, dass man nur aus eigener Betroffenheit eine Position *authentisch* verkörpern könne. In meinen Kursen an der Vanderbilt University ist es jedenfalls eher die Norm, dass Studentinnen ihre Wortmeldung beginnen mit: „As a white woman, I think …" Als ich als Dozent die Meinung äußerte, dass Rassismus ein wichtiger, aber nicht der einzige und vielleicht nicht einmal der primäre Grund sei für die Wahl Donald Trumps ins Weiße Haus, da wurde ich ebenfalls, wenngleich sehr höflich, ermahnt, dass ich als weißer Mann dazu vielleicht keine wirklich kompetente Meinung haben könne. Als Politologe allerdings schon, entgegnete ich.

Nun teilen mit Sicherheit nicht alle Demokraten alle Prämissen der *identity politics*; und wir brauchen uns hier nicht länger aufzuhalten mit den skurrilen Seiten der Bewegung, die zwar existieren, aber vor allem von konservativeren Medien in diskreditierender Absicht größer und repräsentativer gemacht werden, als sie sind. Aber als mächtige

Hintergrundideologie bestimmen ihre Ausläufer fraglos die Richtung der Partei. Wie stark der Einfluss dessen ist, was von den Adepten der *identity politics* in den Geisteswissenschaften vorgedacht und dann irgendwann als intellektuelles Treibholz tatsächlich in den Raum des Politischen gespült wird, ließ sich im Herbst 2019 während der Vorwahlen der Demokraten besichtigen, als plötzlich – und zur Verblüffung selbst großer Teile der Partei – die Bezeichnung *Latinx*, statt Latino oder Latina, in den Reden der Kandidaten Elisabeth Warren oder Pete Buttigieg auftauchte. Das „x" am Ende englischer Wörter ist in etwa das Äquivalent des an deutschen Universitäten vielfach gebräuchlichen Gendersternchens.

Das Problem war im vorliegenden Fall nur, dass nach einer Umfrage lediglich zwei Prozent der Latinos den Begriff als Selbstbezeichnung benutzen; und man darf vermuten, dass unter den restlichen 98 Prozent viele das Wort noch nie gehört hatten – sie waren eben noch nicht *woke*.[21] Doch waren diese auch gar nicht die eigentlichen Adressaten der progressiven Polit-Prosa. Die Formulierung richtete sich in erster Linie an die wahren Treiber der *identity politics* in der Partei. Denn das sind nicht etwa die Latinos oder Hispanics, auch nicht die African Americans. Letztere gehören in fast allen Bereichen zum moderaten Flügel der Partei, weshalb es auch kein Zufall ist, dass der Kandidat im Feld, der am wenigsten *woke* erscheint, nämlich Joe Biden, die höchste Zustimmungsrate unter schwarzen Amerikanern vorweisen kann. All das geht vielmehr auf das Konto weißer Amerikaner mit hohen Bildungsabschlüssen. Sie sind es, die die Partei radikalisiert haben, und zwar auf sämtlichen Politikfeldern.[22]

Vor allem *race* ist so zur dominanten Deutungskategorie schlechthin geworden, die alles andere überlagert und durch deren Linse eine ganze Welt reinterpretiert wird. Ein gutes Beispiel ist der Diskurs um Einwanderung. Noch vor einem Jahrzehnt – das Land war bereits bei vielen Fragen tief gespalten – lagen die Meinungen von Demokraten und Republikanern bei diesem Thema gar nicht besonders weit auseinander. Und über eines bestand Konsens: dass illegale Einwanderung, nun ja, illegal ist. Noch unter Obama deportierte die Bundesbehörde U.S. Immigration and Customs Enforcement (ICE) eine Rekordzahl undokumentierter Einwanderer. Mittlerweile aber wollen viele Demokraten ICE am liebsten komplett auflösen, halten überhaupt das Vorgehen gegen illegale Einwanderung für schlecht getarnten Rassismus. Im Vorwahlkampf versprachen fast alle Kandidaten der Partei, dass auch illegale Einwanderer Anspruch auf eine staatliche Krankenversicherung haben sollten; eine Position, die vor einigen Jahren noch nicht den geringsten Rückhalt in der Partei hatte und über die heute auch wohlwollende Stimmen meinen, dass sie nicht unbedingt die Mehrheitsmeinung im Land widerspiegle und somit eher kein Wahlschlager sei.

Der Grund für diesen Wandel ist nicht etwa eine gehaltvolle Diskussion darüber, ob Staatsbürgerschaftsrechte in einer globalisierten Welt noch eine Rolle spielen sollten; sie ist auch nur am Rand beeinflusst von den Annahmen einiger besonders globalisierungsfreundlicher Ökonomen, deren Theorien besagen, dass die Abschaffung aller nationalstaatlichen Grenzen aus ökonomischer Sicht am Ende allen zugutekomme. Diese Veränderung hat einen anderen geistigen Vater: Donald Trump. Es waren Trumps Tiraden gegen Einwanderer, der mal direkte, mal subtilere Rassismus, mit dem er das Land überschüttete, seitdem er im Sommer 2015 seine Wahlkampagne begann, die ungeheure Solidaritätseffekte ausgelöst haben. Damals begann das Thema *race* in fast alle anderen Politikfelder zu diffundieren – eben auch Einwanderung. 1994 stimmten nur 32 Prozent der Demokraten der Aussage zu, dass Migranten das Land mit ihren Talenten und ihrer harten Arbeit bereichern würden. Die Zahl stieg danach an, aber eher kontinuierlich und langsam. Ab 2015 jedoch wies die Kurve steil nach oben: Heute sind es 84 Prozent. Im exakt selben Zeitraum wuchs die Zahl derjenigen, die der Meinung sind, dass die soziale Malaise vieler Afroamerikaner vor allem in rassistischer Diskriminierung begründet sei, von 39 auf 64 Prozent an.[23] An den objektiven Verhältnissen hatte sich in so wenigen Jahren kaum etwas geändert. Was sich geändert hatte, das war die Art von Feind, dem der amerikanische Liberalismus jetzt gegenüberstand.

Wir werden, was wir hassen: Wie Trump die amerikanische Linke vergiftet

Der Begriff „Feind" ist nicht ohne Bedacht oder zufällig gewählt, und wir wollen, zum Abschluss dieses Kapitels, einen Augenblick bei ihm verweilen. Denn seitdem Trump im Weißen Haus sitzt, wird der Konflikt auch auf der Linken als buchstäblich existenziell wahrgenommen – mitsamt einer apokalyptischen Rhetorik, wie sie rechts schon sehr viel länger das Bild bestimmt. Man kann es wohl nicht besser auf den Punkt bringen, als es die „New York Times"-Kolumnistin Michelle Goldberg schon wenige Monate nach Trumps Amtsantritt formuliert hat: dass die Linke nun von der Rechten das Hassen gelernt hat.[24]

Die tiefe Spaltung des Landes hat viele strukturelle Gründe und ist ein historisch gewachsener Prozess. Aber ist ein Land erst einmal in einem Stadium solch extremer Polarisierung angelangt wie die USA derzeit, entwickelt die Sache eine vor allem psychologisch bedingte Eigendynamik. Denn die permanente Konfrontation mit der Gegenseite, die Fixierung auf den Feind können dazu führen, dass man ihm willentlich oder, und das ist häufiger der Fall, unwillentlich immer ähnlicher wird. Anders ausgedrückt: In dem Bemühen, sich so stark wie möglich abzugrenzen vom Gegner und die Trennlinien so tief wie möglich zu ziehen, laufen die Demokraten Gefahr, sich ebenfalls zu radikalisieren. Trump baut eine Mauer? Dann scheint die moralisch richtige Handlung zu sein, auf Grenzen ganz zu verzichten. Man will schließlich frei sein von den Sünden des anderen, will die vollständige Antithese verkörpern – und läuft dabei doch nur Gefahr, am Ende vor allem die ideologische Rigidität und den Dogmatismus des Feindes zu spiegeln.

Kurzum: Polarisierung radikalisiert langfristig beide Seiten. Die Verschärfung des linksliberalen Profils der Partei ist vor allem das Resultat der jahrzehntelangen Konfrontation mit einem unnachgiebigen, ideologisch hochgerüsteten und moralisch hochmotivierten Gegner. Dieser Außendruck hat in der Demokratischen Partei weltanschauliche Orthodoxien wachsen lassen, die es noch vor zwanzig

Jahren nicht gab. Man könnte heute die meisten liberalen Parteiaktivisten nachts um drei Uhr wecken, und sie könnten im Halbschlaf die fünf wichtigsten Ziele liberaler Politik nennen; ob das wohl den Mitgliedern der SPD oder der CDU in der Ära Merkel auch gelingen würde? Wahrscheinlich nicht, vielleicht nicht einmal mitten am Tag, nach drei Tassen Kaffee. Denn hier hat man eben nicht das Gefühl, die eigene Position an jener des Gegners schärfen zu müssen, um bereit zu sein für eine politisch essenzielle Auseinandersetzung. Von dem Staatsrechtler Carl Schmitt wissen wir, dass die Konfrontation mit dem Feind uns dazu zwingt, uns über uns selbst klar zu werden – darüber, wer wir sind; was wir wollen; wie weit zu gehen wir dafür bereit sind: „Der Feind ist unsere eigene Frage als Gestalt", wie Schmitt in der „Theorie des Partisanen" schrieb.[25] Diese Dialektik der Polarisierung und die Logik der Feindesanverwandlung ist der eigentliche Grund, warum der eingangs dieses Kapitels vorgestellte Begriff der „asymmetrischen Polarisierung" letztlich so wenig Substanz besitzt.

Dabei geht es nicht nur um die Sachpositionen an sich, sondern auch um die fiebrige Intensität, mit der sie vertreten werden, auch um die zunehmende Intoleranz, mit der schon geringe Abweichungen von der Parteilinie geahndet werden. Denn in einer Situation extremer Polarisierung ist der Druck auf die Akteure, die eigenen Reihen fest zu schließen, besonders hoch. Wer dennoch versucht, Brücken zu bauen, die Kooperation oder auch nur das Gespräch mit dem „Feind" für möglich hält, macht sich schnell verdächtig, heimlich Sympathien für die Gegenseite zu hegen und ein unsicherer Kantonist zu sein. Jene Demokraten etwa, die in den Vorwahlen 2019/2020 Kritik an sehr weit gefassten Plänen wie „Medicare for All" äußerten, wurden verdächtigt, *Republican talking points* nachzuplappern, die Ideologie des Feindes also entweder insgeheim zu teilen oder sie zumindest zu verbreiten.

Polarisierung verstärkt das extreme Gruppendenken beider Seiten und das Bedürfnis nach maximaler Eindeutigkeit und Stabilität. Es gibt dann keine Ambivalenz mehr, keine Mittelposition, schon gar keine Neutralität. Für Politiker, die noch Kontakte zur anderen Seite pflegen und dazu aufrufen, nicht alle Brücken abzureißen, verheißt das nichts Gutes. Eine ganze Reihe von moderaten Kongressangehörigen, Demokraten ebenso wie Republikaner, kann ein Lied davon singen. Auch Joe Biden erhielt eine Ahnung von den Kräften, die hier wirken. Als er die Hoffnung äußerte, dass viele Republikaner nach Trump eine „Epiphanie" erleben würden und man dann wieder über Parteigrenzen hinweg vernünftig miteinander umgehen könne, da war Naivität noch der harmloseste Vorwurf an seine Adresse. Folgerichtig steht die politische Kunst des Kompromisses bei der Demokratischen Parteibasis nicht mehr besonders hoch im Kurs. Auch dort werden jetzt, wie schon seit Längerem bei den Republikanern, Politiker geschätzt, die vor allem die eigenen Prinzipien hochhalten. [26]

Bisweilen aber ist die Imitation des Feindes auch ein mehr oder minder bewusster Akt der „Notwehr" – man glaubt, gegen ihn nur bestehen zu können, wenn man sich seiner Methoden bedient. Der Grund dafür ist simpel: Da es ja kaum an den durch und durch falschen oder zynischen politischen Ideen des Feindes liegen kann, wenn er bei Wahlen Erfolg hat oder allgemeine Zustimmung findet, muss er uns folglich in anderer Hinsicht voraus sein – weil er gerissener ist, über die effizientere Organisation verfügt oder ruch- und skrupelloser agiert. Unter Demokraten kursiert seit Langem ein prägnanter Spruch, der sich auf die vermeintlich größere Bereitschaft der Republikaner zur bedingungslosen Loyalität bezieht: „Democrats fall in love, Republicans fall in line." Gemeint ist damit, dass die Republikaner die autoritärere, quasi nach dem Prinzip des militärischen Kadavergehorsams geführte Partei seien, die Demokraten hingegen eine Partei von eigenständig denkenden Romantikern, die ihren Anführern nur dann folgen, wenn sie wirklich mit dem Herzen bei der Sache sind. Viele Demokraten sind davon allerdings schon lange frustriert, und die Lösung scheint für sie ganz klar: Man müsse eben auf den Weg bringen, was die Republikaner bereits zwei Jahrzehnte zuvor erledigt hätten – die Partei durch das Instrument innerparteilicher Vorwahlen zu homogenisieren, sprich: jene Demokraten gezielt anzugreifen und auszutauschen, die nicht voll auf Linie sind, um endlich jene Homogenität und ideologische Geschlossenheit herzustellen, über die die Republikaner schon lange verfügen. Der Weg dorthin ist noch weit, die Partei hat sich bis dato keineswegs ganz von ihrer Tradition als breiter Sammlungsbewegung verabschiedet, es gibt bei den Demokraten nach wie vor und stärker als bei den Republikanern moderate Abgeordnete im Kongress, vor allem in strukturell eher konservativen Wahlkreisen. Aber die grundsätzliche Richtung ist eindeutig.

Viele Linke scheinen die amerikanische Rechte insgeheim zu bewundern – eine besondere, gesteigerte Form der Feindesobsession. Bei Bhaskar Sunkara etwa, dem Herausgeber des „Jacobin“, ist das sehr offensichtlich. Er redet auffällig oft davon, dass die Demokraten nun an jenem Punkt seien, an dem die Republikaner sich in den 1970er-Jahren befunden hätten: an der Weggabelung zwischen dem uninspirierten Zentrismus der Vergangenheit und einer ideologischen Bewegungspartei. Für Sunkara ist jemand wie Barack Obama, der wiederholt davor warnte, die ideologischen „Reinheitswettbewerbe“ der Republikaner zu simulieren, das Äquivalent zu den moderaten „Rockefeller-Republikanern“ der 1970er-Jahre – ein Auslaufmodell, dass noch nicht begriffen hat, aus welcher Richtung der Wind nun weht.[27] Und erklärtes Vorbild des „Jacobin“ ist für Sunkara nicht zufällig der „National Review“: jene konservative Zeitschrift, die wenige Jahre nach ihrer Gründung 1955 rasch zum Knotenpunkt der Debatte unter Konservativen wurde und die Republikanische Partei fortan mit Ideen belieferte.

Nun ist der unverkennbare Weg der Demokraten nach links das eine, ebenso die damit einhergehende abnehmende innerparteiliche Toleranz; aber allein deswegen beide Parteien gleichzusetzen, wäre natürlich etwas zu einfach. Denn was den amerikanischen Konservativismus zu einem Fall ganz eigener Art macht, ist ja gar nicht so sehr die Radikalität seiner politischen Sachpositionen – sondern die Neigung zur Paranoia und zum Verschwörungsdenken, die alternativen und hanebüchenen Realitäten, die er täglich hervorbringt, das apokalyptische Denken, das schon in den Obama-Jahren jeden Tag zum Doomsday ausrief, außerdem die zynische Bereitschaft, einen Mann zu unterstützen, der demokratische Normen und einen zivilisierten Umgang miteinander täglich mit Füßen tritt.

Die Frage ist allerdings, ob die Demokraten nicht vielleicht auch in dieser Hinsicht längst begonnen haben, ihrem Feind nachzueifern. Diese Überlegung gründet auf etwas dünnerem Eis; aber Indizien gibt es genug. Nehmen wir etwa die Neigung zum Verschwörungsdenken. Nun haben die Republikaner einen Mann zum Präsidenten gekürt, der seine eigentliche Karriere als Politiker mit einer Verschwörungstheorie begonnen hat; insofern scheinen hier alle Analogien schnell an ihre Grenzen zu stoßen. Amerika war schon immer ein besonders fruchtbarer Boden für Verschwörungsdenken[28] – doch niemals zuvor ist die Paranoia selbst ins Weiße Haus gewählt worden.

Doch wie die Diskussion um die russische Einflussnahme im US-Wahlkampf 2016 zeigte, war auch die liberale Öffentlichkeit anfällig für Verschwörungstheorien. Demnach wäre Trump, erstens, ohne russische Hilfe niemals Präsident geworden; zweitens habe es eine koordinierte Absprache gegeben zwischen Trumps Kampagnenteam und dem Kreml; und drittens sei Trump eine Marionette Putins, möglicherweise seit Langem ein Agent des KGB.[29] Die erste Annahme baut noch auf Fakten auf: Wir wissen, dass die Russen sich in den Wahlkampf eingemischt haben, auch, dass sie den Server des Democratic National Committee gehackt und für Clinton kompromittierende E-Mails über „WikiLeaks" veröffentlicht haben. Moskaus primäres Ziel bestand darin, die Spaltung in den USA zu vertiefen; das zweite Ziel lautete, Trump statt Clinton ins Weiße Haus einziehen zu lassen, denn man musste kein Genie sein, um zu erahnen, dass dieses Resultat die westliche Wertegemeinschaft in ihren Grundfesten erschüttern würde. Ob diese Aktionen den Ausgang der Wahl tatsächlich beeinflusst haben, steht freilich auf einem ganz anderen Blatt. Angesichts des knappen Abstimmungsergebnisses ist das theoretisch möglich; im Hinblick auf all das, was in Hillary Clintons Wahlkampagne schieflief, bleibt die extreme Fixierung auf russische Manipulationsversuche jedoch ziemlich fragwürdig.

Dann ist da die zweite Annahme, Trumps Team oder er selbst hätten sich in dieser Zeit mit den Russen koordiniert. Nach zwei Jahren der Untersuchung und der abschließenden Veröffentlichung des Berichts des Sonderermittlers Robert Mueller wissen wir aber: dem war aller Wahrscheinlichkeit nach nicht so. Natürlich waren Trumps Tiraden schier unerträglich. Die Untersuchung war zweifellos keine „Hexenjagd“, wie er gefühlt wohl einige tausend Mal getwittert haben muss, denn aufgrund der russischen Aktivitäten im Allgemeinen und der vielen zwielichtigen Gestalten in und um Trumps Team mit Kontakten nach Russland (wie der zwischenzeitliche Chef der Wahlkampagne, Paul Manafort) im Besonderen war es natürlich völlig berechtigt, in genau diesem Umfeld zu recherchieren. Und vermutlich wären einige dort sowohl skrupellos als auch unbedarft genug gewesen, sich auf jeden noch so heiklen Deal einzulassen, wie etwa das Treffen von Mitgliedern der Trump-Familie mit einer russischen Anwältin im Trump Tower zeigt, die vorgab, belastendes Material über Clinton zu besitzen. Kurzum: Gänzlich unplausibel war das *collusion narrative* keineswegs. Und doch: Die völlige Selbstgewissheit, mit der – von CNN bis hin zu den großen und auf liberaler Seite extrem einflussreichen Late Night Shows – von einer Verschwörung gesprochen wurde, die nachgerade fiebrige Erwartung dort, dass man Trump bald in einem orangefarbenen Sträflingsanzug sehen würde, die übrigens auch viele meiner Fakultätskollegen teilten, allesamt gewiss kritische Geister, die normalerweise nicht zu vorschnellen Annahmen neigen – das alles war schon einigermaßen verblüffend. Genauso verblüffend übrigens wie die ohrenbetäubende Stille nach dem Ende der Ermittlungen, als all das wie ein Kartenhaus in sich zusammenfiel und man einfach zur Tagesordnung überging. Dabei war da fraglos genug in Muellers Bericht, das Anlass zur Sorge gab, etwa Trumps wiederholte Versuche, die Justiz zu behindern. Gemessen aber an der überspannten Vorfreude, schon bald das ganz große Komplott aufzudecken, war das fraglos zu wenig. Auch das dürfte mindestens zum Teil erklären, weswegen die weitaus unkompliziertere und vor allem in ihrer moralischen Bewertung ganz eindeutige Ukraine-Affäre des Präsidenten – in der Trump mit einer zurückgehaltenen Militärhilfe den ukrainischen Präsidenten erpresste, ein Ermittlungsverfahren gegen seinen Widersacher Joe

Biden bzw. dessen Sohn einzuleiten – dann weite Teile der amerikanischen Öffentlichkeit kaltließ: Der Stoff für die dramatische Inszenierung war bereits verbraucht.

Wirklich abenteuerlich wurde es bei der dritten verschwörungstheoretischen Annahme: dass Putin der heimliche Regent der Vereinigten Staaten sei und Trump sein Agent im Weißen Haus. Auch dies wurde in den maßgeblichen Nachrichten- und Unterhaltungsformaten des Landes mit ziemlicher Selbstsicherheit immer wieder insinuiert, denn woher sonst sollte Trumps Ehrerbietung gegenüber dem Kreml-Herrscher rühren? Dabei gab es auch eine einfache Antwort: Weil ein autoritär veranlagter Mensch zu einer noch autoritäreren Figur immer aufschaut, wie Rabauken auf dem Spielplatz, die den noch wilderen Rowdy anhimmeln.

Man sagt, Verschwörungstheorien blühen in Zeiten radikaler Unsicherheit, außerdem vor allem dann, wenn ein Ereignis eintritt, das die Normen sprengt und nur schwer zu begreifen ist: die Mondlandung; 9/11; Kennedys Ermordung.[30] Und wer wollte schon bestreiten, dass Trumps Wahlsieg ebenfalls für viele schockierend war? Für ein schier unerklärliches Phänomen sind geheime Machenschaften hinter den Kulissen stets eine gute Erklärung. Trumps Wahl aktivierte ein geradezu klassisches Muster von Verschwörungsdenken: dass der Feind im Inneren fast immer Unterstützung erhält von einem äußeren Feind.[31] Das Paradebeispiel in dieser Hinsicht war natürlich die antikommunistische Hysterie der 1950er-Jahre, als man hinter jedem Busch einen Agenten der Sowjetunion vermutete. Jetzt aber war Trump die Figur des „Manchurian Candidate“, benannt nach dem Film mit Frank Sinatra aus dem Jahr 1962, in dem ein amerikanischer G. I. in koreanischer Gefangenschaft einer Gehirnwäsche unterzogen wird, in die USA zurückkehrt und dort als kommunistischer Agent bis in die höchsten Ebenen der amerikanischen Politik vordringt. Der Film sprach einst vor allem zu den Ängsten von Konservativen, die vor der kommunistischen Unterwanderung zitterten. Mittlerweile aber ist es das liberale Amerika, das fürchtet, eine fremde Macht kontrolliere ihren Präsidenten.

Natürlich: Das alles erscheint noch immer wie Kinkerlitzchen im Vergleich zu den viel absurderen Verschwörungstheorien, die Trump beinahe täglich über seinen Twitter-Account verbreitet, und überhaupt der Art und Weise, in der die Paranoia seit Langem ein integraler Bestandteil des US-Konservativismus ist. Und doch sollte man die Ähnlichkeiten nicht ignorieren. Verschwörungsdenken ist in den USA, mehr als noch anderswo, ohnehin nie das Privileg lediglich der einen politischen Seite gewesen, sondern war immer Teil des Mainstreams. Und externe Schocks, das Gefühl, den Boden unter den Füßen zu verlieren, machen nur virulent, was latent stets vorhanden war. So ist es nicht verwunderlich, dass Demokraten sich Studien zufolge unmittelbar nach der Wahl 2016 sehr viel aufgeschlossener zeigten für Verschwörungstheorien als Republikaner – und interessanterweise nicht nur für solche, die konkrete mögliche Wahlmanipulationen betrafen. Es war viel fundamentaler: Die Welt an sich stand für sie zur Disposition. Ein Forscherteam etwa konfrontierte die Befragten mit Aussagen wie: „Much of our lives are being controlled by plots hatched in secret places." Oder: „Even though we live in a democracy, a few people will always run things anyway." Vor der Wahl schlugen die Werte bei den Republikanern höher aus; nach der Wahl bei den Demokraten.[32] Verschwörungstheorien, schreiben die beiden amerikanischen Politologen Joseph Uscinski und Joseph Parent, sind stets der Trost des Verlierers.[33]

Schließlich ist da ein letzter Punkt, an dem der alte Satz stimmen könnte, dass wir bisweilen werden, was wir hassen. Und es ist der problematischste. Die Imitation des Feindes wird weitaus gefährlicher, wenn es darum geht, auch die empfundenen Verletzungen demokratischer Normen der Gegenseite mit eigenen Normverletzungen zu bekämpfen. Im Wahlkampf 2016, damals in sicherer Erwartung eines Wahlsiegs, waren viele Liberale noch begeistert, als Michelle Obama nicht nur die Republikaner kritisierte, sondern dabei auch die eigene moralische Überlegenheit herausstellte: „When they gow low, we go high." Viele Demokraten halten das mittlerweile für das ganz und gar falsche Credo und glauben, dass man Feuer nur mit Feuer bekämpfen könne. All die Beschwörung von Überparteilichkeit, vor allem Obamas Versuche in den ersten Jahren seiner Amtszeit, auf die Gegenseite zuzugehen, seien vergebliche Liebesmüh gewesen, da die Republikaner alle Avancen nur mit totaler Obstruktion beantwortet hätten.

Stattdessen sei es nun an der Zeit, endlich Rückgrat zu zeigen. Wenn der Feind sich nicht an die Regeln hält, warum sollte man es dann selbst noch tun? In der Tat: Die Republikaner haben in den letzten Jahren zwar nicht offen gegen die Verfassung verstoßen, aber häufig gegen ihren Geist und ungeschriebene Traditionen. Einer dieser Regelverstöße war etwa, Obamas Kandidaten für den Supreme Court, Merrick Garland, nicht einmal ein Hearing zu gewähren, den Prozess daher von Anfang an zu torpedieren und zu hoffen, nach dem Wahlsieg einen eigenen Kandidaten durchzubringen – ein Plan, der auch noch vollständig aufging. Auch die Art und Weise, in der Republikaner in den Bundesstaaten Wahlkreise zugeschnitten haben, um so ihre Mehrheiten zu zementieren, kann man wohl als grenzwertig bezeichnen (wenngleich dies grundsätzlich von beiden Parteien praktiziert wird). Und schließlich ist da der umstrittene Versuch der Republikaner, den Wahlakt in den USA durch verschiedene Gesetze zu erschweren, etwa durch die Einschränkung der frühen Stimmabgabe vor dem eigentlichen Wahltag, was nach Ansicht vieler Demokraten vor allem ethnische Minderheiten, also ihre potenziellen Wähler, am Wählen hindern soll.

Einige Demokraten sind jedenfalls der Meinung, dass der ungeschriebene Konsens der Republik schon längst aufgegeben worden sei – und es nun gelte, endlich mit gleicher Münze zurückzuzahlen. Für einige Furore – aber erstaunlicherweise für nur sehr wenig Kritik – sorgte vor Kurzem das Buch des Politikwissenschaftlers David Faris, dessen Titel gänzlich ohne zweite Bedeutungsebene das Anliegen des Autors auf den Punkt bringt: „It's Time to Fight Dirty: How Democrats Can Build a Lasting Majority in American Politics."[34] Faris vertritt darin die Meinung, dass die Demokraten bisher viel zu brav gewesen seien und es Zeit sei, „aufzuwachen". Um dauerhaft die Macht zu sichern, sei es – vorausgesetzt, die Demokraten gewinnen 2020 die

Wahl – notwendig, eine Reihe von institutionellen Änderungen vorzunehmen, u. a.: die Aufstockung der Zahl der Richter am Supreme Court, um hier eine liberale Mehrheit zu sichern; die Ausrufung von Washington, D. C. und Puerto Rico zum 51. bzw. 52. Bundesstaat, was zwei weitere sichere Staaten für die Demokratische Partei bedeuten würde; die Aufsplittung des extrem liberalen Kaliforniens in sieben Bundesstaaten, was fraglos weitere Stimmen für die Demokraten im Senat mit sich brächte; und schließlich – an dieser Stelle wird es beinahe zur Karikatur konservativer Albträume – sollten so viele illegale Einwanderer wie möglich Staatsbürgerschaftsrechte erhalten, da dies den Demokraten weitere Millionen an Wählerstimmen zuführen würde. Ganz gleich, wessen man die Republikaner beschuldigen mag: Solcherlei Vorhaben würden gleich mehrere Stufen auf der nach oben offenen Eskalationsskala überspringen. Und es gibt einige Gedankenspiele dieser Art, alle geboren aus der Überzeugung, es mit einem Gegner zu tun zu haben, der die Samthandschuhe bereits vor langer Zeit ausgezogen hat.

Wie gefährlich all das ist und wie schnell diese Konfliktlogik sich hochschaukeln kann, dürfte offensichtlich sein. Den Streit um Sachpositionen hält eine Demokratie aus; wenn die Auseinandersetzung allerdings auf Fragen von Legitimität zusteuert und das Austesten der Grenzen der institutionellen Ordnung beginnt, stellen sich noch einmal ganz andere Fragen.

Das ist zugleich die Überleitung: Im letzten Kapitel geht es auch um die Zukunft und das Überleben der amerikanischen Demokratie im Zeitalter ihrer totalen Polarisierung.

KAPITEL 5

Herrschaft der Ungleichzeitigkeit: Trump, die Geschichte und die amerikanische Demokratie

Polarisierung und Demokratie

Eine Nation liegt kollektiv auf der Couch: Amerika leidet unter Schlaflosigkeit, Depression und Angststörungen. Das ist keine Metapher für ein geschundenes Land. Es ist die klinische Diagnose nicht weniger amerikanischer Psychiater und Psychotherapeuten. Jedenfalls häuft sich ihrer Beobachtung nach seit geraumer Zeit die Zahl der Patienten, die als Quelle ihres inneren Unwohlseins die Politik angeben. Laut einer Umfrage von Politikwissenschaftlern löst allein das Nachdenken über Politik bei vierzig Prozent der Amerikaner großen Stress aus. Jeder Fünfte sagt, die Politik raube ihm den Schlaf; ebenso viele geben an, durch die Politik seien Freundschaften beschädigt worden; und vier Prozent bekunden in dieser Studie, dass die Politik bei ihnen Suizidgedanken hervorrufe – was immerhin, rechnet man die Zahlen hoch und die Kinder heraus, zehn Millionen Amerikaner sein dürften.[1] Sollte Trump doch, wie einige Psychologen aus der Ferne diagnostiziert haben, mental krank sein, dann hat Amerika vielleicht einen repräsentativeren Präsidenten im Weißen Haus sitzen, als man bislang gedacht hat.

Ist die Lage wirklich so ernst, wie diese Zahlen nahelegen? Die Ängste sind diffus, aber gewiss nicht allein dem bloßen Zusammenstoß konträrer Meinungen geschuldet. Auch die Tatsache, dass die politische Spaltung das Institutionensystem des Landes seit Langem weitgehend lahmgelegt hat und im Kongress nicht mehr viel passiert, weil die Logik des Regierens in den USA eigentlich die Kompromissfähigkeit der Parteien voraussetzt, dürfte noch kein Grund sein, vom Dach zu springen oder starr vor Furcht, die Bettdecke bis zum Kinn hochgezogen, die Nacht zu durchwachen. Die Amerikaner sorgen sich eher darum, welche Konsequenzen diese Polarisierung noch haben könnte, die den Keil immer tiefer durch das Land treibt. Darum am Ende noch eine letzte Umfrage: 31 Prozent der Amerikaner gaben bereits 2018 an, dass sie den Ausbruch eines neuen Bürgerkriegs in den nächsten fünf Jahren für sehr wahrscheinlich hielten.[2]

Dass das passieren könnte – dass aus dem Kalten Bürgerkrieg, in dem das Land gewiss seit einiger Zeit feststeckt, ein heißer, also ein tatsächlicher, werden könnte –, das erscheint doch arg fantastisch. Aber ein paar allgemeinere, nur unwesentlich weniger dramatische Fragen stehen mittlerweile durchaus zu Recht auf der Tagesordnung: Wie viel Polarisierung verträgt eine Demokratie überhaupt? Wie lange kann man an den beiden Enden eines politischen Systems ziehen, bis es reißt? Kurzum: Wie gefährdet ist die Demokratie in Amerika?

Wie am Ende des letzten Kapitels bereits angedeutet: Polarisierung muss nicht automatisch ein Problem sein und schon gar keine Katastrophe. Im Gegenteil: Demokratien sind explizit dafür da, dass in ihnen gestritten wird, bisweilen auch sehr erbittert. Gäbe es keinen Streit und würde in einer Gesellschaft immer nur Harmonie herrschen, dann bräuchte man diese Staatsform als noch immer bestes System der geregelten und friedlichen Konfliktaustragung gar nicht, weshalb sämtliche großen politischen Utopien – in der Überzeugung, alle Menschen würden zu Brüdern und Schwestern – davon überzeugt sind, am Ende ganz ohne sie auszukommen. Im Grunde gehören Polarisierung und Demokratie zusammen. Sie brauchen und begründen einander. Einige Politikwissenschaftler betonen sogar die positiven Seiten von Polarisierung: Sie kann die Bindung zu politischen Parteien stärken und daher gerade in der Etablierungsphase neuer Demokratien die Gesamtidentifikation mit dem politischen System verbessern.[3]

Aber wie immer ist auch hier alles eine Frage der richtigen Dosis. Wann also wird Polarisierung doch schädlich und gefährlich? Alarmsignale sind fraglos jene Symptome, die wir in den USA längst beobachten können: die Entmenschlichung des politischen Gegners, die Militarisierung der Sprache, ausufernde Paranoia und grenzenloses Misstrauen.[4] Aber solange keine physische Gewalt im Spiel ist, sind auch das recht diffuse Merkmale. Ein viel handfesteres Kriterium, um zu entscheiden, ob die Sache auf eine abschüssige Bahn geraten ist, ist daher wohl die Frage, *worüber* eigentlich gestritten wird. Solange es um politische Sachfragen geht, hält eine Demokratie eine ganze Menge Feindseligkeit aus. Ganz anders aber sieht es aus, wenn nicht länger um politische Inhalte gerungen wird, sondern der politische Prozess selbst in den Mittelpunkt rückt: Wenn es etwa darum geht, wer rechtmäßig im Amt ist und ob es bei den letzten Wahlen mit rechten Dingen zugegangen ist; welche Rechte Regierung und Opposition besitzen; wenn die Autorität anderer Verfassungsorgane angezweifelt wird (z. B. wenn die Exekutive die Gültigkeit der Urteile unabhängiger Richter infrage stellt). Dann geht es um politische Legitimität – und ein solcher Streit hat das Potenzial, irgendwann in einen Verfassungskonflikt zu münden. Von diesem Punkt an werden schließlich jene fundamentalen Machtfragen gestellt, die in einer Demokratie eigentlich gar nicht auf der Agenda stehen sollten.

In manchen Teilen der Welt, wo die Demokratie noch in der Etablierungsphase steckt oder immer fragil bleiben wird, sind solche Fragen ständig auf der Tagesordnung. Aber sind die USA, jene lange Zeit uneinnehmbare Bastion der liberalen Demokratie, nun etwa ebenfalls in diesem Zustand angelangt? Noch vor ein paar Jahren, zu einem Zeitpunkt, da die Gräben bereits sehr tief waren, wäre das ziemlich abwegig erschienen. Die Legitimitätsfrage kam erst mit Trump auf. Und obgleich in diesem Buch betont wurde, dass die Polarisierung des Landes durchaus keine einseitige Angelegenheit ist und der Konsens von beiden Seiten aufgekündigt wurde, dass auch bei Liberalen die Versuchung wächst, die Grenzen der Verfassung zu testen, braucht man an diesem Punkt keine falsche Äquidistanz an den Tag zu legen: Die Angriffe auf die demokratische Kultur des Landes und seine politischen Institutionen gehen jedenfalls bislang ganz allein auf das Konto des Präsidenten und seiner Partei, die – vermutlich wider besseres Wissen und bar aller Prinzipien – noch fast jeden seiner Regelbrüche gedeckt oder sogar unterstützt hat.

Um das Offensichtliche gleich auszusprechen: Ich kenne die Antwort auf die Frage nach der Zukunft der amerikanischen Demokratie natürlich nicht, genauso wenig wie irgendjemand sonst. Wer über die Gegenwart schreibt, der hat nicht das Privileg des Historikers, alle Ereignisse auf einen bereits bekannten dramatischen Höhepunkt hin erzählen zu können. Wenn einen das Studium der Geschichte überhaupt etwas lehrt, dann nur, wie blind fast immer die Zeitgenossen sind und wie wenig sie von ihrer Zukunft ahnen. Man kann nicht einmal sicher ausschließen, dass kommende Historiker in fünfzig Jahren manche besonders scharfen Reaktionen auf Trump und den Vormarsch anderer Populisten sogar als übertrieben und im Ansatz hysterisch bewerten werden; ebenso groß aber ist die Wahrscheinlichkeit, dass sie sich wundern werden, wie relativ sorglos die meisten Amerikaner der doch so offensichtlichen Demontage des liberalen Rechtsstaats zugesehen haben, dass es (abgesehen von der Frühphase dieser Präsidentschaft) keine großen Demonstrationen gegeben hat, keinen zivilen Ungehorsam, dass man es einfach still geschehen ließ. Auch diese Geschichte wird von jenem Ende her erzählt werden, das uns noch unbekannt ist.

Vielleicht sind Amerikas Bürger ja wie die Frösche im Kochtopf, die nicht merken, wie die Temperatur langsam steigt, bis es irgendwann zu spät ist. Denn es ist heute schwerer als in vergangenen Zeiten, zu erkennen, wann genau die Dinge ins Schleudern geraten. Früher gingen Demokratien durch einen lauten Knall zu Ende: Panzer rollten vor, Staatschefs wurden verhaftet oder traten einen sehr langen „Urlaub“ an, Fernseh- und Radiostationen wurden besetzt, das Notstandsrecht verhängt. Das war das Modell des klassischen Staatsstreichs, und es hatte einen Vorteil: Man wusste immerhin, woran man war, und hatte die Wahl, sich als Märtyrer vor die rollenden Panzer zu werfen oder sich doch lieber an die nächtliche Ausgangssperre zu halten. Heute aber verfallen Demokratien langsamer, der Abbau demokratischer Rechte erfolgt schleichender – so wie dies derzeit in Ungarn oder Polen droht und wie es in der Türkei schon sehr viel weiter fortgeschritten ist. Die Coups der Vergangenheit sollten gerade in aller Öffentlichkeit stattfinden, damit alle wussten, was die Stunde geschlagen hatte; heute aber geschieht die Machtanmaßung einer häufig legitim ins Amt gewählten Exekutive peu à peu und im Modus der – vermeintlichen – politischen Normalität: eine kleine Verfassungsänderung hier, ein Angriff auf die unabhängigen Medien dort. Es gibt oft nicht den einen Punkt, an dem für alle klar wird, dass die Demokratie in Gefahr ist, was es so heikel macht, zu entscheiden, wann fundamentaler Widerstand geboten ist.[5]

Doch auch wenn die Zukunft stets schwer zu entschlüsseln ist und obgleich die Erosion von Demokratien heute sehr subtil verläuft: In unserem konkreten Fall ist das Problem noch ein wenig verzwickter – was natürlich an Trump liegt. Seitdem er im Januar 2017 in sein Amt eingeschworen wurde, ist nämlich – so paradox das zunächst klingen mag – gleichzeitig unendlich viel und doch auch wiederum fast nichts geschehen, was einen um die Zukunft der amerikanischen Demokratie zittern lassen müsste. Rhetorisch ist Trump, keine Frage, immer weiter eskaliert. Fassen wir nur das Wesentliche zusammen, was er gesagt hat, seitdem er Präsidentschaftskandidat der Republikaner wurde, genügt dies doch bereits, um festzustellen, dass sein Wertesystem inkompatibel ist mit der politischen Tradition dieses Landes: Er hat vor der Wahl offengelassen, ob er eine Niederlage akzeptieren würde, und damit gleich zu Beginn gegen eine essenzielle Spielregel demokratischer Politik verstoßen; er hat nach der Wahl wiederholt die nachweislich falsche Behauptung aufgestellt, dass die drei Millionen Wählerstimmen, die Hillary Clinton Trump voraus hatte, auf Wahlbetrug basierten; er hat die Legitimität der Gerichte angegriffen; er hat die Bürokratie des Landes ebenso wie das FBI als Teil einer Verschwörung des „tiefen Staates" (*deep state*) bezeichnet; er hat die freie Presse, in der Diktion Josef Stalins oder Joseph Goebbels', als „Feinde des amerikanischen Volkes" bezeichnet; er lästert über die demokratischen Alliierten der USA, lobt hingegen ausführlich die Autokraten dieser Welt; und nachdem ein Neonazi in Charlottesville, Virginia in eine Menge von Gegendemonstranten gefahren war, fasste er das Geschehen in dem lapidaren Satz zusammen: „There were good people on both sides."

Wenn Worte wirklich schon Taten wären, dann wäre der Fall ziemlich klar. Aber sind sie das? Stellt man einen objektiven Schadensbericht der amerikanischen Demokratie zusammen, scheint die Sache nämlich bisher doch eher glimpflich abgelaufen zu sein, glimpflicher jedenfalls, als viele im November 2016 befürchtet hatten. Weder haben Trump und seine Partei die Verfassung gebrochen, gar eingeschränkt oder außer Kraft gesetzt noch die Kompetenzen anderer politischer Institutionen offen missachtet. Wo die Gerichte ihm Einhalt geboten haben – wie etwa beim umstrittenen „Muslim-Bann" ganz zu Beginn seiner Amtszeit –, da hat Trump dies widerwillig akzeptiert; natürlich nicht, ohne auch hier die Legitimität der Entscheidung öffentlich infrage zu stellen. Er mag über CNN und die „New York Times" reden wie weiland Goebbels über den sozialdemokratischen „Vorwärts", aber zur Durchsuchung von Redaktionsräumen, wie es in den sich im demokratischen Zwielicht befindenden Staaten Osteuropas häufiger passiert, ist es nicht gekommen. Trump hat Hillary Clinton wiederholt als kriminell bezeichnet, und seine Anhänger fantasieren seit Jahren davon, sie tatsächlich wegen diverser vermeintlicher Verbrechen (allesamt so abwegig, dass sie hier nicht erwähnt werden müssen) hinter Schloss und Riegel zu bringen. Aber Trump selbst hat in dieser Hinsicht natürlich keinen Finger gerührt. Zweifellos gibt es durchaus klare Rechtsverstöße: die Versuche der Justizbehinderung in den Russland-Ermittlungen, schließlich die zum Impeachment-Prozess führende Erpressung des ukrainischen Präsidenten, den Trump dazu drängte, Ermittlungen gegen seinen potenziellen Rivalen Joe Biden bzw. gegen dessen Sohn einzuleiten. Das alles ist schlimm genug. Aber es dürfte wohl kaum als koordinierter, groß angelegter Angriff auf die amerikanische Verfassung durchgehen. Und was all diese Vorgänge gemein haben, ist die Tatsache, dass es in ihnen immer nur um Trump selbst ging – und um nichts anderes. Sie dienten nicht dem Umbau des Staates, sondern der Rettung der eigenen Haut.

Kurzum: Trump hat die Normen der amerikanischen Politik immer wieder gebrochen – und damit, wie einige meinen, auch den Geist der Verfassung. Aber ausgehebelt hat er sie nicht. Die entscheidende Frage ist nur, woran das liegt. Weil eine starke Zivilgesellschaft und investigative Medien sowie eine funktionierende Gerichtsbarkeit ihn schlicht daran gehindert haben? Oder hat seine Inkompetenz das Land vor Schlimmerem bewahrt, da Trump eigentlich schon gern ein echter Autokrat mindestens vom Kaliber eines Recep Tayyip Erdoğan wäre, aber gar nicht weiß, wie das gehen soll, da er den Apparat nicht beherrscht, sich nicht für die Details des Regierens interessiert, vom System der *checks and balances* zu wenig versteht, um es effektiv zu unterlaufen? Vielleicht aber liegt die Wahrheit auch in einer abgewandelten Variante: dass wir Trumps rein im Psychologischen wurzelnde Regelbrüche noch immer ideologisch überbewerten und dahinter gar keine antidemokratische Absicht steckt, sondern es wirklich stets ausschließlich um ihn geht – und dass ein monströses Ego allein doch nicht reicht, um eine Republik zu Fall zu bringen.

Diese merkwürdige Spannung zwischen Trumps Worten und Trumps Taten, der Widerspruch zwischen dem Gefühl, einem nationalen Notstand beizuwohnen, und der doch relativen Normalität des Ganzen, hat auch die Reaktionen der Opposition gegen Trump bestimmt. Auf der einen Seite war der Widerstand gegen ihn gewiss vehement; insofern hat die Republik ihren Stresstest bis jetzt bestanden. Die Gerichte, die Demokraten im Kongress, die Medien und die Bürokratie: Sie alle haben Trump seit Beginn seiner Präsidentschaft eingehegt, kontrolliert und beschränkt. Der anfangs energische zivilgesellschaftliche Protest gegen ihn allerdings – der ist erstaunlich schnell abgeebbt. Von der sogenannten *Resistance* jedenfalls hat man zumindest auf Amerikas Straßen lange nichts mehr gesehen und gehört. In gewisser Weise könnte man sogar das als ein positives Zeichen für die Funktionsfähigkeit und Responsivität der amerikanischen Demokratie interpretieren; denn viele jener, die zunächst demonstrierten, etwa auf den großen „Women's Marches" Anfang 2017, haben sich später in den Wahlkampagnen der Demokratischen Partei engagiert. Das war ein Grund für die hohe Mobilisierung bei den Zwischenwahlen zum Kongress 2018 und den Triumph der Demokraten. Doch das große Wort von der *Resistance* – es passt mit seinen Anleihen bei den Partisanenkämpfern des Zweiten Weltkriegs gegen die Nazi-Besatzer eben auch nicht zum deprimierend-profanen Alltag dieser überdies ja demokratisch ins Amt gewählten Regierung. Wem sollte man Widerstand leisten, wem zivilen Ungehorsam entgegenbringen? Der Polizei? Dem Finanzamt? Oder sollte man vielleicht Sitzblockaden veranstalten vor Trumps Luxus-Golfhotels?

Ich erinnere mich, dass in den ersten Tagen hier in den USA an meiner Uni ziemlich aufgeregte Diskussionen geführt wurden: Wer bei sich zu Hause illegale Einwanderer verstecken könne und wie in diesem Fall eigentlich die rechtliche Lage sei – für den Fall, dass Trump Ernst mache mit seiner Drohung, die elf Millionen Einwanderer zu deportieren. Aber Trump machte ja nicht Ernst. Es wäre indes reichlich wohlfeil, sich nun über diese Nervosität lustig zu machen – denn in den ersten Wochen herrschte tatsächlich und verständlicherweise eine große Unsicherheit, weil nach der Wahl plötzlich alles möglich schien. Doch mit Trumps Einzug ins Weiße Haus entstand natürlich kein Staat, der massiv durchgriff, Massendeportationen durchführte oder sonst irgendwie bürgerliche Freiheiten einschränkte. Da stimmte und stimmt bisweilen auch weiterhin etwas nicht mit der Dramaturgie des Widerstands; und nichts verdeutlicht die Schwierigkeiten besser als die Tatsache, dass die schärfste Kritik am Präsidenten und vermutlich auch der für ihn unangenehmste Widerstand seit seiner Ernennung aus der *intelligence community* der Geheimdienste kommen, vom FBI ebenso wie von ehemaligen Beamten der CIA oder der NSA. Nur ist es schwierig, sich als mutiger Widerständler und Bewahrer der Freiheit zu fühlen und mit einer Kerze in der Hand „We Shall Overcome" zu singen, wenn man im selben Boot sitzt wie die Vertreter eines hochgerüsteten nationalen Sicherheitsstaats und die Nachfolger J. Edgar Hoovers.

Weimarika? Warum Trump kein Faschist ist und Washington nicht Weimar

Das Problem der *Resistance*, den richtigen Ton zu finden im Kampf gegen Trump, steht stellvertretend für ein größeres Phänomen: die Schwierigkeit, auch nur zu erahnen, an welchem Punkt in der Geschichte wir uns eigentlich befinden – und, was wesentlich dazugehört, mit wem oder was genau wir es bei Trump zu tun haben. Dabei ist das Genre des Geschichtsvergleichs seit Trumps Einzug ins Weiße Haus regelrecht explodiert. Amerikas Intellektuelle und Journalisten, auch die hierfür professionell zuständigen und von den Medien daher als Zukunftsorakel befragten Historiker haben wahrlich keinen Mangel an Kreativität gezeigt, wenn es darum ging, Parallelen zu unserer Zeit und vor allem Inkarnationen von Trump in der Geschichte zu finden. Trüge man all das zusammen, man könnte tatsächlich ein ganzes Buch oder gleich einen Zyklus füllen. Historische Analogien haben vor allem dann Hochkonjunktur, wenn etwas Verstörendes passiert, auf das sich so leicht kein Reim machen lässt. Und fraglos haben viele die Nacht vom 8. auf den 9. November 2016, als Trump das Weiße Haus eroberte, als zutiefst verstörend empfunden, als gewaltsamen Einbruch der Fiktion in unsere Wirklichkeit. Was die Situation so besonders machte, war, dass der neu gewählte Präsident gleichzeitig zum Lachen und zum Fürchten war. Unweigerlich muss man an einen berühmten und eigentlich viel zu oft zitierten Ausspruch von Karl Marx denken, der hier allerdings wirklich einmal zu passen scheint: Hegel habe zwar recht gehabt, dass sich alles in der Geschichte zweimal ereigne – doch habe er vergessen, hinzuzufügen: das erste Mal als Tragödie, das zweite Mal als Farce.

Aber ist das tatsächlich so? Gibt es ein Stück, dem Trump zur Wiederaufführung verhilft – und sei es als Farce? Manche glauben jedenfalls, dass das Originaldrehbuch zu Trumps Aufstieg in den 1920er- und 1930er-Jahren geschrieben wurde: den zwei Jahrzehnten des Niedergangs der Demokratien in Europa und des Aufstiegs faschistischer Regime. Sie haben daher Trump mit Hitler oder Mussolini verglichen, interpretierten auch seine Anhängerschaft schon sehr früh im Wahlkampf als den Nukleus einer neuen faschistischen Bewegung.

Nun sind Hitler- und Faschismusvergleiche so permanent und penetrant gegenwärtig in der politischen Debatte, dass man versucht sein könnte, sofort entnervt abzuwinken: nicht noch einmal Hitler, nicht schon wieder der Faschismusvorwurf. Doch war es eben nicht die Göttinger Antifa, die in den ersten Monaten nach Trumps Wahlsieg gleich die Trumpfkarte im historischen Analogie-Quartett zog – sondern einige der besten Kenner des europäischen Zeitalters der Extreme. Allein das sollte dazu anhalten, die Sache nicht vorschnell abzutun. Gleichwohl, manches von dem, was unter dem unmittelbaren Eindruck des Aufstiegs Trumps zu Papier gebracht wurde, war schon ziemlich verstiegen. Da ist etwa das kleine Büchlein des Historikers Timothy Snyder „On Tyranny", das der Yale-Professor – fraglos einer der gelehrtesten Experten in der Erforschung der Gewaltexzesse des 20. Jahrhunderts – zunächst zwar explizit in den Kontext der Gegenwart stellt, um dann jedoch Lektionen und Episoden aus der Vergangenheit totalitärer Regime vor dem Leser auszubreiten, ohne sie auch nur mit einer einzigen Silbe mit dem Hier und Jetzt zu verknüpfen; alles wohl in der Hoffnung, der geneigte Leser möge die Parallelität selbst erkennen.[6] Doch was soll man mit solcherlei Ratschlägen anfangen: „Establish a private life." Oder: „Be wary of paramilitaries." Und: „Beware the one-party-state." Würde man morgen als Romanfigur in George Orwells „1984" aufwachen, wären solcherlei Ratschläge gewiss lebensnah; für Trumps Amerika im Jahr 2020 scheinen sie einem hingegen nicht so recht den Weg zu weisen. Unmittelbar nach Trumps Wahlsieg ließ Snyder in einer großen deutschen Tageszeitung auch verlauten, dass man höchstens ein Jahr habe, um die amerikanische Demokratie zu retten – und so fragt man sich, ob dies nun gelungen ist oder ob die Republik, ohne dass man es gemerkt hat, vielleicht schon längst verloren ist.[7]

Wer in Trumps Einzug ins Weiße Haus wirklich eine Machtergreifung à la 1933 erblickt oder die Abschiebungslager an der mexikanischen Grenze mit den Konzentrations- und Vernichtungslagern der

Nazis auch nur im Ansatz miteinander vergleichen zu können glaubt, dem ist nicht zu helfen. Wenn man allerdings vom Faschismus – was durchaus etwas anderes ist als der Nationalsozialismus der Jahre 1933 bis 1945 – als politischer Idee und historischer Bewegung spricht, wird die Sache vielleicht etwas weniger absurd – auch wenn es trotzdem vor allem die Unterschiede sind, aus denen man lernt. Die meisten jedenfalls, die mit der Faschismusanalogie arbeiten, wissen sehr wohl, dass es allenfalls um eine sozusagen modernisierte, dem Kontext der Zeit und des Landes angepasste Variante eines historischen Phänomens gehen kann, und sie behaupten natürlich auch nicht, dass Trump auf einen Völkermord zusteuere. Auch das Fehlen von Äußerlichkeiten des real existierenden Faschismus – dass den Kern der Trump-Bewegung eben keine paramilitärischen, uniformierten Kampfverbände bilden, dass es keine Massenaufmärsche gibt, dass es sich keineswegs um eine besonders junge Bewegung handelt – muss die Analogie noch nicht automatisch disqualifizieren. Der neokonservative Intellektuelle und *NeverTrumper* Robert Kagan hat diese Perspektive prägnant auf den Punkt gebracht: „This is how fascism comes to America, not with jackboots and salutes (although there have been salutes, and a whiff of violence) but with a television huckster, a phony billionaire, a textbook egomaniac ‚tapping into' popular resentments and insecurities, and with an entire national political party – out of ambition or blind party loyalty, or simply out of fear – falling into line behind him."[8]

Doch selbst bei analytischer Großzügigkeit: Besonders viele strukturelle Merkmale sind es nicht, die sich hier ähneln. Am überzeugendsten ist vielleicht noch die zentrale Rolle, die Wahrheit, Lüge und Propaganda in beiden Fällen spielen. Nicht, dass schamloses Lügen in der politischen Auseinandersetzung ein Privileg des Faschismus wäre, aber es ist hier doch in besonderer Weise konstitutiv. Was Hannah Arendt[9] einst über die Wirkung von Propaganda in totalitären Gesellschaften geschrieben hat, das scheint auf Trump, seine Bewegung und vielleicht auf die Zeit, die ihn hervorgebracht hat, schon recht gut zu passen: dass die zynische Verachtung für die Wahrheit, die kalkulierte Lüge (die zu unterscheiden ist von den Illusionen einer Ideologie, an die Führer wie Gefolgschaft gleichermaßen glauben), die Anhänger nicht primär in das stahlharte Gehäuse der eigenen Wahrheit pressen soll, sie also nicht immer zu wahrhaft Gläubigen erzieht, sondern sie eher in Zyniker verwandelt, die aufgrund der Vielzahl widerstreitender Informationen der Wahrheit gegenüber gleichgültig werden. Und in der Tat: Nicht nur Trumps bekannte Delegitimierung der freien Presse, sondern auch – und vielleicht noch mehr – die Unverschämtheit seiner offensichtlichsten Lügen scheint ganz in dieser Tradition zu stehen. Bisweilen hat man den Eindruck, Trump nähme sich ein Beispiel an der Empfehlung Hitlers aus „Mein Kampf", dass vor allem die „großen Lügen" geglaubt würden, da sie eine Schamlosigkeit voraussetzten, die sich die meisten gewöhnlichen Menschen nicht vorstellen könnten. Trumps monotone Wiederholung der immer gleichen Lügen („Witch hunt!") erinnert überdies auch an jenes berühmt-berüchtigte, allerdings nie als authentisch identifizierte Zitat Joseph Goebbels': „Eine Lüge muss nur oft genug wiederholt werden. Dann wird sie geglaubt."

Allerdings ist dies auch fast schon die stärkste Parallele, die die Verfechter des Faschismusvergleichs ins Feld führen können. Was jedenfalls nicht genügt, um Trump zum Faschisten zu machen, sind seine rassistischen Ausfälle, so widerwärtig man sie finden kann. Wie es Roger Griffin, einer der international renommiertesten Faschismusforscher, auf den Punkt gebracht hat: „You can be a total xenophobic racist male chauvinist and still not be a fascist."[10] Und obgleich wahr ist, dass in Trumps näherem Umfeld eine Person mit fragwürdigen Kontakten in das Milieu rechtsextremer weißer Nationalisten arbeitet – sein Berater Stephen Miller, der nicht nur als Redenschreiber im Weißen Haus fungiert, sondern auch Einfluss auf die Migrationspolitik nimmt –, spielt das in den USA winzige Splittermilieu überzeugter Neonazis in Trumps Anhängerschaft nur eine marginale Rolle.

Was den eigentlichen Kern seiner Basis angeht, sind die wahren ideologischen Affinitäten doch gering. Einige haben darauf abgehoben, dass der Faschismus, der historisch voll ausgebildet tatsächlich nicht sehr häufig aufgetreten ist und als Realphänomen vor allem in den 1920er- und 1930er-Jahren seine volle Wirkungsmacht entfaltet hat, insbesondere auf eine „Wiedergeburt der Nation“ abgezielt habe.[11] Sei das nicht das Gleiche wie Trumps Slogan „Make America Great Again“? Tatsächlich jedoch geht die faschistische Idee der Wiedergeburt sehr viel weiter als Trumps nostalgische Beschwörung einer vermeintlich besseren Zeit. Die Wiedergeburtsfantasien von Mussolini oder Hitler waren ihrer Natur nach revolutionär. Sie wollten die Gegenwart zerstören, um etwas Neues aufzubauen, das allerdings, das ist wahr, an eine ferne, mystische Vergangenheit anschließen sollte: an das alte Römische Reich bei Mussolini, an das Heilige Römische Reich Deutscher Nation des Mittelalters bei Hitler. Nichts von dieser Transzendenz aber findet sich bei Trump, für den die Geschichte ohnehin erst mit der eigenen Geburt einzusetzen scheint. Auch das „Make America Great Again“ ist ja eher der Wunsch nach Heilung, dem Zurück zu einer Zeit, als das weiße, christliche Amerika noch die dominante Mehrheitskultur war, die Geschlechteridentitäten noch eindeutiger waren und es noch genügend sichere und anständig bezahlte Jobs in der Industrie gab. Das alles zurückhaben zu wollen, mag unrealistisch sein, ist gewiss konservativ, womöglich auch reaktionär – faschistisch aber ist es nicht. Es ist in etwa so, als hätte Hitler es bei den Forderungen nach der Wiedereinsetzung der Hohenzollernherrschaft und der Wiedereingliederung Elsass-Lothringens ins Deutsche Reich belassen.

Auch der Faschismus ist, wenngleich weitaus eklektischer, zynischer und machtorientierter als klassische Hochideologien wie Liberalismus, Konservativismus oder Sozialismus, eine nach Konsistenz strebende Weltanschauung. Sie handelt von einem Projekt der gesellschaftlichen Transformation. Die Faschisten der 1920er- und 1930er-Jahre waren entschlossen, die verhasste demokratische Ordnung, die ihnen als schwach und dekadent galt, niederzureißen – und sie ließen niemanden im Zweifel über ihr Projekt. Trump aber hat kein Projekt. Trump hat nur Trump. Er ist nicht interessiert an einem „Tausendjährigen Reich“, denn da ist kein geschichtlicher Horizont, der über seine eigene Lebensspanne hinausweist – auch wenn er vielleicht mit Wohlgefallen verfolgt, dass mittlerweile die Rede davon ist, er könnte der Beginn einer neuen politischen Dynastie sein, nachgefolgt im Weißen Haus von Ivanka oder Donald Jr.

Als Trump während des Wahlkampfs 2015/2016 anwesenden Protestierenden eine Tracht Prügel androhte oder anbot, für die Gerichtskosten aufzukommen, wenn einer seiner Fans sich der Sache selbst annähme, als sich überdies der Hass seiner Basis auf Journalisten bei diesen Veranstaltungen stets an der Grenze zur physischen Entladung bewegte, da schien auch dies einigen Beobachtern Beleg für eine Entwicklung in Richtung Faschismus zu sein. Denn schließlich spielt Gewalt im Faschismus eine zentrale Rolle. Aber auch hier ist der historische Hintergrund ein anderer. Denn für die Faschisten der 1920er-Jahre war Gewalt nicht einfach nur ein Mittel zum Zweck – sondern der Zweck selbst. George Sorel, einer ihrer wichtigsten Vordenker, huldigte der Gewalt als heiliger Sache, die eine Nation moralisch erneuere. Sie war verbunden mit Riten von Männlichkeit und Ideen menschlicher Auslese, und es ging dabei auch um die kultische Verehrung des Todes und einer opferbereiten Jugend.[12] Nichts davon gilt für Trumps eher alte, eher übergewichtige und alles in allem eher saturierte Anhängerschaft. Man findet dort und in den Foren der amerikanischen Rechten gewiss genügend Hass und militante Sprache, um sich ernsthafte Sorgen zu machen, und wir werden darauf ganz am Ende noch einmal zu sprechen kommen – aber ein faschistischer, paramilitärischer Kampfbund mit Todeskult wird daraus trotzdem noch nicht. Auch Trumps Satz, er wolle ein so großartiges und furchteinflößendes Militär, dass es niemals eingesetzt werden müsse, passt gewiss nicht zu Hitler und seinesgleichen, die alle anderen Fragen, auch ökonomische, dem Ziel der Kriegsplanung unterordneten. Trumps Nationalismus ist überdies nicht aggressiv nach außen gerichtet, sondern nach innen orientiert, isolationistisch im Sinne einer „Festung Amerika“. Wer wollte das ernsthaft mit Mussolini oder gar mit Hitler vergleichen?

Andere haben eher die vermeintliche Parallelität betont, mit der Trump und Europas Faschisten an die Macht gelangt seien. Nun sind die sozialen Umstände wohl unvergleichbar. Rekapitulieren wir kurz, vor welchen Herausforderungen etwa die Weimarer Republik stand: Millionen Tote nach einem verlorenen Weltkrieg, der mit der nationalen Demütigung endete und der neuen Republik mit den Reparationen eine schwere finanzielle Hypothek auflud; eine Verrohung und allgemeine Gewaltbereitschaft in der Gesellschaft durch die nachgerade unmögliche Reintegration von hunderttausenden traumatisierten Kriegsheimkehrern, von denen viele auch nach der Kapitulation die Uniform nicht ausziehen mochten und sich paramilitärischen Verbänden anschlossen; schließlich die Hyperinflation der 1920er-Jahre und ab 1929/1930 die Weltwirtschaftskrise mit auf ihrem Höhepunkt sechs Millionen Arbeitslosen. Wer wollte das mit den USA vergleichen, trotz der schweren Krise von 2008 und gravierender sozialer Ungleichheiten?

Etwas raffinierter ist allerdings der Versuch, die Parallelen in den politischen Grundkonstellationen während des politischen Aufstiegs zu betonen. Am prominentesten haben vielleicht Steven Levitsky und Daniel Ziblatt in „How Democracies Die" betont, dass sowohl Trump als auch Hitler und Mussolini nur mit Unterstützung des konservativen Establishments an ihr Ziel gelangten.[13] In Deutschland glaubten konservative Politiker im Umfeld des greisen Reichspräsidenten Paul von Hindenburg, Hitler leicht kontrollieren, ihn in einer Koalition umstellen und seine Unerfahrenheit ausnutzen zu können, um schließlich darauf zu hoffen, dass der revolutionäre Elan seiner Massenbewegung sich in den Zwängen und Komplexitäten der Weimarer Politik verlaufen würde. „In zwei Monaten haben wir Hitler in die Ecke gedrückt, dass er quietscht", wie Franz von Papen, 1932 selbst ein halbes Jahr Reichskanzler, vor Hitlers Ernennung meinte. Das gilt heute natürlich als Paradebeispiel politischer Naivität. Es dauerte nur wenige Wochen, bis Hitler die vermeintlichen Fesseln abgestreift und eine totalitäre Führerdiktatur errichtet hatte. So wie sich die konservativ-reaktionären Kräfte der Deutschnationalen Volkspartei (DNVP) mit Hitler eingelassen hatten, um dann schnell festzustellen, dass ihnen die Kontrolle entglitt, so sei auch Trump ohne die Hilfe der Republikanischen Partei nicht Präsident geworden – die ebenfalls bald, so jedenfalls die Prognose kurz nach Trumps Einzug ins Weiße Haus, feststellen würde, dass auch sie den Tiger nicht würde reiten können.

Heute, mehr als drei Jahre später, lässt sich wohl sagen, dass diese Analogie manches für sich hat; in einem entscheidenden Punkt liegen die Dinge jedoch völlig anders. Zwar ist unbestritten, dass Trump sich die *Grand Old Party* untertan gemacht hat, er keineswegs von der Partei kooptiert werden konnte. Und während es noch im Augenblick seines Wahlsiegs im November 2016 genügend kritische Stimmen gab, existiert mittlerweile keinerlei ernsthafte innerparteiliche Opposition mehr. Ausschlaggebend dafür war Trumps Popularität an der Parteibasis: Mit einem einzigen Tweet kann der Präsident die Karriere jedes republikanischen Politikers in 280 Zeichen zerstören und ihm das Leben zur Hölle machen. Es ist kein Zufall, dass der einzige Widerstand gegen ihn zwischen 2016 und 2018 von Republikanern kam, deren Karriere sich dem Ende zuneigte.

Der Hindenburg und Steigbügelhalter der Gegenwart wäre nach dieser Geschichtsanalogie wohl am ehesten Mitch McConnell, republikanischer Mehrheitsführer im Senat und ein ausgekochter, machtbewusster und dabei relativ prinzipienloser Karrierepolitiker, wie ihn sich die Drehbuchautoren von „House of Cards“ wohl nicht besser hätten ausdenken können. Allerdings verfängt die Parallele zu Hindenburg, von Papen und Kurt von Schleicher am Ende doch nicht ganz. Wäre es so, dann wäre das Gegenstück zu von Papens legendärer Fehleinschätzung von einem Hitler, der schon bald in die Ecke gedrängt wäre, McConnells von Selbstgewissheit triefender Satz über Trump noch während des Wahlkampfs: „He'll sign anything we put in front of him“, was bedeuten sollte, dass ein in vielerlei Hinsicht inhaltlich derart unbestimmter Präsident wie Trump leicht zu lenken sein würde. Doch anders als von Papen behielt McConnell recht mit seiner Prophezeiung: Trump exekutierte in der Tat weitgehend die republikanische Politik-Agenda, senkte die Steuern, strich zahlreiche Umweltstandards, arbeitete brav die Liste mit Ernennungen konservativer Richter ab, die ihm von den Republikanern vorgelegt wurde. Von seinem nationalistischen und populistischen „America First“-Diktum blieb hingegen bei genauerer Betrachtung nicht besonders viel übrig. Das gilt nicht nur für die Wirtschaftspolitik, wo Trump als Kandidat noch mächtig gegen die Wall Street gewettert hatte, sondern für fast alle Politikbereiche. Wann immer ihn z. B. seine isolationistischen Impulse übermannten, der Präsident etwa die Existenz der NATO infrage stellte, versicherte Amerikas Politestablishment eiligst, dass sich gar nichts ändern werde, und entsandte vorsorglich noch ein paar tausend zusätzliche Soldaten nach Osteuropa. Das Gleiche gilt für Trumps devote Haltung gegenüber Putin, die die Republikaner umgehend mit der Verlängerung bestehender oder der Verhängung neuer Sanktionen gegen Russland beantworteten. Einzig Trumps brachiale Anti-Einwanderungsrhetorik hat sich teilweise in praktischer Politik manifestiert (wenngleich Barack Obama in den ersten drei Jahren seiner Präsidentschaft noch immer mehr illegale Einwanderer deportiert hat als Trump) und an vielen Stellen noch verschärft – was aber durchaus nicht im Widerspruch steht zur generellen Linie der Partei. Im Großen und Ganzen jedenfalls wurde die Politik des Landes in den letzten vier Jahren eher auf dem *Capitol Hill* gemacht als im Weißen Haus. Für Mitch McConnell ist die Wette auf Trump also bisher vollständig aufgegangen.

Kleptokraten unter sich

Bei der Feststellung, dass Trump kein Faschist ist und auch keine faschistische Massenbewegung dirigiert, geht es nicht um eine normative Bewertung oder darum, ihm einen moralischen Passierschein auszustellen. Es geht einzig darum, was daraus folgt für die Stabilität der amerikanischen Demokratie. Denn wäre Trump ein Faschist samt einer faschistischen Bewegung im Rücken oder auch nur ein *Ideologe* mit überhaupt *irgendeiner Bewegung* – die Geschichte wäre natürlich schon jetzt anders verlaufen. Wer wirklich wissen will, wo die Gefahren der Präsidentschaft Trumps liegen, der sollte nicht Hannah Arendts „Elemente und Ursprünge totaler Herrschaft" oder George Orwells

„1984" lesen, sondern zur Lektüre von „The Fifth Risk", dem Sachbuch-Bestseller des Journalisten Michael Lewis, greifen.[14] Auf den ersten Blick scheint das Buch ein ziemlich sprödes Sujet zum Thema zu haben: Es handelt von drei amerikanischen Regierungsbehörden – dem Energie-, dem Landwirtschafts- und dem Handelsministerium – und davon, was dort passiert während des Übergangs von der Obama- zur Trump-Regierung. Es passiert nämlich … nun ja, zunächst einmal passiert gar nichts. Im Energieministerium – zuständig für nicht ganz unwesentliche Dinge wie Reaktorsicherheit, die technischen Aspekte des US-Atomwaffenprogramms, die Entsorgung radioaktiven Abfalls usw. – saßen die Mitarbeiter am Morgen des 9. November 2016 an aufgeräumten Schreibtischen, die Akten aufgeschlagen, vorbereitet für Mitglieder des *transition team* der neuen Regierung, also des Übergabeteams, das für den Fall eines Wahlsiegs in der Regel schon Monate vorher die Aufnahme der Regierungsgeschäfte vorbereitet. Als Obama 2008 gewonnen hatte, waren am nächsten Tag fast dreißig Leute aus dessen Stab gekommen, um sich über den Stand der Dinge und die anliegenden Aufgaben der Behörde zu informieren. Dazu muss man wissen, dass in den USA nach einem Regierungswechsel ein viel größerer Personalaustausch stattfindet als etwa in Deutschland. Fast 4000 Stellen sind in Bundesbehörden neu zu besetzen, für ca. 1400 davon braucht man die Bestätigung des Senats. In diesem *government of strangers* kann es schnell zu Dysfunktionalitäten kommen, weshalb die meisten neuen Regierungen versuchen, sich so rasch wie möglich ein Bild zu machen und sich einzuarbeiten, auch schon lange vor der Wahl Listen mit möglichem Personal erstellen.

Am Morgen des 9. November aber warteten die Mitarbeiter des Energieministeriums umsonst. Denn es kam niemand. Auch am Nachmittag nicht. Am nächsten Tag, dem 10. Januar, harrten sie ebenfalls vergeblich aus. So war es nicht nur im Energieministerium; die gleiche Geschichte wiederholte sich überall in Washington. Und als Trumps Leute schließlich kamen, waren sie in fast schon komischer Weise unvorbereitet und, glaubt man den Protagonisten in Lewis' Buch, im Grunde auch kaum interessiert. Kein Wunder: Trump hatte all das schon während des Wahlkampfs nicht die Bohne interessiert. Als ihn Chris Christie, der ehemalige Gouverneur von New Jersey und kurzzeitig einer seiner Widersacher im republikanischen Vorwahlkampf, darauf hinwies, dass die Bildung eines *transition team* notwendig und sogar gesetzlich vorgeschrieben sei, reagierte Trump darauf mit dem größten Widerwillen und hielt das für eine Verschwendung finanzieller und personeller Ressourcen. Wohl nur halb im Scherz ließ er Christie wissen, dass sie beide schlau genug seien und im Fall der Fälle die Wahlparty eben eine Stunde früher verlassen könnten, um kurzerhand selbst die Übergabe der Regierung vorzubereiten.[15]

Natürlich fanden sich irgendwann Repräsentanten der neuen Regierung doch in den Ministerien ein, gab es schließlich die ersten Ernennungen. Aber bis heute sind zahlreiche Stellen in Washington unbesetzt geblieben. Eine Mischung aus Desinteresse, Inkompetenz und bisweilen auch radikal-libertärem Hass auf den Staat hat für diese Vakanzen gesorgt (bei höheren Regierungsämtern allerdings auch die Verschleppung des Ganzen durch die Demokraten im Kongress). Und Trumps politische Nominierungen für Ämter in den einzelnen Behörden erzählen ebenfalls eine interessante Geschichte, die sich nahtlos einfügt in das Verhalten anderer rechtspopulistischer Parteien wie z. B. Viktor Orbáns Fidesz-Partei in Ungarn, die stets die Parole ausgeben, mit der Korruption des Establishments aufräumen zu wollen – nur um dann, endlich selbst an den Fleischtöpfen der Macht angekommen, weitaus hemmungsloser als ihre Vorgänger den Staat zur Beute zu machen. Bei vielen der Trump-Ernennungen handelte es sich um Lobbyisten, und zwar bis hinauf zur Ministerebene. Da war etwa Scott Pruitt, der als Generalstaatsanwalt von Oklahoma dicke Schecks für seinen Wahlkampf von der Ölindustrie erhalten hatte, beispielsweise von Koch Industries oder Devon Energy. Pruitt war ein Leugner des Klimawandels und hatte in seiner Zeit als Generalstaatsanwalt von Oklahoma auch die Umweltschutzbehörde (die Environmental Protection Agency, kurz EPA) wegen seiner Ansicht nach unrechtmäßigen Regulierungen mehrfach verklagt. Selten einmal dürfte der Spruch vom Bock, der zum Gärtner gemacht wird, wohl so gut gepasst haben wie in diesem Fall: 2017 ernannte Trump ihn angesichts dieser exzellenten Referenzen zum Leiter der EPA. Selbst in der im Wochentakt von Skandalen geschüttelten Trump-Regierung war Pruitts offensichtliche Korruption einfach zu viel, und er trat im Sommer 2018 zurück.

You couldn't make that stuff up, wie es im Englischen so schön heißt. Doch was einerseits für die Funktionsfähigkeit des amerikanischen Staates mit Verzögerung fatale Konsequenzen haben dürfte, muss andererseits keine schlechte Nachricht für Amerikas Demokratie sein. Denn Trump hat eben nicht in die Wege geleitet, was der Führer einer faschistischen Massenbewegung natürlich sofort getan hätte: den Staatsapparat am Tag eins so weit wie möglich mit den eigenen Gefolgsleuten zu bestücken. Und woher hätte er sie auch nehmen sollen? Denn er hat ja keine gewachsene Bewegung. Der Begriff des „Trumpismus" läuft völlig ins Leere, zumindest insofern er ja erkennbar an andere „Ismen" anschließen soll. Die Masse, die sich auf seinen permanenten Wahlkundgebungen, den Trump-Rallys, und in den Echokammern der digitalen Welt konstituiert, ist eher irgendwo zwischen Publikum und Mob angesiedelt. Es gibt keine lokalen Gliederungen, wo die Trump-Fans sich treffen, austauschen, untereinander weltanschaulich verständigen und Resolutionen verabschieden. Trump hat keine „Kaderpartei", aus der er sein Personal rekrutieren könnte, hat generell ein zu kleines politisches Netzwerk, hat keine langjährigen politischen Gefolgsleute. Wenn es nicht gerade ein Familienmitglied ist, ein Golf-Buddy aus der Geschäftswelt, sein Leibarzt – den er als Leiter des Kriegsveteranenministeriums vorschlägt – oder, wie seine zwischenzeitliche Beraterin im Weißen Haus Omarosa Manigault Newman, eine frühere Teilnehmerin aus „The Apprentice", bleibt er angewiesen auf die Personallisten der Republikanischen Partei, auf denen sich gewiss genügend ideologisch verlässliche und stramme Konservative finden – was aber nicht garantiert, dass es allesamt Trump-Loyalisten sind, die seinen Antipluralismus, seine Paranoia oder seine Neigung zum Rechtsbruch teilen und mitmachen.

Die Gleichzeitigkeit des Ungleichzeitigen: Der vormoderne Herrscher im modernen Staat

Alles, was für Trump zählt, ist also nicht ideologische, sondern persönliche Gefolgschaft. Es geht ihm allein um eine bedingungslose Loyalität, die nicht dem Staat, der Partei oder einer gemeinsamen Sache gilt, sondern nur ihm allein. Das ist eines von vielen Indizien, um welchen historischen Typus es sich bei Trump in Wahrheit handelt: natürlich um den eines vormodernen Herrschers. In diesem Fall täuschen wohl auch die Äußerlichkeiten nicht. Da ist zunächst der ästhetische Sinn dieses Mannes, mit dem Trump Tower als kolossaler Verkörperung aristokratischen Reichtums mit so viel Marmor und Gold, dass selbst der französische Sonnenkönig Ludwig XIV. seine Freude daran gehabt hätte. Trump liebt zweifelsohne den zeremoniellen Pomp, die Auftritte mit gekrönten Häuptern, bewundert große Militärparaden, die in manchen Ecken der Welt noch die Größe einer Nation und damit ihres Führers bezeugen sollen, in unseren Gesellschaften aber den meisten Menschen nur noch lächerlich anachronistisch und peinlich erscheinen. Das alles sind gewiss mehr als die Schrullen eines an Schrulligkeit nicht armen Menschen, jedenfalls wenn man weiß, dass Politik und Ästhetik schon immer zusammengehörten.

Doch entscheidender sind die Anleihen im Herrschaftsstil und im Amtsverständnis. In seinen Überlegungen zum Wesen der traditionalen bzw. patrimonialen Herrschaft, die im Gegensatz zur rationalen Bürokratie des modernen Staates steht, schreibt Max Weber: „Dem patrimonialen Amt fehlt vor allem die bürokratische Scheidung von ‚privater' und ‚amtlicher' Sphäre. Denn auch die politische Verwaltung wird als eine rein persönliche Angelegenheit des Herrn, der Besitz und die Ausübung seiner politischen Macht als ein durch Abgaben und Sporteln nutzbarer Bestandteil seines persönlichen Vermögens behandelt."[16] Oder einfacher ausgedrückt: *L'état, c'est moi.*

In der Tat ist verblüffend, wie viel an Trump monarchische oder vormoderne Züge trägt: Da ist natürlich die enge Beziehung zwischen Trump und seinem Familienclan einschließlich des unverblümten

Nepotismus in Gestalt von politischen Ämtern für Lieblingstochter Ivanka und Lieblingsschwiegersohn Jared; die ganz ungewöhnlich innigen Hassbeziehungen innerhalb der „Hofgesellschaft" des Weißen Hauses mit ihren Cliquen und Klüngeln, in der die eine Seite der anderen nicht einen Millimeter über den Weg traut und eifersüchtig um die Gunst des Herrschers wetteifert; schließlich die zwielichtigen Gestalten mit fragwürdigen Verbindungen ins Ausland. Der Hof mit seinen permanenten Ränkespielen und Heucheleien wird übrigens auch medial täglich aufgeführt: nämlich in den Sendungen von Fox News. Wer Trumps Aufmerksamkeit bekommen will, der muss unbedingt in einer seiner Lieblingssendungen dem Herrscher schmeicheln. Er kriegt dann nicht nur per Tweet bestätigt, wie klug er die Lage erkannt habe, sondern hat unter Umständen bald auch schon einen Job im Weißen Haus. Viele Personalentscheidungen Trumps, aber auch die Auswahl seiner Anwälte für den Impeachment-Prozess im Senat sind ganz offenkundig inspiriert von Auftritten der jeweiligen Personen als Experten beim konservativen Nachrichtensender.

Sieht Trump sich selbst als ein gewählter Monarch? Dafür mag auf den ersten Blick einiges sprechen, nicht zuletzt sein Missmut über die zahlreichen Vetospieler im komplexen politischen System der USA, die seiner Agenda immer wieder Grenzen gesetzt haben – wie die Gerichte, deren Einsprüche er offenbar tatsächlich als Majestätsbeleidigung empfindet. Auch sein wiederholter Versuch, seine engsten Mitarbeiter zur Justizbehinderung anzustiften, um ihn vom Joch der Russland-Ermittlungen zu befreien, scheint in seiner Selbstherrlichkeit eher einem gekrönten denn einem demokratisch gewählten Oberhaupt zu entsprechen. Andererseits könnte man all dies ebenso unter dem Antipluralismus eines modernen Populisten subsumieren, bekannt von autokratischen Figuren wie Erdoğan (dem allerdings ebenfalls nicht wenige das Gebaren eines Sultans vorwerfen) oder Viktor Orbán, fraglos auch als die Attitüde des Patriarchen einer noch immer nach den Gesetzen eines Familienunternehmens geführten Firma einstufen – und *last, but not least* scheint es oft schlicht in der Unkenntnis der Verfassungsordnung des Landes zu gründen.

Nur: Ein vormoderner Herrscher an der Spitze eines modernen Staates, das funktioniert eben nicht, ohne dass es zu erheblichen Friktionen und Verwerfungen kommt. Das ist der Grund für die ständigen Dysfunktionalitäten dieser Regierung, die sich widersprechenden Statements, den Gegensatz zwischen dem, was Trump twittert, und dem, was seine Regierung dann tatsächlich tut, und es erklärt die ständigen Personalrochaden, die keiner erkennbaren politischen Richtung folgen. Was daher drohen mag, ist mit Sicherheit Korruption, ist mit Gewissheit Chaos, wie es auch Lewis in „The Fifth Risk" beschreibt. Was aber natürlich nicht droht, das ist die totalitäre Umformung oder gar Gleichschaltung der Gesellschaft, denn abgesehen davon, dass Trump gar keinen Begriff davon hätte und ein solches Vorhaben wohl nicht im Schilde führt, bräuchte man dafür ganz andere Instrumente. Wer den Mueller-Bericht über die Russland-Ermittlungen liest, muss zu dem Schluss kommen, dass Trump vor allem dadurch gerettet wurde, dass seine Mitarbeiter sich seinen permanenten Aufforderungen zur Justizbehinderung ständig verweigerten: Er hatte schlicht nicht genügend bzw. nicht die richtigen Leute, um das Gesetz zu brechen.

Trumps patrimonialer Herrschaftsstil ist auch einer der Gründe dafür, warum sich keine der verschiedenen politischen Fraktionen, die um den „Zugang zum Machthaber" (Carl Schmitt) rivalisieren, bisher durchsetzen konnte – z. B. auch Steve Bannon nicht, der sich während des Wahlkampfs und in den ersten Wochen der Regierung gern als sinistrer Chefideologe des Trumpismus inszenierte. Womöglich hat Trump sogar, wie Dylan Riley in einem klugen Essay im „New Left Review" geschrieben hat, instinktiv erkannt, dass ein Ideologe wie Bannon, der als ehemaliger Betreiber der rechtspopulistischen Website „Breitbart" unmittelbaren Zugang zum Denken und zur Meinungsbildung des harten Kerns von Trumps politischer Basis besaß, eine Gefahr für seinen rein auf persönlicher Loyalität beruhenden Herrschaftsstil war, und ihn deswegen rasch entfernt.[17] Am Hof kommen und gehen die Favoriten.

Vielleicht kann man die zahlreichen Widersprüche Trumps, seiner Regierung und überhaupt der spezifischen politischen Konstellation des Landes am besten mit einem Begriff beschreiben, den der deutsche Philosoph Ernst Bloch bereits in den 1930er-Jahren geprägt hat: den von der „Gleichzeitigkeit des Ungleichzeitigen“.[18] Für Bloch war es das Kennzeichen von Transformationsgesellschaften, dass die sozialen Schichten den Modernisierungsprozess nicht sämtlich in gleicher Weise durchlaufen hatten, daher auf verschiedenen Stufen des gesellschaftliche Bewusstseins standen. Wie Bloch es ausdrückte: „Nicht alle sind im selben Jetzt da.“[19] Bloch versuchte, damit den Aufstieg des Nationalsozialismus zu erklären, der nicht nur aus dieser Spannung kräftig Kapital schlug, sondern auch selbst ein merkwürdiger Hybrid war: einerseits die technische Rationalität der Moderne umarmend, andererseits natürlich ihre kulturellen Errungenschaften vehement ablehnend. Dieses Konzept wurde danach auf sehr viele verschiedene Zeiten und Phänomene angewandt, erweist sich vor allem immer dann als nützliche analytische Kategorie, wenn eine bestimmte Epoche nicht so einfach auf eine einzige Zeitsignatur zu reduzieren ist, sondern in ihren Tendenzen widersprüchlich bleibt.

Die politische Konstellation der Gegenwart scheint ebenfalls eine solche Ungleichzeitigkeit aufzuweisen – und Trump ist ihre maximale Verkörperung. Hauptsächlich, weil sein vormodernes Herrschaftsverständnis auf einen modernen Staat trifft, weshalb selten etwas synchron erscheint. Aber Trump selbst kann natürlich ebenfalls nicht allein als patrimonialer Herrscher agieren. Denn die Legitimationsgrundlage seiner Herrschaft kann nicht die Tradition sein – eine göttlich gewollte und überlieferte Ordnung, wie sie ein echter Monarch für sich beansprucht. Wie bei allen Populisten kann die Rechtfertigung seiner Herrschaft nur modern-plebiszitär sein. Er muss sie sich daher täglich bestätigen lassen, muss über Twitter die eigene Großartigkeit preisen, durchs Land reisen und dort per Akklamation immer und immer wieder den Sieg von 2016 heraufbeschwören. Außerdem hat selbst sein vormodernes Herrschaftsverständnis noch eine postmoderne Seite, inszeniert er doch die Personalauswahl wie eine Castingshow. Als sich, gleich in den ersten Wochen nach dem Wahlsieg, die Nachrichten von jenem Chaos verbreiteten, das Michael Lewis auch in „The Fifth Risk“

beschreibt, da versuchte Trump, die Nerven einer aufgeregten Nation zu beruhigen und twitterte: „Very organized process taking place as I decide on Cabinet and many other positions. I am the only one who knows who the finalists are!“

Donald Bonaparte

Wenn man also überhaupt eine sinnvolle historische Analogie zu Trump finden will, dann müsste man wohl nach einer ähnlichen Ungleichzeitigkeit fahnden: nach einem Herrscher mit vormodernem Politikverständnis, der in einem modernen Staat mit funktionsfähiger Bürokratie regiert, unter dem Einfluss moderner Parteien und Interessengruppen, in einer ideologisch stark polarisierten Gesellschaft – das alles am besten im Kontext eines allgegenwärtigen Medienbetriebs –, und der sich deswegen nicht allein auf die heilige Ordnung der Monarchie stützt, sondern versucht, öffentliche Zustimmung zu finden – weil es ohne sie eben nicht mehr geht. Idealerweise hat er auch noch Twitter.

Natürlich: Das alles in einem Paket gibt es nicht, und das macht am Ende dann eben doch – neben vielem anderen – die Unvergleichbarkeit Trumps aus, seine Singularität, und warum man ihn an keiner historischen Elle messen kann. Aber es gibt Annährungen, Konstellationen, in denen ebenfalls ein Monarch – allerdings ein tatsächlicher – auf die Moderne traf. Am nächsten kommt man Trump daher vielleicht dort, wo alte monarchische Traditionen und Rollenerwartungen sich mit den Strömungen der politischen und kulturellen Moderne kreuzten. Man landet dann automatisch im 19. Jahrhundert: einem Jahrhundert besonders starker „Ungleichzeitigkeiten“, in denen sich das Alte und das Neue permanent überlappten.

Nicht wenige haben Trump als Wiedergänger von Charles Louis Napoléon Bonaparte gesehen, jenem Neffen Napoleons I., der nur wenige Jahre nach der französischen Februarrevolution von 1848 die Monarchie wieder richtete und einem ganzen politischen Stil seinen

Namen gab: dem Bonapartismus. Gemeint ist damit eine diktatorische Alleinherrschaft, die dabei starke plebiszitäre Züge aufweist und sowohl in ihren Ursprüngen als auch in ihrem weiteren Verlauf wesentlich von der Unterstützung des Volkes lebt. Charles Louis war im Dezember 1848 ganz regulär zum französischen Präsidenten gewählt worden. 1851 aber, kurz vor dem Ende seiner Amtszeit, hatte er geputscht und die Verfassung außer Kraft gesetzt. Ein Jahr später ließ er sich schließlich in einer Volksabstimmung mit überwältigender Mehrheit zum französischen Kaiser wählen. Fortan nannte er sich Napoleon III.

Dass Louis Bonaparte insbesondere auf der politischen Linken noch heute ein wichtiger Referenzpunkt ist, verdanken wir Karl Marx, der im „18. Brumaire des Louis Bonaparte" scharf gegen ihn – und das, wofür er stand – polemisierte. Marx deutete seine Herrschaft vor allem als Produkt einer Pattsituation im Klassenkampf: Die Bourgeoisie allein war nicht mehr stark genug, ihre Herrschaft aufrechtzuerhalten, die Arbeiterklasse noch nicht mächtig genug, sie zu erringen. Aus Angst aber vor der sozialistischen Revolution war die Bourgeoisie bereit, ihre politischen Ziele – Presse- und Meinungsfreiheit, parlamentarische Demokratie – zurückzuzustellen, wenn sie im Gegenzug ihre ökonomische und soziale Machtstellung behalten konnte. Also unterwarf man sich einem modernen Volkstribunen, der in der Lage war, Unterstützung in jenen Teilen der Gesellschaft zu mobilisieren, zu denen die Bourgeoisie selbst keinen Zugang besaß: beim Lumpenproletariat in den Städten und bei den Kleinbauern im ländlichen Frankreich, insgesamt bei jenen Schichten, die, so Marx, aus verschiedenen Gründen kein Klassenbewusstsein entwickeln konnten.[20] Napoleon III. gewann sie, erstens, mit einem aggressiven Nationalismus, der versprach, Frankreich wieder zur größten Macht in Europa zu machen – einen Status, den man längst an Großbritannien verloren hatte –, also mit einer Art von „Make France Great Again"; zweitens mit dem Versprechen, wieder Ordnung, Ruhe und Stabilität herzustellen; und schließlich, drittens, durch eine aktive und großzügige Sozialpolitik, die durchaus progressive Züge trug. Insgesamt war sein Regime ein merkwürdiger weltanschaulicher Hybrid und spiegelte insofern vielleicht tatsächlich jenen Klassenkompromiss wider, den Marx als Ursprung des Regimes ausgemacht hatte. Und er verkörperte außerdem eine sonderbare Mischung aus Tradition und Moderne. Denn einerseits lebte Louis Bonaparte erkennbar vom Mythos seines Onkels, staffierte sich in seinen öffentlichen Auftritten selbst mit allen Insignien einer monarchischen Herrschaft aus, griff dabei gar auf die Symbole des Ancien Régime zurück; andererseits war er ein großer Modernisierer, der die Wissenschaften förderte und in die Infrastruktur des Landes investierte, den Kontakt zum Volk suchte und durch das Land reiste. Für die Linke hatte Marx mit dem 18. Brumaire, lange vor der Autoritarismusforschung der Frankfurter Schule, einen Schlüssel zum Verständnis eines Phänomens geliefert, das fortan und bis heute wie ein Alb auf der Bewegung lasten sollte: Wie ist es möglich, dass gerade diejenigen, die doch vermeintlich am meisten zu gewinnen hätten im Kampf für den Sozialismus, oft die geringste Neigung zum Klassenkampf besaßen und sich stattdessen autoritären und reaktionären Führern an die Brust warfen – in diesem Fall sogar für die Wiedereinführung der Monarchie votierten – und damit alle Hoffnungen auf einen geschichtlichen Fortschritt blamierten?

Andere wiederum haben sich eher auf die Art und Weise fokussiert, wie Bonaparte, einmal an die Macht gelangt, Politik betrieb – und da ist die Plausibilität der Analogie vielleicht noch interessanter, worauf Micha Brumlik in der „Zeit" hingewiesen hat.[21] Brumlik zitiert aus Marx' „18. Brumaire" und glaubt in der hektischen Betriebsamkeit beider Herrscher, die jeden Tag einen „Staatsstreich en miniature" verübten, eine Parallele zu entdecken. Marx schrieb: „Von den widersprechenden Forderungen seiner Situation gejagt, zugleich wie ein Taschenspieler in der Notwendigkeit, durch beständige Überraschung die Augen des Publikums auf sich als den Ersatzmann Napoleons gerichtet zu halten, also jeden Tag einen Staatsstreich en miniature zu verrichten, bringt Bonaparte die ganze bürgerliche Wirtschaft in Wirrwarr, tastet alles an, was der Revolution von 1848 unantastbar schien, macht die einen revolutionsgeduldig, die anderen revolutionslustig und erzeugt die Anarchie selbst im Namen der Ordnung, während er zugleich der ganzen Staatsmaschine den Heiligenschein abstreift, sie profaniert, sie zugleich ekelhaft und lächerlich macht."[22]

Interessant ist, dass diese hektische Betriebsamkeit bei Napoleon III. – ebenso wie heute bei Trump – nicht nur Methode, sondern vermutlich auch strukturelle Gründe hat. Da die alten Grundlagen traditionaler Herrschaft weggebrochen waren, niemand, auch nicht der Kaiser selbst, noch an ein Königtum von Gottes Gnaden glauben mochte, fühlte sich Napoleon III. besonders stark dazu angetrieben, den öffentlichen Zuspruch zu seiner Person und seiner Politik immer wieder neu zu erzeugen. Diesem Zweck diente zum einen der Imperialismus nach außen, der die Zustimmung der Konservativen sichern sollte, und zum anderen eine auf maximales Gefallen ausgerichtete Innenpolitik, die jeder Seite nur das Großartigste und damit Unvereinbares versprach und die man heute zweifelsohne als Populismus bezeichnen würde (und die, genau wie bei Trump, von einem lang anhaltenden Wirtschaftsboom profitierte). Und Napoleon III. betrieb, gerade in der Außenpolitik, ein Maximum an Symbolpolitik. Die Parallelen zu Trump sind offensichtlich. Auch Trump sieht sich, wie alle Populisten an der Macht, ständig dazu gezwungen, sich die Zustimmung täglich neu bestätigen zu lassen, was bei ihm umso prekärer ist, als er ja tatsächlich niemals mit einer wirklichen Mehrheit der absoluten Stimmen ins Amt gewählt wurde. Dass Trump außerdem ein hohes Maß an Symbolpolitik betreibt, dürfte außer Frage stehen; ebenso, dass er alle Register patriotischer Mobilmachung zieht und dabei auf den verletzten Nationalstolz seiner Basis zählt.

Allerdings ist es nicht übermäßig pedantisch, wenn man darauf verweist, dass Louis Bonaparte mit seinem Kurs der nationalen Sammlung anders als Trump nicht nur eine Mehrheit erhielt – sondern eine überwältigende dazu. Bei den Wahlen im Dezember 1848 hatte er 72 Prozent der Stimmen errungen, und das Plebiszit für die Wiedereinführung des Kaisertums ging ähnlich eindeutig aus. Napoleon III. konnte sich damit tatsächlich als Versöhner der Nation fühlen, der über den Parteien thronte, auch wenn seine Popularität ab den 1860er-Jahren litt und er nach der Niederlage gegen Preußen und seine deutschen Alliierten zu einer verfemten, ja verachteten Figur im eigenen Land wurde.

Der republikanische Präsident Trump jedoch ist niemals, zu keiner Zeit, etwas anderes gewesen als der Repräsentant des einen politischen Lagers, eben auch Protagonist einer Zeit mit ganz außerordentlich festgefügten Parteienpräferenzen und Loyalitäten – anders als 1848, als sich das politische Koordinatensystem gerade erst einschliff. Die Vorstellung, Trump könnte irgendwie souverän über den Parteien thronen – das ist angesichts der Tatsache, dass er nachgerade die Verkörperung der Hyperpolarisierung der USA ist, fast schon absurd. Trump, so gern er es auch wäre, ist nicht der Architekt einer ganz neuen Wählerkoalition, die die Klasseninteressen überbrückt, schon gar nicht der Zusammenführer heterogener Volksmassen, die per Akklamation zugunsten eines neuen Kaisers die alten Streitigkeiten hinter sich lassen, um zu einem gleichsam vorpolitischen Zustand der Harmonie zurückzukehren.

@realWilhelmII

Kommen wir zum Ende unseres Ausflugs in die Geschichte – und zu einem noch sehr viel passenderen Beispiel eines „modernen Monarchen“. Er betritt die Bühne keine zwei Jahrzehnte nach Napoleons Abdankung 1870, und sein Auftritt findet auf der anderen Rheinseite statt: im Deutschen Kaiserreich. Die Ungleichzeitigkeiten dort scheinen besonders markant: ein monarchischer, aber doch partiell demokratischer Staat, in dem der Kampf um die öffentliche Meinung mittels Massenmedien, die Auseinandersetzungen zwischen gut organisierten Massenparteien das politische Klima bestimmten, auch Vereine und Verbände ein wichtiges Wort mitsprachen, wo, um mit Max Weber zu sprechen, in weiten Teilen bereits der „rationalisierte Anstaltsbetrieb“ mit einer effizienten Bürokratie herrschte – und dessen kalte Sachlichkeit doch ständig unterlaufen wurde durch die alten

Gepflogenheiten monarchischer Traditionen, den letztlichen Vorrang der Krone, die Netzwerke der Aristokraten, die Ränkespiele der höfischen Cliquen und Kamarilla.

Hier stößt man tatsächlich auf eine Figur, die sowohl in ihrer Persönlichkeit als auch in Bezug auf die Umwelt, in der sie sich zu bewegen hatte, frappierende und gewiss beunruhigende Parallelen zu Trump aufweist: natürlich Wilhelm II. höchstselbst. Gewiss, das ist ein Vergleich, der nur mit Einschränkungen funktioniert. Nicht nur, dass es hier keine Parallelen beim Aufstieg gibt, denn Wilhelm II. ist durch das Prinzip der Erbmonarchie auf seinen Thron gelangt. Dieses Beispiel verrät uns auch nicht sonderlich viel darüber, ob das Zusammenspiel von Polarisierung und einem autoritären, alle demokratischen Normen missachtenden Populisten im Amt die Demokratie gefährdet. Denn das Deutsche Kaiserreich ist erstens keine voll ausgebildete Demokratie, und obgleich es unter der Oberfläche zahlreiche politische und soziale Spannungen gibt, ist es doch zweitens bis zur Krise im Krieg eigentümlich stabil.

Aber auf vielen anderen Ebenen – nicht zuletzt bei der Frage, was Trumps Präsidentschaft eigentlich für den Rest der Welt bedeuten könnte – ist der Vergleich äußerst konstruktiv; und, nebenbei bemerkt, auch einfach zu süffig und unterhaltsam, um ihn wegzulassen. Man entdeckt nämlich ein paar Ähnlichkeiten, bei denen einem, auch angesichts der langfristigen Folgen, fürwahr schwindelig werden kann. Das gilt zuallererst für den Charakter beider Männer. Wilhelm II. scheint vieles von dem vorweggenommen zu haben, was wir heute an Trump beinahe täglich beobachten können. Aus diesen eklatanten Analogien zentraler Wesenszüge lässt sich gar ursächlich ein ganzer Politikstil erklären. Mit besonders spitzer Feder, doch im Kern im Einklang mit anderen Interpretationen, hat der Historiker Thomas Nipperdey den letzten Herrscher der Hohenzollern porträtiert: „Begabt, von schneller Auffassungsgabe, manchmal blendend, mit einem Sinn fürs Moderne – Technik, Industrie, Wissenschaft – zugleich oberflächlich, schnell, ohne Ruhe und Gelassenheit, ohne tieferen Ernst, ohne Arbeitseifer und Konsequenz, ohne Sinn für Sachlichkeit, Maß und Grenzen, ja für die Realität und reale Probleme, unbeherrscht und kaum lernfähig, beifalls- und erfolgssüchtig – er wollte jeden Tag Geburtstag feiern, hat Bismarck früh schon gesagt –, romantisch, sentimental und theatralisch, unsicher und arrogant, mit einem maßlos übersteigerten und auftrumpfenden Selbstgefühl, ein juveniler Kadett, der den Kasinoton, naßforsch, nie aufgab und den obersten Kriegsherrn ausspielen wollte, rastlos, voller panischer Angst vor dem Gleichmaß ohne Abwechslung, und doch ziellos."[23]

Was ist dem überhaupt hinzuzufügen? Fast alles, was wir hier lesen (und es ließe sich ohne Umstände erweitern), dürfte auch auf Trump zutreffen: der Mangel an Konstanz, die geringe Affektkontrolle, die Ruhelosigkeit, die maßlose Angeberei. Man hat Wilhelm II. mit einiger Plausibilität oft als den nervösen Herrscher eines nervösen Zeitalters interpretiert, in dessen innerer Rastlosigkeit sich die Unruhe seiner Zeit widerspiegelte.[24] Zur Wende vom 19. zum 20. Jahrhundert wurde die sogenannte „Neurasthenie" zur Volkskrankheit, ein diffuses Nervenleiden, ausgelöst durch die Überforderungen der Gegenwart: die Beschleunigung aller Lebensbezüge (neue, schnellere Formen der Fortbewegung und der Kommunikation), die Erschütterung etablierter Moralvorstellungen, das Wanken der sozialen Gesellschaftsordnung.

Und findet sich dieses Zusammenspiel zwischen individueller und kollektiver Pathologie nicht auch bei Trump? Zeigt sich in dessen digitalem Aufmerksamkeitsdefizit-Syndrom und verbaler Inkontinenz nicht auch die Unruhe unserer eigenen Zeit, der er den Spiegel vorhält, weil seine Tweets schließlich irrelevant wären, wenn wir sie nicht doch lesen würden, weil unsere geschrumpften Konzentrationsspannen und unsere Neigung zur reflexhaften Aufregung sich zu seinen 280 Zeichen eigentlich recht kongenial verhalten?

So sind beide Männer in ihrem Weltbild aus der Zeit gefallen und gleichzeitig die Verkörperung der Modernität ihrer Epoche. Nicht umsonst sind sie besessen von den Medien und der Macht, die sie über das Denken und die Emotionen der Menschen haben. Wir wissen, dass Trump einen Großteil seiner Zeit damit verbringt, fernzuschauen, um zu erfahren, wie die Welt über ihn urteilt. Wilhelm II. stand ihm da in nichts nach. Heute würde man den Kaiser wohl fraglos als „mediengeil“ bezeichnen, was nicht nur für seine Neigung zur Selbstinszenierung galt. So wie Trump sich vor den Briefings der Geheimdienste drückt und sich lieber über die Talkshows ein Bild von der Weltlage macht, meinte auch Wilhelm II., in der Zeitung stehe alles, was zu erfahren der Mühe wert sei. Mit Besorgnis schrieb Friedrich August von Holstein, die außenpolitische Graue Eminenz dieser Jahre, 1889 an einen Diplomatenkollegen: „Allgemeine Klage darüber, daß seine Majestät sich vor den Vorträgen drückt. Dabei liest er aber dreißig bis vierzig Zeitungsausschnitte hintereinander weg und macht Randbemerkungen dazu.“[25]

Natürlich sind Trumps Möglichkeiten der Intervention dank Twitter und Fox News ungleich größer. Es hat allerdings fraglos seinen Reiz, sich auch den letzten Hohenzollern-Herrscher mit der Verfügungsmacht über seinen eigenen Twitter-Account vorzustellen. @realWilhelmII hätte dann vielleicht noch früher das Seinige zum Ausbruch des Ersten Weltkriegs beigetragen. Allerdings, Schaden und diplomatische Verwicklungen ließen sich auch mit der guten alten Druckerpresse anrichten. Berühmt geworden ist das „Daily Telegraph“-Interview, in dem Wilhelm II. kräftig gegen die Engländer vom Leder zog und damit heftige diplomatische Verwicklungen auslöste. Passagen des Interviews (das eigentlich keines war, sondern eine Art Zusammenfassung mehrerer Gespräche, die er mit einem britischen General und Diplomaten geführt hatte und die dieser veröffentlichte) könnten heute, unter Austausch weniger Worte, auch als Wortmeldung Donald Trumps durchgehen. Das Beleidigt-Sein, das gnadenlose Alles-auf-sich-Beziehen, die Betonung des eigenen guten Willens und der besonderen Fähigkeiten – sämtliche Zutaten der berüchtigten Trump'schen Tiraden waren vorhanden, als Wilhelm II. sich über die „verrückten Engländer“ beschwerte und die ständigen Gemeinheiten der englischen Presse beklagte.

Insbesondere die acht Reichskanzler, die Wilhelm II. verschliss, und die jeweiligen Außenminister versuchten natürlich, die schlimmsten Impulse einzudämmen, selbst dann, wenn sie seinen Ultranationalismus teilten. Bernhard von Bülow, Reichskanzler der Jahre 1900 bis 1909, hatte alle Hände voll zu tun, die problematischeren Aussagen des Kaisers in der schriftlichen Version zu neutralisieren, woraufhin sich Wilhelm II. beschwerte, dieser habe wieder einmal „die besten Stücke“ ausgelassen.[26] Das „Daily Telegraph“-Interview war geschehen, weil die üblichen Kontrollmechanismen versagt hatten und dem Reichskanzler, im Urlaub auf Norderney weilend, Wilhelms Stück „durchgerutscht“ war. Auch bei Trump gab es innerhalb seiner Regierung und des Behördenapparats zahlreiche Versuche der Einhegung. Gary Cohn, Trumps zeitweiliger Wirtschaftsminister und ein Mann mit moderaten politischen Instinkten, entdeckte einmal auf Trumps Schreibtisch im Oval Office ein noch nicht vom Präsidenten unterschriebenes Dekret, das ein Handelsabkommen mit Südkorea aufkündigen sollte und, jedenfalls seiner Ansicht nach, die gesamte Region hätte destabilisieren können. Cohn nahm das Schriftstück kurzerhand an sich und ließ es auf Nimmerwiedersehen verschwinden.[27] Und offenkundig gab es zahlreiche solcher Eindämmungsversuche, zumindest wenn man jenem Artikel in der „New York Times“ glaubt, dessen anonymer Autor sich als hochrangiger Beamter der Regierung zu erkennen gab und einer verunsicherten Öffentlichkeit versicherte, dass man alles tue, um die gefährlichsten Ideen des Präsidenten zu sabotieren.

Wilhelm II. war nicht dauerhaft zu kontrollieren; beeinflussbar aber war er aller Eigensinnigkeit zum Trotz sehr wohl – in der Regel immer von der Person, mit der er zuletzt gesprochen hatte. Wer zu ihm durchdringen wollte, der musste ihm schmeicheln und, immer schon eine probate Methode im Umgang mit selbstverliebten Herrschern, ihm außerdem das Gefühl geben, er sei der eigentliche Urheber der Ideen – auf diese Weise haben sich ja auch Trumps neuere Berater mit Lobeshymnen via Fox News bei ihm angedient. Die Frage also war, wie in allen höfischen Gesellschaften, wer das Ohr des Kaisers hatte; und wie sich herausstellte, war das am Ende vor allem der aggressiv-nationalistische Flügel. Alfred von Tirpitz etwa, Großadmiral und Spiritus Rector des umstrittenen Flottenrüstens, das das Reich zwangsläufig in einen tödlichen Wettlauf mit dem Vereinigten Königreich versetzte, hatte Wilhelms Schwächen schnell erkannt und ausgenutzt. Nach ihrem ersten Treffen hatte er den Kaiser augenblicklich durchschaut: „Er lebt nicht in der wirklichen Welt.“[28] In den folgenden Jahren würde er Wilhelm nach allen Regeln der Kunst einwickeln und manipulieren. Auch bei Trump deckt sich die Inkonsistenz seines politischen Kurses auf vielen Feldern mit dem offenkundigen Wechselspiel seiner Einflüsterer, bei denen mal die Ultranationalisten um Stephen Miller (und, vor seiner Demission, Steve Bannon), dann wieder seine Tochter und sein Schwiegersohn, bisweilen auch die Führer der Republikanischen Partei im Kongress den Ton angeben.

Natürlich: Letzten Endes nehmen beide Männer doch unterschiedliche Stellungen in der Machtarchitektur ihrer Länder ein. Das Deutsche Kaiserreich unter Wilhelm II. war keine absolutistische Monarchie mehr: Es gab neben dem Reichskanzler (dessen Position freilich von der Gunst des Kaisers abhängig war) ein – durchaus nicht ganz ohnmächtiges – Parlament, eine bisweilen eigenwillige und autonome Bürokratie, dann, kaum zu unterschätzen, das Militär als eigenständigen und selbstbewussten Machtfaktor. Hans-Ulrich Wehler hat das Deutsche Kaiserreich unter Wilhelm II. als „Polykratie miteinander rivalisierender Machtzentren“ bezeichnet, in der es nach Bismarcks Abgang keine letztinstanzliche Autorität mehr gab.[29] Dennoch lässt sich kaum leugnen, dass der Kaiser gewiss mehr war als nur die symbolische Verkörperung der Nation, sondern in entscheidenden Fragen – vor allem in der Außenpolitik – einen zwar nie konsistenten, aber doch maßgeblichen Einfluss ausübte; in verhängnisvoller Weise, wie man hinzufügen darf. Erst nach Ausbruch des Ersten Weltkriegs wurde er, der sich doch selbst als oberster Feldherr des Landes sah, ganz an die Peripherie der Entscheidungsprozesse abgeschoben und von der Obersten Heeresleitung kaltgestellt.

Der amerikanische Präsident ist, wenn man den Vergleich wagt, wohl eine mächtigere Figur. Doch sind auch dem vermeintlich „mächtigsten Mann der Welt“ innerhalb eines komplizierten Systems von *checks and balances* enge Grenzen gesetzt, zumal wenn er – wie Trump seit 2018 – nicht auf eine Mehrheit der eigenen Partei im Kongress zurückgreifen kann. In seinem konkreten Fall ist diese Macht zudem, wir sahen es, aus weiteren Gründen viel begrenzter: weil er es nicht geschafft hat, für eine effektive Verzahnung der verschiedenen Machtzentren zu sorgen; weil er sich für die Details von politischen Inhalten nicht interessiert; weil ihm überhaupt die Inszenierung immer wichtiger ist als die Substanz seiner Politik. Und wie bereits erwähnt: Es ist auch unklar, ob seine Administration und die untergeordneten Behörden überhaupt in allen Fällen seinen Vorgaben folgen bzw. ob diese Vorgaben überhaupt existieren. Jedenfalls decken sich, vorsichtig ausgedrückt, die Verlautbarungen seiner Tweets nicht immer mit dem, was in den offiziellen Bulletins der Regierung steht, weichen übrigens auch stark von dem ab, was Trump sagt, wenn er sich doch einmal an vorbereitete Redemanuskripte hält, die er vom Teleprompter abliest. (Auch das ähnelt übrigens der Situation unter Wilhelm II., bei der sich die jeweiligen Regierungen stets darum bemühten, seine Rede vorher schriftlich an die Presse zu verteilen, aus Sorge, der Kaiser könnte spontan vom Manuskript abweichen.)

Besonders erhellend ist jedoch auch diese Analogie dort, wo sie an ihre Grenzen stößt. Zwar bemühte sich Wilhelm II. durchaus um einen unmittelbareren Zugang zum Volk, als ihn seine Vorgänger pflegten. Und zumindest zeitweise war die Rede vom populären „Volkskaiser" auch nicht nur seinem Wunschdenken entsprungen. Und doch ist nichts davon zu vergleichen mit der Massenbasis, die Trump sich geschaffen hat und zu der er über Twitter einen unmittelbaren Zugang hat. Diese Basis ist im Übrigen außerordentlich sensibilisiert für die Versuche des sogenannten Establishments, die Zielgerichtetheit seiner nationalistischen „America First"-Agenda zu unterminieren und zu sabotieren. Die Nachrichtenseiten aus dem Kosmos der amerikanischen Rechten, wie etwa „Breitbart News", verwenden einen nicht unerheblichen Teil ihrer Zeit darauf, ebendiese Gegenkräfte zu identifizieren und medial anzugreifen – und da Trump die an seiner Basis konsumierten Medien sehr genau rezipiert, verfügt er über ein Warnsystem, das Wilhelm II. nicht hatte. Wenn man aber bereits den letzten Herrscher der Hohenzollern nicht ganz einhegen konnte, dann standen wohl bei Trump die Chancen, dass die „Erwachsenen im Raum" die Dinge unter Kontrolle halten würden, von Anfang an schlecht.

Damit kommen wir zur entscheidenden Frage dieses Vergleichs: Welche Konsequenzen hat es realiter, wenn solche Figuren an den Schalthebeln einer Groß- respektive Supermacht sitzen? Immerhin haben einige auch in der Außenpolitik beider Männer Ähnlichkeiten entdeckt: das Ungestüme, das Zerschlagen von Porzellan, die Unberechenbarkeit, die unerklärten Richtungswechsel. Angeblich kursiert auf internationalen Konferenzen seit Trumps Amtsantritt ein schönes Bonmot: dass es eine eher unglückliche Koinzidenz sei, einen bipolaren US-Präsidenten inmitten einer multipolaren Weltordnung zu haben.[30] Der „Zeit"-Herausgeber Josef Joffe unkte, dass sich das Schicksal des Deutschen Reichs für die USA wiederholen könnte: Wer zum ständigen Unruheherd und Sicherheitsrisiko werde, auf den werde die Staatenwelt irgendwann mit Ausschluss und strategischen Gegenallianzen reagieren – wie es eben bei Wilhelm II. passiert sei.[31]

Gleichwohl: Aus einer globalhistorischen Perspektive unterscheiden sich die strategischen Konstellationen doch grundlegend. Wilhelms Deutschland war damals die aufstrebende Macht, der Parvenü im Konzert der großen Mächte, und viele Führungseliten des Reiches (nicht zuletzt Wilhelm II. selbst) blickten mit einer Mischung aus Neid, Hass und Bewunderung auf den eigentlichen Hegemon auf europäischer Bühne: Großbritannien. Es ging ja erst noch darum, sich, in den Worten des Reichskanzlers Bülow, seinen „Platz an der Sonne" zu erkämpfen. In Trumps Fall scheinen die Rollen da vertauscht. Wollte man die weltpolitische Konstellation vor Ausbruch des Ersten Weltkriegs auf die heutige Welt übertragen, dann wären die USA das müde gewordene und überdehnte Britische Empire, und nicht der ambitionierte Heißsporn, dessen Rolle vormals Deutschland zugefallen war. Das wilhelminische Deutschland dachte und handelte imperialistisch-expansiv, sein Nationalismus war aggressiv nach außen gerichtet. Trumps Nationalismus hingegen ist, wie bei den anderen Anführern des globalen Rechtspopulismus, ganz nach innen orientiert, ist isolationistisch und protektionistisch, mit der Absicht, sich von den Händeln der Welt fernzuhalten.

Wilhelm II. brauchte nur wenige Jahre, um die komplex austarierte Bismarck'sche Bündnispolitik zu zerstören und das Land außenpolitisch zu isolieren. Könnte Trump Ähnliches vollbringen? Die USA sind – noch – der große Hegemon, und daher dürfte Trump schwerer fallen, was dem wilhelminischen Deutschland nach Bismarcks Abschied so mühelos gelang. Natürlich liegen die Dinge für Amerikas frustrierte Alliierte, zuvorderst die Europäer, auch deswegen ganz anders, weil die USA eine Demokratie mit der Möglichkeit eines Regierungswechsels sind. Man darf also auf etwas hoffen, was für das kaiserliche Deutschland vor 1914 nicht galt: dass ein baldiger Regierungswechsel die Dinge schon wieder ins Lot bringen wird und man die Sache bis dahin einfach aussitzen kann. Insofern besteht Grund zu der Hoffnung, dass Trump die Welt nicht ganz so sehr aus ihren Fugen heben wird, wie es Kaiser Wilhelm II., wenngleich unter tätiger Mitwirkung vieler anderer, in verhängnisvoller Weise tat.

Mittwoch, 20. Januar 2021, Washington, D. C.

Das war ein ziemlich langer Ausflug in die Geschichte; und er endete in der Weltpolitik. Aber so sollte man kein Buch abschließen, das man in den USA begonnen hat. Am Ende hilft uns der Vergleich mit Hitler, Napoleon III. oder Wilhelm II. eben auch nur bedingt, um vorauszusagen, wohin diese Präsidentschaft treiben wird. Aber vielleicht gelingt eine Annäherung, indem man die unmittelbare Zukunft etwas einschränkt auf zwei mögliche Szenarien.

Sie beziehen sich auf die Präsidentschaftswahl am 3. November 2020 – und wer sie gewinnen wird. Und sollte das, so das erste Szenario, nicht Trump sein, sollte er verlieren, dann wird der Testfall der amerikanischen Demokratie sofort und unmittelbar eintreten – und zwar noch am selben Tag. Dann wird sich eine Tür zu einem Zimmer öffnen, das uns ziemlich unbekannt ist. Aber beginnen wir mit den wenigen Dingen, derer wir uns doch sicher sein können. Erstens: Trump wird eine Niederlage niemals akzeptieren. Vom Morgen des 4. November bis zum 20. Januar 2021, wenn laut Kalender vor dem Kapitol in Washington, D. C. der neue Präsident eingeschworen wird, dürfte Trump mehrmals täglich twittern, dass die Wahl illegitim und gefälscht sei, dass das alles ein Anschlag auf das amerikanische Volk sei. Er hat es vorher getan, warum sollte er im Angesicht einer tatsächlichen Niederlage anders handeln? Nachgerade verhängnisvoll wäre eine Wiederholung der Ereignisse bei der Präsidentschaftswahl 2000, als in Florida nur ein paar hundert Stimmen zwischen dem Demokraten Al Gore und dem Republikaner George W. Bush lagen und am Ende der Supreme Court faktisch über den nächsten Präsidenten entschied.

Doch werden es, so viel lässt sich sagen, in jedem Fall zwei schreckliche Monate. Wir werden noch mehr als ohnehin bereits auf seinen Twitter-Feed fixiert sein. Auf Fox News wird die Hölle losbrechen, erst recht auf „Breitbart News“, der Plattform der allertreusten Trump-Fans. Es wird eine nervöse und aufgeladene Stimmung herrschen, und Verschwörungstheoretiker jeglicher Couleur dürften das größte Fest aller Zeiten feiern. Auch das wird sein wie immer, nur extremer: Es wird sich anfühlen wie eine Verfassungskrise; aber man wird nicht wissen, ob es schon eine ist.

Und dann? Zweitens lässt sich mit ziemlicher Sicherheit prognostizieren: Trump wird keinen Staatsstreich durchführen. Wie gesagt: Vermutlich denkt er gar nicht in solchen Dimensionen. Aber auch wenn man dieses absurd klingende Szenario einmal durchspielt, wäre es zum Scheitern verurteilt. Nicht einmal der konservativ dominierte Supreme Court würde ihm die Nullifikation der Wahl oder die Verhängung des Notstandsrechts durchgehen lassen, vermutlich auch viele Republikaner im Kongress nicht. Das Militär und die Geheimdienste verachten ihn, ebenso wie ein Großteil der ökonomischen, politischen und kulturellen Eliten im Land. Trump wird also bis zum letzten Augenblick die Legitimität der Wahl anfechten, vielleicht, wenn es knapp ausgeht, ein Gerichtsverfahren anstrengen, wird weiter aus vollen Backen in ein dann vermutlich schon ziemlich großes Feuer blasen – und dann wird er, wie so oft während dieser Präsidentschaft, nachdem einer seiner Bluffs aufgeflogen ist, wahrscheinlich gar nichts machen und am Morgen des 20. Januar das Weiße Haus verlassen. Gut möglich, dass er die Amtseinführung des neuen amerikanischen Präsidenten oder der Präsidentin schwänzt – ein Affront, den man vor 2015 schon für den Beginn einer Staatskrise gehalten hätte, der 2021 aber bei den meisten nurmehr ein müdes Schulterzucken hervorrufen dürfte. (Und der übrigens nicht einmal präzedenzlos wäre: 1869 verweigerte der scheidende und extrem unpopuläre Andrew Johnson die Teilnahme an der Amtseinführung seines Nachfolgers Ulysses S. Grant, weil dieser in der Kutsche nicht hatte neben ihm sitzen wollen.) Trump wird nach Mar-a-Lago fliegen, zu seinem Luxus-Golfhotel in Florida, wo es ihm sowieso immer besser gefallen hat als in Washington, D. C. Vielleicht wird er dann in die Tat umsetzen, was er eigentlich schon für 2017 geplant hatte, bis sein Sieg ihm einen Strich durch die Rechnung machte: einen eigenen konservativen Medienkonzern zu erschaffen.

Natürlich wird es so sein, wie der Kolumnist der „New York Times“, Frank Bruni, schon vor einiger Zeit konstatiert hat: Wir werden Trump, solange er lebt, nie gänzlich loswerden.[32] Er wird weiter twittern und sein Gift in den öffentlichen Diskurs streuen, und eine ganze Weile noch werden wir weiter reflexhaft wie Pawlows Hunde bellen. Aber irgendwann, vielleicht nach einem Jahr, wird uns klarwerden, dass Trump kein Präsident mehr ist; und dann wird sich vielleicht der Bann heben, den er über das Land gelegt hat, auch wenn man sich das kaum vorstellen kann: eine Welt, dessen Zentrum nicht er ist.

So könnte man sich das filmreife Ende der Geschichte vorstellen. Ein Hollywood-Happy-End. Wobei, vielleicht haben wir etwas übersehen in diesem ersten Szenario. Lassen wir das Band noch einmal kurz zurücklaufen, zu dem Augenblick, in dem Trump 1600 Pennsylvania Avenue verlässt und in die gepanzerte Limousine steigt, die ihn zum Flughafen bringt, wo sein Flugzeug wartet. Schauen wir uns, während wir Trumps Wagen folgen, die Stadt einmal genauer an. Es ist der Tag der Amtseinführung eines neuen Präsidenten, eigentlich ein Hochfest der Demokratie. Aus dem ganzen Land werden die Anhänger des neuen Präsidenten nach Washington, D. C. strömen. Aber vielleicht werden da nicht nur Sanders-, Warren-, Biden- oder Buttigieg-Fans sein. Vielleicht sieht man auch eine Menge Menschen mit roten Basecaps, auf denen steht: „Keep America Great". Und gewiss sind sie nicht zum Feiern gekommen. Sondern zum Protestieren. Vielleicht sogar, um zu verhindern, was bis dahin in der über 200-jährigen Geschichte des Landes noch immer funktioniert hat: einen friedlichen Regierungswechsel. Vielleicht werden sie nicht akzeptieren, in was Trump sich zähneknirschend gefügt hat.

Damit wären wir beim fraglos tollkühnsten aller Gedankenspiele angelangt: der Möglichkeit, dass aus dem kalten ein heißer Bürgerkrieg wird. Aus vielen Gründen zögert man, darüber überhaupt zu schreiben. Weil es irgendwie nach dystopischer Science-Fiction klingt; aber mehr noch, weil die Vorstellung vom Bürgerkrieg seit Langem ein Fiebertraum der amerikanischen Rechten ist – und man der Sache keine Legitimität verleihen will. Wer auf den Seiten des amerikanischen Rechtspopulismus unterwegs ist wie „Breitbart News" – noch nicht im Neonazi-Spektrum, aber um einiges schärfer als Fox News und den rechtesten Rand der Trump-Unterstützer vertretend –, der stößt in den Forumsdiskussionen ständig auf das Thema. Dort, man kann es nicht anders sagen, wird der große Clash schon seit Langem fast freudig-lustvoll herbeigesehnt. Aber es deswegen zu ignorieren, das wäre so, wie den Namen Lord Voldemorts nicht auszusprechen, in der Hoffnung, dadurch das Böse zu bannen. Und das Tabu ist sowieso schon gefallen. Die Rede vom Bürgerkrieg kursiert nicht nur in der Welt der Verschwörungstheoretiker, sondern ist längst im Mainstream angekommen – und auch dieses Tabu hat, natürlich, möchte man meinen, Trump gebrochen. Im September 2019 retweetete er einen evangelikalen Pastor, der im Fall des Impeachments vor einem Bürgerkrieg warnte. Danach gab es kaum eine große amerikanische Tages- oder Wochenzeitung, die sich nicht seriös mit der Frage beschäftigte, ob tatsächlich ein zweiter amerikanischer Bürgerkrieg drohe. Zu Rate gezogen wurden nicht nur Historiker, die als Experten des ersten Amerikanischen Bürgerkriegs gelten, sondern auch Politologen, die sonst über ganz andere Weltregionen forschen, in denen Gewalt und verfallende Staatsstrukturen an der Tagesordnung sind. Um es abzukürzen: Einige hielten die Vorstellung für ziemlich abwegig; andere für durchaus plausibel.

Dass aufseiten des harten Kerns von Trumps Basis grundsätzlich ein enormes Gewaltpotenzial vorhanden ist, dürfte offensichtlich sein. Es gibt in den USA ca. 400 Millionen Feuerwaffen in Privatbesitz, und die Anzahl der Waffennarren ist unter Demokraten eher gering. Wie viele Amerikaner in den *militias* – bewaffneten Milizen, in denen „aufrechte Patrioten“ in ihrer Freizeit in Flecktarn im Wald mit scharfer Munition Partisanenkrieg spielen (so wie die Freunde der Freundin meines Nachbarn Donald, die im Prolog dieses Buches einen kurzen Auftritt hatte) – organisiert sind, ist nicht genau bekannt, und die Schätzungen schwanken extrem. Aber allein die größte Dachvereinigung der Milizen (in der längst nicht alle Milizionäre organisiert sind), die *Oath Keepers*, hat nach eigenen Angaben 30 000 Mitglieder. Und auch dort ist die Idee eines Bürgerkriegs extrem präsent. Seit einigen Monaten haben die *Oath Keepers* im Übrigen angefangen, bei den Trump-Rallys im ganzen Land vor den Veranstaltungsstätten zu patrouillieren, um „patriotischen Amerikanern“ das Recht auf „freie Meinungsäußerung“ zu ermöglichen. Vielleicht wird man in Zukunft das Argument der fehlenden paramilitärischen Kampfverbände, im Kontrast zu faschistischen Bewegungen, doch noch überdenken müssen.

Gleichzeitig erscheinen bürgerkriegsähnliche Zustände weiterhin aus vielen Gründen sehr unwahrscheinlich; vor allem, weil die Mehrheit selbst derjenigen, die Trump 2016 und dann 2020 ihre Stimme gegeben haben, bei aller Radikalisierung mit diesem Milieu nicht viel zu tun hat. Es wäre jedenfalls das erste Mal, dass es in einer eher alten und so wohlhabenden Gesellschaft zu einem bewaffneten Konflikt zwischen Mitbürgern käme. Die tatsächlichen Interessengegensätze sind viel zu gering, um dafür Blut zu vergießen. Überdies: Auch Trumps

Wähler haben etwas zu verlieren, führen in der Regel eine bürgerliche Existenz, die man nicht ohne Weiteres aufgibt, sofern die Lage nicht wirklich verzweifelt ist. Und aller auch räumlichen Polarisierung und Lebensstilsortierung zum Trotz, wie sie hier dargestellt wurde: Die Gefechtslinien würden geografisch dennoch viel diffuser verlaufen als beim Bürgerkrieg 1861–1865. Es ist nicht einmal klar, wie die paranoide amerikanische Rechte sich den Feind im Felde vorstellt und wo sie ihn stellen will: im Redaktionsbüro der „New York Times"? Oder will sie vielleicht Hollywood-Studios attackieren? Wer, was ich niemandem empfehlen kann, viel Zeit in diesen Foren fanatischer Bürgerkriegseuphoriker verbringt, bleibt etwas ratlos zurück. Da gibt es etwa das Zerrbild eines übermächtigen Zentralstaats, dessen „sozialistische" Regierung in einer großangelegten Aktion, unmittelbar nachdem man Trump aus dem Amt gekegelt hat, von Haus zu Haus geht und alle Waffen konfiszieren will – woraufhin Amerikas Patrioten sich gezwungen sehen, eine neue Revolution anzustrengen. Hier zeigt sich die gleiche Paranoia wie in den Obama-Jahren – und sie hat mit der Realität wenig zu tun, sondern ist ein ziemliches Phantasma. Andererseits gilt die Regel des sogenannten Thomas-Theorems: Wenn genügend Menschen eine Situation als real einschätzen, dann ist sie am Ende auch in ihren Konsequenzen real.

Sagen wir es also so: Eine neue Dimension von Gewalt, wie das Land sie seit Langem nicht gesehen hat, ist gewiss wahrscheinlich, wenn Trump das Weiße Haus verliert. Es könnte rechten Terror und viele Timothy McVeighs geben: jenen unter dem Namen „Oklahoma-Bomber" bekannten ehemaligen US-Soldaten, der 1995 in Oklahoma City einen Bombenanschlag auf ein Gebäude mit Bundesbehörden verübte und dabei 168 Menschen tötete, alles aus Hass auf die Regierung. Und das war, bevor auf Fox News von der Verschwörung des *deep state* fabuliert wurde. Aber eine noch tiefere Fraktur, die das Land wirklich in zwei Teile spalten und in deren Folge es zu veritablen Kriegshandlungen kommen würde – das erscheint mir doch sehr unwahrscheinlich. Allerdings habe ich 2016 auch vorausgesagt, dass Trump die Wahl sicherlich nicht gewinnen wird.

So finster all das klingen mag: Angesichts der Wahrscheinlichkeit, dass es nach zwei Monaten des Luftanhaltens zwischen November und Januar doch friedlich ausgehen könnte, ist das Szenario einer Niederlage Trumps der Alternative des zweiten Szenarios – seinem Sieg – eindeutig vorzuziehen. Man kann sich in etwa vorstellen, was noch einmal vier Jahre Trump im Weißen Haus mit dem Land anstellen könnten. Die Demokraten werden sich vermutlich weiter radikalisieren, aber das dürfte die mit Abstand geringste Sorge sein.

Sollte Trump die Wahl gewinnen, werden er und seine Unterstützer vor lauter Kraft kaum noch laufen können. Trump wird sich dann für unverwundbar und unantastbar halten und das Plebiszit über seine Person – worum es sich in der Tat handeln würde – jeden Tag gegen die Legitimität aller anderen Institutionen ausspielen. Die Berater und Minister werden weiter kommen und gehen und das Chaos wird bleiben, aber nach dem Prinzip von Versuch und Irrtum wird Trump irgendwann doch eine kritische Masse willfähriger Helfer um sich geschart und in Position gebracht haben, um noch viel größeren Schaden anzurichten – so wie im Justizministerium beim Wechsel vom widerborstigen Jeff Sessions zum sehr viel folgsameren William Barr. Vielleicht wird die radikale Fraktion – Stephen Miller oder ein am Hof wieder wohlgelittener Steve Bannon – stärkeren Zugang zum Präsidenten erhalten und ihn dazu anstacheln, die Grenzen der Verfassung noch viel stärker als bisher zu testen.

Gewiss ist: Trump würde das Land fortwährend spalten, die Psyche der Nation weiter vergiften und seine Anhänger in einen immer dichteren Kokon einer alternativen Realität einwickeln. Er hat in den ersten drei Jahren seiner Präsidentschaft, nach den Fact-Checkern der „Washington Post“, 16 000-mal gelogen. Bis zum Ende seiner Amtszeit dürften es dann über 20 000 Lügen sein. Wenig spricht dafür, dass das Land nach vier weiteren Jahren und nach weiteren 20 000 Lügen intakter und stabiler sein wird.

Die USA sind mit ihrer langen demokratischen Tradition nicht Ungarn, Polen oder die Türkei; also wird das Land auch vielleicht vier weitere Jahre Trump aushalten. Aber es wird in keinem guten Zustand sein, seine demokratische Kultur endgültig sturmreif geschossen. Das gruseligste Zukunftsszenario ist daher vielleicht, dass Trump gar nicht das Ende, sondern vielmehr der Anfang von etwas ist. Vielleicht kommt nach ihm jemand mit der gleichen Skrupellosigkeit und Brutalität, den gleichen populistischen Instinkten – der aber viel disziplinierter ist, viel ideologischer agiert und strategischer vorgeht. Der am Tag X den amerikanischen Staat und Behördenapparat mit Gefolgsleuten flutet. Jemand, dessen Antipluralismus nicht nur aus dem Bauch heraus kommt, sondern der wirklich der Meinung ist, dass die Verfassung des Landes der Vollstreckung des vermeintlichen „Volkswillens" im Weg steht, und daher versucht, die bestehende politische Ordnung zu überwinden.

Vielleicht hatte Marx unrecht: Vielleicht kommt zuerst die Farce – und dann erst die Tragödie.

ANHANG

Danksagung

Mein erster Dank geht an Clemens Heucke von der Wissenschaftlichen Buchgesellschaft (wbg), ohne dessen Hartnäckigkeit und Ausdauer es dieses Buch ganz gewiss nicht gegeben hätte. Bei der wbg danke ich auch Regine Gamm, die den gesamten Prozess umsichtig betreut hat. Wie schon bei meinem letzten Buch hat Katharina Rahlf von *SPLENDID. Text- & Webdesign* das Manuskript lektoriert und dabei enorm verbessert.

Großen Dank schulde ich auch Ari Joskowicz, meinem Kollegen und dem Direktor des Max Kade Centers for European Studies an der Vanderbilt University: für seine Unterstützung in den letzten drei Jahren, seine Großzügigkeit in allen Dingen, seine vielen klugen Ideen, und vor allem aber für seine Freundschaft, die hoffentlich bleibt, wenn es für mich nun bald an der Zeit ist, zurückzukehren.

Wären wir nicht als Familie im Dezember 2016 über den großen Teich gezogen, hätte ich mich vermutlich ebenfalls nicht noch einmal so schnell wieder an ein USA-Buch gesetzt. Zumindest bei einem Mitglied unserer Familie hielt sich die Lust auf das Abenteuer doch in recht überschaubaren Grenzen. Umso dankbarer bin ich dafür, dass Anna, Thore und Amira mir zuliebe alles mitgemacht haben. Das Buch ist natürlich ihnen gewidmet, auch als Erinnerung an unsere Zeit zusammen im wilden Süden.

Yee-haw.

Nashville, Tennessee, 30. Januar 2020

Anmerkungen

Zeiten des Aufruhrs: Wie Amerikas Konsens zerbrach und das Zeitalter der Polarisierung begann

1 Francis Fukuyama: Das Ende der Geschichte. Wo stehen wir?, München 1992.

2 Vgl. Jacques Rancière: Das Unvernehmen. Politik und Philosophie, Frankfurt a. M. 2002, S. 105; Colin Crouch: Postdemokratie, Frankfurt a. M. 2003; Chantal Mouffe: Über das Politische. Wider die kosmopolitische Illusion, Frankfurt a. M. 2007.

3 Stéphane Hessel: Empört Euch!, Berlin 2012.

4 Verwiesen sei hier auf die Definition des „Urban Dictionary", der ultimativen Online-Autorität für Gossensprache. Demnach sei ein „IT girl […] usually popular for being a slut. Gossip is her way of life. She'll do anything to be on top, (social status or otherwise.) Will do anything for attention, whether it's good or bad." URL: https://www.urbandictionary.com/define.php?term=IT%20girl (letzter Zugriff am 28.11.2019).

5 Vgl. Carroll Doherty und Jocelyn Kiley: Key facts about partisanship and political animosity in America, hg. vom Pew Research Center, 22.06.2016, URL: https://www.pewresearch.org/fact-tank/2016/06/22/key-facts-partisanship/ (letzter Zugriff am 19.11.2019).

6 Vgl. Nathan P. Kalmoe und Lilliana Mason: Lethal Mass Partisanship: Prevalence, Correlates & Electoral Contingencies,

Paper zur Präsentation auf der American Political Science Association Conference 2018, URL: https://www.dannyhayes.org/uploads/6/9/8/5/69858539/kalmoe___mason_ncapsa_2019_-_lethal_partisanship_-_final_lmedit.pdf (letzter Zugriff am 28.09.2019).

7 Rogers M. Smith: Beyond Tocqueville, Myrdal, and Hartz. The Multiple Traditions in America, in: American Political Science Review, Jg. 87 (1993), H. 3, S. 549–566.

8 Vgl. Shmuel N. Eisenstadt: Die Vielfalt der Moderne, Weilerswist 2000, insbesondere S. 46 ff.

9 Vgl. E. J. Dionne: Our Divided Political Heart: The Battle for an American Idea in an Age of Discontent, New York 2012, S. 54.

10 Richard Hofstadter: Anti-Intellectualism in American Life, New York 1963, S. 43.

11 Robert A. Dahl: Democracy in the United States: Promise and Performance, Chicago 1972, S. 261.

12 Zit. nach Bruce J. Dierenfield: The Civil Rights Movement, Edinburgh 2008, S. 94.

13 Vgl. Edward G. Carmines und James A. Stimson: Issue Evolution: Race and the Transformation of American Politics, Princeton 1990.

14 Vgl. Matthew Levendusky: The Partisan Sort. How Liberals became Democrats and Conservatives became Republicans, Chicago 2009.

15 Vgl. Maurice Isserman und Michael Kazin: America Divided. The Civil War of the 1960s, Oxford 2004, S. 207.

16 Vgl. Andrew Hartman: A War for the Soul of America. A History of the Culture Wars, Chicago 2015.

17 Vgl. Robert D. Putnam und David E. Campbell: American Grace. How Religion Divides and Unites Us, New York 2010.

18 Vgl. James Davison Hunter: Culture Wars: The Struggle to Define America, New York 1991.

19 Vgl. Antonio Flores: How the U.S. Hispanic population is changing, hg. vom Pew Research Center, 17.09.2017, URL:

https://www.pewresearch.org/fact-tank/2017/09/18/how-the-u-s-hispanic-population-is-changing/ (letzter Zugriff am 16.12.2019).

20 Vgl. insgesamt zur ideologischen Evolution des amerikanischen Konservativismus Torben Lütjen: Partei der Extreme: Die Republikaner. Über die Implosion des amerikanischen Konservativismus, Bielefeld 2016.

21 Vgl. Alec Tyson und Shiva Maniam: Behind Trump's victory: Divisions by race, gender, education, hg. vom Pew Research Center, 09.09.2016, URL: https://www.pewresearch.org/fact-tank/2016/11/09/behind-trumps-victory-divisions-by-race-gender-education/ (letzter Zugriff am 28.09.2019).

Fragment Amerika: Wie eine Nation sich auseinanderlebt

1 Vgl. Hannah Fingerhut: Support steady for same-sex marriage and acceptance of homosexuality, hg. vom Pew Research Center, 12.05.2016, URL: https://www.pewresearch.org/fact-tank/2016/05/12/support-steady-for-same-sex-marriage-and-acceptance-of-homosexuality/ (letzter Zugriff am 28.09.2019).

2 Douglas J. Ahler: Self-Fulfilling Misperceptions of Public Polarization, in: The Journal of Politics, Jg. 76 (2014), H. 3, S. 607–620.

3 Vgl. Shanto Iyengar, Yphtach Lelkes, Matthew Levendusky, Neil Malhotra und Sean J. Westwood: The Origins and Consequences of Affective Polarization in the United States, in: Annual Review of Political Science, Jg. 22 (2019), S. 129–146.

4 Vgl. Sarah Pulliam Bailey: A startling number of Americans still believe President Obama is a Muslim, in: Washington Post, 14.09.2015, URL: https://www.washingtonpost.com/news/acts-of-faith/wp/2015/09/14/a-startling-number-of-americans-still-believe-president-obama-is-a-muslim/ (letzter Zugriff am 28.09.2019).

5 Vgl. Alana Semuels: It's Not About the Economy, in: The Atlantic, 27.12.2017, URL: https://www.theatlantic.com/politics/archive/2016/12/its-not-the-economy-stupid/511634/ (letzter Zugriff am 16.12.2019).
6 Vgl. kritisch hierzu den Beitrag von Bernhard Pörksen: Sind wir an alldem schuld?, in: Die Zeit, 02.02.2017, URL: https://www.zeit.de/2017/06/donald-trump-wladimir-putin-autoritaere-weltordnung-postmoderne (letzter Zugriff am 28.09.2019).
7 Ebd.
8 Vgl. Terry Eagleton, Ideologie: Eine Einführung, Stuttgart 2000, S. 8.
9 Vgl. Paolo Mancini und Daniel C. Hallin: Comparing Media Systems. Three Models of Media and Politics, Cambridge 2004.
10 Vgl. z. B. Arend Lijphart: Politics of Accommodation: Pluralism and Democracy in the Netherlands, Los Angeles 1975; M. Rainer Lepsius: Parteiensystem und Sozialstruktur. Zum Problem der Demokratisierung der Deutschen Gesellschaft, in: Gerhard A. Ritter (Hg.): Deutsche Parteien vor 1918, Köln 1973, S. 56–80; Robert Kriechbaumer: Die großen Erzählungen der Politik. Politische Kultur und Parteien in Österreich von der Jahrhundertwende bis 1945, Wien 2001.
11 Vgl. Franz Walter und Tobias Dürr: Die Heimatlosigkeit der Macht. Wie die Politik in Deutschland ihren Boden verlor, Berlin 2000.
12 Vgl. Ronald Inglehart: Cognitive Mobilization and European Identity, in: Comparative Politics, Jg. 3 (1970), H. 1, S. 45–70.
13 Vgl. Alan Abramowitz: The Disappearing Center: Engaged Citizens, Polarization, and American Democracy, New Haven 2010.
14 Vgl. Ashley Jardia und Michael Traugott: The Genesis of the Birther Rumor: Partisanship, Racial Attitudes, and Political Knowledge, in: The Journal of Race, Ethnicity and Politics, Jg. 4 (2019), H. 1, S. 60–80.

15 Frank Newport und Andrew Dugan: College-Educated Republicans Most Skeptical of Global Warming, hg. von Gallup, 26.03.2015, URL: https://news.gallup.com/poll/182159/college-educated-republicans-skeptical-global-warming.aspx (letzter Zugriff am 16.12.2019).

16 Zitiert nach Drew Westen: The Political Brain: The Role of Emotion in Deciding the Fate of the Nation, New York 2008, S. 89. (Übersetzung des Zitats durch den Autor).

17 Vgl. Matthew Levendusky: How Partisan Media Polarize America, Chicago 2013.

18 Vgl. hierzu ausführlicher Torben Lütjen: Die Politik der Echokammer. Wisconsin und die ideologische Polarisierung der USA, Bielefeld 2016.

19 Vgl. Christopher A. Bail et al.: Exposure to opposing views on social media can increase political polarization, in: Proceedings of the National Academy of Sciences, H. 37/2018, S. 9216–9221.

20 Vgl. Bernhard Pörksen: Die große Gereiztheit. Wege aus der kollektiven Erregung, München 2018, insbesondere S. 116–127.

21 J. D. Vance: Hillbilly Elegy. A Memoir of a Family and Culture in Crisis, New York 2016.

22 Bill Bishop und Robert G. Cushing: The Big Sort. Why the Clustering of Like-Minded America Is Tearing Us Apart, Boston 2008.

23 Mona Chalabi: How Many Times Does The Average Person Move?, in: FiveThirtyEight, 29.01.2015, URL: https://fivethirtyeight.com/features/how-many-times-the-average-person-moves/ (letzter Zugriff am 28.11.2019).

24 Pew Research Center (Hg.): Political Polarization in the American Public, Juni 2014, URL: www.people-press.org/files/2014/06/6-12-2014-Political-Polarization-Release.pdf (letzter Zugriff am 28.11.2019).

25 Vgl. Diana C. Mutz: Hearing the Other Side: Deliberative versus Participatory Democracy, Cambridge 2006, S. 30 f.

26 Vgl. Sheryl Gay Stolberg: You Want Compromise? Sure You Do, in: New York Times, 13.08.2011, URL: https://www.nytimes.com/2011/08/14/sunday-review/you-want-compromise-sure-you-do.html (letzter Zugriff am 28.11.2019).

27 Vgl. Pierre Bourdieu: Die feinen Unterschiede, Berlin 1987.

28 Vgl. Markus Schroer: Das Individuum und die Gesellschaft. Synchrone und diachrone Theorieperspektiven, Frankfurt a. M. 2000, insbesondere S. 319 ff.

29 Vgl. Daniel DellaPosta, Yongren Shi und Michael Macy: Why Do Liberals Drink Lattes?, in: American Journal of Sociology, Jg. 120 (2015), H. 5, S. 1473–1511.

30 Vgl. Andreas Reckwitz: Die Gesellschaft der Singularitäten: Zum Strukturwandel der Moderne, Frankfurt a. M. 2017.

31 Harry Cheadle: Companies Are Realizing That Being Publicly Conservative Is Really Unpopular, in: Vice, 20.08.2019, URL: https://www.vice.com/en_us/article/7x5v9y/companies-are-realizing-that-being-publicly-conservative-is-really-unpopular (letzter Zugriff am 28.11.2019).

32 Robert D. Putnam: Bowling Alone: The Collapse and Revival of American Community, New York 2000.

33 Vgl. Michele F. Margolis: From Politics to the Pews, Chicago 2018.

34 Vgl. Shanto Iyengar, Gaurav Sood und Yphtach Lelkes: Affect, Not Ideology: A Social Identity Perspective on Polarization, in: Public Opinion Quarterly, Jg. 76 (2012), H. 3, S. 405–431.

35 Vgl. ebd.

36 Vgl. Marc Hetherington und Jonathan Weiler: Prius or Pickup? How the Answers to Four Simple Questions Explain America's Great Divide, Boston 2018, S. 76.

37 Vgl. Robert B. Talisse: Overdoing Democracy: Why We Must Put Politics in its Place, New York 2018, S. 82 f.

38 Vgl. Hetherington und Weiler, Prius or Pickup, S. 108.

39 Vgl. Talisse, Overdoing Democracy.

Der Terror der Authentizität: Trump und die populistische Entfesselung

1 Vgl. Lütjen, Partei der Extreme, S. 126.
2 Vgl. Oliver Nachtwey: Die Abstiegsgesellschaft. Über das Aufbegehren in der regressiven Moderne, Berlin 2016.
3 Vgl. Cas Mudde: The Populist Zeitgeist, in: Government and Opposition, Jg. 39 (2004), H. 4, S. 541–563.
4 Vgl. aus jüngerer Zeit Michael J. Klarman: The Framers' Coup: The Making of the United States Constitution, Oxford 2018.
5 Vgl. Paul Taggart: Populism, Buckingham 2000, S. 91–99.
6 Vgl. Michael Kazin: The Populist Persuasion. An American History, Ithaca 1995.
7 Auch all dies findet sich bei Kazin, The Populist Persuasion.
8 Die folgenden Abschnitte zu Wallace und Nixon basieren stark auf Lütjen, Partei der Extreme, S. 53–68.
9 Patrick Buchanan: The New Majority: President Nixon at Mid-Passage, Philadelphia 1973, S. 22.
10 Anschauen kann man den Werbespot unter https://www.youtube.com/watch?v=K4-vEwD_7Hk (letzter Zugriff am 17.12.2019).
11 Vgl. John Micklethwait und Adrian Wooldridge: The Right Nation: Conservative Power in America, New York 2004.
12 Vgl. Jane Mayer: The Insiders. How John McCain came to pick Sarah Palin, in: New Yorker, 19.10.2008, URL: https://www.newyorker.com/magazine/2008/10/27/the-insiders (letzter Zugriff am 28.11.2019).
13 Vgl. Torben Lütjen: Die populistische Versuchung. Zur Aktualität der Tradition des Anti-Intellektualismus in den USA, in: Universitas, Jg. 65 (2010), H. 7, S. 664–675.
14 Vgl. Richard Hofstadter: Anti-Intellectualism in American Life, New York 1963.
15 Vgl. Francis Fukuyama: Identity. The Demand for Dignity and the Politics of Resentment, New York 2018, S. 25 ff. (dt.: Iden-

tität. Wie der Verlust der Würde unsere Demokratie gefährdet, Hamburg 2019).

16 Vgl. aus der schier uferlosen Literatur zum Thema Authentizität Thomas Noetzel: Authentizität als politisches Problem. Ein Beitrag zur Theoriegeschichte der Legitimation politischer Ordnung, Berlin 1999; Charles Taylor: Das Unbehagen an der Moderne, Frankfurt a. M. 1995.

17 Vgl. Lionel Trilling: Sincerity and Authenticity, Boston 1972.

18 Sigmund Freud: Das Unbehagen in der Kultur, Wien 1930.

19 Vgl. Karin Priester: Köhler, Koch und Käßmann: Politik und Authentizität, in: Blätter für deutsche und internationale Politik, H. 7/2010, S. 98–108.

20 Vgl. Thomas Bauer: Die Vereindeutigung der Welt. Über den Verlust an Mehrdeutigkeit und Vielfalt, Ditzingen 2018.

21 Vgl. Adam Garfinkle: Trump the Authentic, in: The American Interest, 14.01.2018.

22 Vgl. Peter Strohschneider: POTUS als Twitterer, in: Zeitschrift für Ideengeschichte, Jg. 12 (2018), H. 3, S. 61–75.

23 Vgl. James Poniewozik: The Real Donald Trump is a Character on TV, in: New York Times, 06.09.2019, URL: https://www.nytimes.com/2019/09/06/opinion/sunday/trump-reality-tv.html (letzter Zugriff am 17.12.2019).

24 Vgl. ebd.

25 Vgl. Karin Priester: Rechter und linker Populismus. Annäherung an ein Chamäleon, Frankfurt a. M. 2012, S. 72–91.

26 Ebd., S. 77.

27 Vgl. Hetherington und Weiler, Prius or Pickup, S. 13 ff.

28 Vgl. Daniel Bensaïd: Der permanente Skandal, in: Giorgio Agamben, Alain Badiou und Slavoj Žižek (Hg.): Demokratie? Eine Debatte, Berlin 2012, S. 23–54.

Die Imitation des Feindes: Über die Radikalisierung der amerikanischen Linken

1 Michael Stein und Jon Kingsdale: The risks of „Medicare for all“, in: Boston Globe, 30.04.2019, URL: https://www.bostonglobe.com/opinion/2019/04/30/the-risks-medicare-for-all/g9oz10Qm1vjSwZuhqs1r3J/story.html (letzter Zugriff am 12.12.2019).

2 Vgl. Clare Lombardo: Student Debt Forgiveness Sounds Good. What Might Happen If The Government Did It?, in: NPR, 10.07.2019, URL: https://www.npr.org/2019/07/10/738506646/student-debt-forgiveness-sounds-good-what-might-happen-if-the-government-did-it?t=1577915987720 (letzter Zugriff am 28.12.2019).

3 Thomas E. Mann und Norman J. Ornstein: It's Even Worse Than It Looks. How the American Constitutional System Collided with the New Politics of Extremism, New York 2012.

4 Vgl. für eine Kritik am Konzept der „asymmetrischen Polarisierung“ vor allem James E. Campbell: Polarized: Making Sense of a Divided America, Princeton 2016, S. 173–196.

5 Der Begriff stammt von dem marxistischen Philosophen Antonio Gramsci. Vgl. hierzu Claus Leggewie: Kulturelle Hegemonie – Gramsci und die Folgen, in: Leviathan, Jg. 15 (1987), H. 2, S. 285–304.

6 Vgl. Ronald Brownstein: The Internet and Democrats, in: National Journal, 02.07.2005.

7 Vgl. James T. Kloppenberg: Reading Obama: Dreams, Hope, and the American Political Tradition, Princeton 2012.

8 Vgl. Dylan Matthews: Inside Jacobin. How a socialist magazine is winning the left's war of ideas, in: Vox, 21.03.2016, URL: https://www.vox.com/2016/3/21/11265092/jacobin-bhaskar-sunkara (letzter Zugriff am 12.12.2019).

9 Vgl. Simon van Zuylen-Wood: Pinkos have more Fun. Socialism is AOC's calling card, Trump's latest rhetorical bludgeon, and a

new way to date in Brooklyn, in: New York Magazine, 23.03.2019.

10 Vgl. Seymour Martin Lipset und Gary Marks: It Didn't Happen Here. Why Socialism Failed in the United States, New York 2000, S. 17.

11 Vgl. ebd.

12 Vgl. Hannah Hartig: Stark partisan divisions in Americans' views of „socialism", „capitalism", hg. vom Pew Research Center, 25.06.2019, URL: https://www.pewresearch.org/fact-tank/2019/06/25/stark-partisan-divisions-in-americans-views-of-socialism-capitalism/ (letzter Zugriff am 28.12.2019).

13 Vgl. den Bericht zur weltweiten Ungleichheit 2018 des World Inequality Lab, URL: https://wir2018.wid.world (letzter Zugriff am 12.12.2019).

14 Vgl. Manuel Castells: Networks of Outrage and Hope: Social Movements in the Internet Age, Cambridge 2015, S. 187 ff.

15 Vgl. Craig Calhoun: Occupy Wall Street in Perspective, in: The British Journal of Sociology, Jg. 64 (2013), H. 1, S. 26–38, hier S. 37.

16 Vgl. John B. Judis: The Populist Explosion: How the Great Recession Transformed American and European Politics, New York 2016, S. 39–61.

17 Vgl. Ronald Brownstein: Bernie Sanders's Successful Insurgency, in: The Atlantic, 07.04.2016, URL: https://www.theatlantic.com/politics/archive/2016/04/sanderss-successful-insurgency/477249/ (letzter Zugriff am 28.12.2019).

18 Vgl. Danielle Kurtzleben: Here's How Many Bernie Sanders Supporters Ultimately Voted For Trump, in: NPR, 24.08.2017, URL: https://www.npr.org/2017/08/24/545812242/1-in-10-sanders-primary-voters-ended-up-supporting-trump-survey-finds (letzter Zugriff am 28.12.2019).

19 Vgl. David Weigel: Clinton in Nevada: „Not everything is about an economic theory", in: Washington Post, 13.02.2016, URL:

https://www.washingtonpost.com/news/post-politics/wp/2016/02/13/clinton-in-nevada-not-everything-is-about-an-economic-theory/ (letzter Zugriff am 05.01.2019).

20 Vgl. Mark Lilla: The Once and Future Liberal. After Identity Politics, New York 2017.

21 Vgl. Ross Douthat: Liberalism's Latinx Problem, in: New York Times, 05.11.2019.

22 Vgl. Thomas B. Edsall: The Democratic Party is Actually Three Parties, in: New York Times, 24.07.2019.

23 Vgl. David A. Graham: Trump Is Radicalizing the Democratic Party, in: The Atlantic, 27.10.2017, URL: https://www.theatlantic.com/politics/archive/2017/10/symmetric-polarization/544059/ (letzter Zugriff am 28.12.2019).

24 Vgl. Michelle Goldberg: How the Left Learned to Hate Like the Right, in: New York Times, 29.04.2017, URL: https://www.nytimes.com/2017/04/29/opinion/sunday/how-the-left-learned-to-hate-like-the-right.html (letzter Zugriff am 12.12.2019).

25 Carl Schmitt: Theorie des Partisanen. Zwischenbemerkungen zum Begriff des Politischen, Berlin 1963, S. 87.

26 Vgl. Clare Malone: Democrats Don't Care About Policy Compromise Anymore – Just Like Republicans, in: FiveThirtyEight, 11.09.2018, URL: https://fivethirtyeight.com/features/forget-details-politics-today-are-all-about-big-ideas/ (letzter Zugriff am 05.01.2019).

27 Vgl. Bhaskar Sunkara: Barack Obama is Stuck in the Past. He Represents the Old Democratic Party, in: The Guardian, 08.04.2019.

28 Vgl. Jesse Walker: The United States of Paranoia. A Conspiracy Theory, New York 2013.

29 Vgl. für ein besonders prägnantes Beispiel liberalen Verschwörungsfiebers Jonathan Chait: What if Trump Has Been a Russian Asset Since 1987?, in: New York Magazine, 08.07.2018.

30 Vgl. Russel Muirhead und Nancy L. Rosenblum: A Lot of Peo-

ple are Saying: The New Conspiracism and the Assault on Democracy, Princeton 2019.

31 Vgl. Richard Hofstadter: The Paranoid Style in American Politics and Other Essays, New York 1965.

32 Vgl. Brendan Nyhan: Why More Democrats Are Now Embracing Conspiracy Theories, in: New York Times, 15.02.2017, URL: https://www.nytimes.com/2017/02/15/upshot/why-more-democrats-are-now-embracing-conspiracy-theories.html (letzter Zugriff am 12.12.2019).

33 Vgl. Joseph E. Uscinski und Joseph M. Parent: American Conspiracy Theories, Oxford 2014, insbesondere S. 130ff.

34 Vgl. David Faris: It's Time to Fight Dirty: How Democrats Can Build a Lasting Majority in American Politics, New York 2018.

Herrschaft der Ungleichzeitigkeit: Trump, die Geschichte und die amerikanische Demokratie

1 Vgl. Kevin B. Smith, Matthew V. Hibbing und John R. Hibbing: Friends, relatives, sanity, and health: The costs of politics, in: PLOS ONE, Jg. 14 (2019), H. 9, S. 1–13.

2 Vgl. die Umfrage von Rasmussen Reports vom 27.06.2018: 31% Think Civil War Likely Soon, URL: https://www.rasmussenreports.com/public_content/politics/general_politics/june_2018/31_think_u_s_civil_war_likely_soon (letzter Zugriff am 22.01.2020).

3 Vgl. Noam Lupu: Party Polarization and Mass Partisanship: A Comparative Perspective, in: Political Behavior, Jg. 37 (2015), H. 2, S. 331–356.

4 Vgl. Jennifer McCoy, Tahmina Rahman und Murat Somer: Polarization and the Global Crisis of Democracy: Common Patterns, Dynamics, and Pernicious Consequences for Democratic Polities, in: American Behavioral Scientist, Jg. 62 (2018), H. 1, S. 16–42.

5 Vgl. Nancy Bermeo: On Democratic Backsliding, in: Journal of Democracy, Jg. 27 (2016), H. 1, S. 5–19; David Runciman: How Democracy Ends, London 2018; Steven Levitsky und Daniel Ziblatt: How Democracies Die, New York 2018.

6 Vgl. Timothy Snyder: On Tyranny. Twenty Lessons from the Twentieth Century, New York 2017.

7 Vgl. „Wir haben maximal ein Jahr Zeit, um Amerikas Demokratie zu verteidigen". Interview mit Timothy Snyder, in: Süddeutsche Zeitung, 07.02.2017, URL: https://www.sueddeutsche.de/politik/timothy-snyder-wir-haben-maximal-ein-jahr-zeit-um-amerikas-demokratie-zu-verteidigen-1.3365852 (letzter Zugriff am 22.01.2020).

8 Vgl. Robert Kagan: This is how fascism comes to America, in: Washington Post, 18.05.2016, URL: https://www.washingtonpost.com/opinions/this-is-how-fascism-comes-to-america/2016/05/17/c4e32c58-1c47-11e6-8c7b-6931e66333e7_story.html (letzter Zugriff am 10.01.2020).

9 Vgl. Hannah Arendt: Elemente und Ursprünge totalitärer Herrschaft, München 1986.

10 Vgl. Dylan Matthews: I asked 5 fascism experts whether Donald Trump is a fascist. Here's what they said, in: Vox, 19.05.2016, URL: https://www.vox.com/policy-and-politics/2015/12/10/9886152/donald-trump-fascism (letzter Zugriff am 22.01.2020).

11 Vgl. ebd.

12 Vgl. George Sorel, Über die Gewalt, Frankfurt a. M. 1981.

13 Vgl. Levitsky und Ziblatt, How Democracies Die.

14 Vgl. Michael Lewis, The Fifth Risk, New York 2019.

15 Vgl. ebd., S. 22.

16 Vgl. Max Weber [1921/22]: Wirtschaft und Gesellschaft, Frankfurt a. M. 2005, S. 759.

17 Vgl. Dylan Riley: What is Trump?, in: New Left Review, November/Dezember 2018, S. 5–31.

18 Vgl. Ernst Bloch: Erbschaft dieser Zeit, Frankfurt a. M. 1962.

19 Ebd., S. 104.
20 Vgl. Karl Marx: Der achtzehnte Brumaire des Louis Bonaparte, in: MEW, Bd. 8, Ost-Berlin 1960, S. 111–207.
21 Vgl. Micha Brumlik: Napoleon III.: Der 18. Brumaire des Donald Trump, in: Die Zeit, 02.03.2017, URL: https://www.zeit.de/2017/10/napoleon-iii-geschichte-donald-trump (letzter Zugriff am 22.01.2020).
22 Marx, Der achtzehnte Brumaire, S. 207.
23 Vgl. Thomas Nipperdey: Deutsche Geschichte 1866–1918. Band II: Machtstaat vor der Demokratie, München 1990, S. 421.
24 Vgl. Joachim Radkau: Das Zeitalter der Nervosität. Deutschland zwischen Bismarck und Hitler, München 1998.
25 Zitiert nach Hans-Peter Schwarz: Das Gesicht des Jahrhunderts. Monster, Retter und Mediokritäten, Berlin 1998, S. 87.
26 Vgl. Philipp Blom: Der taumelnde Kontinent. Europa 1900–1914, München 2011, S. 197.
27 Vgl. Bob Woodward: Fear. Trump in the White House, New York 2018, S. xviii.
28 Vgl. Miranda Carter: The Three Emperors. Three Cousins, Three Empires and the Road to World War I, London 2009, S. 242.
29 Hans-Ulrich Wehler: Deutsche Gesellschaftsgeschichte: 1849–1914, München 1987, S. 1000.
30 Vgl. François Heisbourg: The Emperor vs the Adults: Donald Trump and Wilhelm II, in: Survival, Jg. 59 (2017), H. 2, S. 7–12.
31 Vgl. Josef Joffe: Wilhelm II. der USA, in: Die Zeit, 16.05.2019, URL: https://www.zeit.de/2019/21/donald-trump-wilhelm-ii-parallelen-vergleich (letzter Zugriff am 22.01.2010).
32 Vgl. Frank Bruni: We Will Never, Ever Be Rid of Donald Trump, in: New York Times, 10.09.2019, URL: https://www.nytimes.com/2019/09/10/opinion/donald-trump.html (letzter Zugriff am 22.01.2020).

Literaturverzeichnis

„Wir haben maximal ein Jahr Zeit, um Amerikas Demokratie zu verteidigen". Interview mit Timothy Snyder, in: Süddeutsche Zeitung, 07.02.2017, URL: https://www.sueddeutsche.de/politik/timothy-snyder-wirhaben-maximal-ein-jahr-zeit-um-amerikas-demokratie-zu-verteidigen-1.3365852 (letzter Zugriff am 22.01.2020).

Abramowitz, Alan: The Disappearing Center: Engaged Citizens, Polarization, and American Democracy, New Haven 2010.

Ahler, Douglas J.: Self-Fulfilling Misperceptions of Public Polarization, in: The Journal of Politics, Jg. 76 (2014), H. 3, S. 607–620.

Arendt, Hannah: Elemente und Ursprünge totalitärer Herrschaft, München 1986.

Bail, Christopher A. et al.: Exposure to opposing views on social media can increase political polarization, in: Proceedings of the National Academy of Sciences, H. 37/2018, S. 9216–9221.

Bauer, Thomas: Die Vereindeutigung der Welt. Über den Verlust an Mehrdeutigkeit und Vielfalt, Ditzingen 2018.

Bensaïd, Daniel: Der permanente Skandal, in: Giorgio Agamben, Alain Badiou und Slavoj Žižek (Hg.): Demokratie? Eine Debatte, Berlin 2012, S. 23–54.

Bermeo, Nancy: On Democratic Backsliding, in: Journal of Democracy, Jg. 27 (2016), H. 1, S. 5–19.

Bishop, Bill und Robert G. Cushing: The Big Sort. Why the Clustering of Like-Minded America Is Tearing Us Apart, Boston 2008.

Bourdieu, Pierre: Die feinen Unterschiede, Berlin 1987.

Brownstein, Ronald: Bernie Sanders's Successful Insurgency, in: The Atlantic, 07.04.2016, URL: https://www.theatlantic.com/politics/archive/2016/04/sanderss-successful-insurgency/477249/ (letzter Zugriff am 28.12.2019).

Brownstein, Ronald: The Internet and Democrats, in: National Journal, 02.07.2005.

Brumlik, Micha: Napoleon III.: Der 18. Brumaire des Donald Trump, in: Die Zeit, 02.03.2017, URL: https://www.zeit.de/2017/10/napoleon-iii-geschichte-donald-trump (letzter Zugriff am 22.01.2020).

Bruni, Frank: We Will Never, Ever Be Rid of Donald Trump, in: New York Times, 10.09.2019, URL: https://www.nytimes.com/2019/09/10/opinion/donald-trump.html (letzter Zugriff am 22.01.2020).

Buchanan, Patrick: The New Majority: President Nixon at Mid-Passage, Philadelphia 1973, S. 22.

Calhoun, Craig: Occupy Wall Street in Perspective, in: The British Journal of Sociology, Jg. 64 (2013), H. 1, S. 26–38.

Campbell, James E.: Polarized: Making Sense of a Divided America, Princeton 2016.

Carmines, Edward G. und James A. Stimson: Issue Evolution: Race and the Transformation of American Politics, Princeton 1990.

Carter, Miranda: The Three Emperors. Three Cousins, Three Empires and the Road to World War I, London 2009.

Castells, Manuel: Networks of Outrage and Hope: Social Movements in the Internet Age, Cambridge 2015.

Chait, Jonathan: What if Trump Has Been a Russian Asset Since 1987?, in: New York Magazine, 08.07.2018.

Crouch, Colin: Postdemokratie, Frankfurt a. M. 2003.

Dahl, Robert A.: Democracy in the United States: Promise and Performance, Chicago 1972.

DellaPosta, Daniel, Yongren Shi und Michael Macy: Why Do Liberals Drink Lattes?, in: American Journal of Sociology, Jg. 120 (2015), H. 5, S. 1473–1511.

Dierenfield, Bruce J.: The Civil Rights Movement, Edinburgh 2008.

Dionne, E. J.: Our Divided Political Heart: The Battle for an American Idea in an Age of Discontent, New York 2012.

Douthat, Ross: Liberalism's Latinx Problem, in: New York Times, 05.11.2019.

Eagleton, Terry: Ideologie: Eine Einführung, Stuttgart 2000.

Edsall, Thomas B.: The Democratic Party is Actually Three Parties, in: New York Times, 24.07.2019.

Eisenstadt, Shmuel N.: Die Vielfalt der Moderne, Weilerswist 2000.

Faris, David: It's Time to Fight Dirty: How Democrats Can Build a Lasting Majority in American Politics, New York 2018.

Freud, Sigmund: Das Unbehagen in der Kultur, Wien 1930.

Fukuyama, Francis: Das Ende der Geschichte. Wo stehen wir?, München 1992.

Fukuyama, Francis: Identity. The Demand for Dignity and the Politics of Resentment, New York 2018 (dt.: Identität. Wie der Verlust der Würde unsere Demokratie gefährdet, Hamburg 2019).

Garfinkle, Adam: Trump the Authentic, in: The American Interest, 14.01.2018.

Goldberg, Michelle: How the Left Learned to Hate Like the Right, in: New York Times, 29.04.2017, URL: https://www.nytimes.com/2017/04/29/opinion/sunday/how-the-left-learned-to-hate-like-the-right.html (letzter Zugriff am 12.12.2019).

Graham, David A.: Trump Is Radicalizing the Democratic Party, in: The Atlantic, 27.10.2017, URL: https://www.theatlantic.com/politics/archive/2017/10/symmetric-polarization/544059/ (letzter Zugriff am 28.12.2019).

Hartman, Andrew: A War for the Soul of America. A History of the Culture Wars, Chicago 2015.

Heisbourg, François: The Emperor vs the Adults: Donald Trump and Wilhelm II, in: Survival, Jg. 59 (2017), H. 2, S. 7–12.

Hessel, Stéphane: Empört Euch!, Berlin 2012.

Hetherington, Marc und Jonathan Weiler: Prius or Pickup? How the Answers to Four Simple Questions Explain America's Great Divide, Boston 2018.

Hofstadter, Richard: Anti-Intellectualism in American Life, New York 1963.

Hofstadter, Richard: The Paranoid Style in American Politics and Other Essays, New York 1965.

Hunter, James Davison: Culture Wars: The Struggle to Define America, New York 1991.

Inglehart, Ronald: Cognitive Mobilization and European Identity, in: Comparative Politics, Jg. 3 (1970), H. 1, S. 45–70.

Isserman, Maurice und Michael Kazin: America Divided. The Civil War of the 1960s, Oxford 2004.

Iyengar, Shanto, Gaurav Sood und Yphtach Lelkes: Affect, Not Ideology: A Social Identity Perspective on Polarization, in: Public Opinion Quarterly, Jg. 76 (2012), H. 3, S. 405–431.

Iyengar, Shanto, Yphtach Lelkes, Matthew Levendusky, Neil Malhotra und Sean J. Westwood: The Origins and Consequences of Affective Polarization in the United States, in: Annual Review of Political Science, Jg. 22 (2019), S. 129–146.

Jardia, Ashley und Michael Traugott: The Genesis of the Birther Rumor: Partisanship, Racial Attitudes, and Political Knowledge, in: The Journal of Race, Ethnicity and Politics, Jg. 4 (2019), H. 1, S. 60–80.

Joffe, Josef: Wilhelm II. der USA, in: Die Zeit, 16.05.2019, URL: https://www.zeit.de/2019/21/donald-trump-wilhelm-iiparallelen-vergleich (letzter Zugriff am 22.01.2010).

Judis, John B.: The Populist Explosion: How the Great Recession Transformed American and European Politics, New York 2016.

Kagan, Robert: This is how fascism comes to America, in: Washington Post, 18.05.2016, URL: https://www.washingtonpost.com/opinions/this-is-how-fa scism-comes-toamerica/2016/05/17/c4e32c58-1c47-11e6-8c7b-6931e66333e7_story.html (letzter Zugriff am 10.01.2020).

Kazin, Michael: The Populist Persuasion. An American History, Ithaca 1995.

Klarman, Michael J.: The Framers' Coup: The Making of the United States Constitution, Oxford 2018.

Kloppenberg, James T.: Reading Obama: Dreams, Hope, and the American Political Tradition, Princeton 2012.

Kriechbaumer, Robert: Die großen Erzählungen der Politik. Politische Kultur und Parteien in Österreich von der Jahrhundertwende bis 1945, Wien 2001.

Leggewie, Claus: Kulturelle Hegemonie – Gramsci und die Folgen, in: Leviathan, Jg. 15 (1987), H. 2, S. 285–304.

Lepsius, M. Rainer: Parteiensystem und Sozialstruktur. Zum Problem der Demokratisierung der Deutschen Gesellschaft, in: Gerhard A. Ritter (Hg.): Deutsche Parteien vor 1918, Köln 1973, S. 56–80.

Levendusky, Matthew: How Partisan Media Polarize America, Chicago 2013.

Levendusky, Matthew: The Partisan Sort. How Liberals became Democrats and Conservatives became Republicans, Chicago 2009.

Levitsky, Steven und Daniel Ziblatt: How Democracies Die, New York 2018.

Lewis, Michael: The Fifth Risk, New York 2019.

Lijphart, Arend: Politics of Accommodation: Pluralism and Democracy in the Netherlands, Los Angeles 1975.

Lilla, Mark: The Once and Future Liberal. After Identity Politics, New York 2017.

Lipset, Seymour Martin und Gary Marks: It Didn't Happen Here. Why Socialism Failed in the United States, New York 2000.

Lupu, Noam: Party Polarization and Mass Partisanship: A Comparative Perspective, in: Political Behavior, Jg. 37 (2015), H. 2, S. 331–356.

Lütjen, Torben: Die Politik der Echokammer. Wisconsin und die ideologische Polarisierung der USA, Bielefeld 2016.

Lütjen, Torben: Die populistische Versuchung. Zur Aktualität der Tradition des Anti-Intellektualismus in den USA, in: Universitas, Jg. 65 (2010), H. 7, S. 664–675.

Lütjen, Torben: Partei der Extreme: Die Republikaner. Über die Implosion des amerikanischen Konservativismus, Bielefeld 2016.

Mancini, Paolo und Daniel C. Hallin: Comparing Media Systems. Three Models of Media and Politics, Cambridge 2004.

Mann, Thomas E. und Norman J. Ornstein: It's Even Worse Than It Looks. How the American Constitutional System Collided with the New Politics of Extremism, New York 2012.

Margolis, Michele F.: From Politics to the Pews, Chicago 2018.

Marx, Karl: Der achtzehnte Brumaire des Louis Bonaparte, in: MEW, Bd. 8, Ost-Berlin 1960.

McCoy, Jennifer, Tahmina Rahman und Murat Somer: Polarization and the Global Crisis of Democracy: Common Patterns, Dynamics, and Pernicious Consequences for Democratic Polities, in: American Behavioral Scientist, Jg. 62 (2018), H. 1, S. 16–42.

Mayer, Jane: The Insiders. How John McCain came to pick Sarah Palin, in: The New Yorker, 19.10.2008, URL: https://www.newyorker.com/magazine/2008/10/27/the-insiders (letzter Zugriff am 28.11.2019).

Micklethwait, John und Adrian Wooldridge: The Right Nation: Conservative Power in America, New York 2004.

Mouffe, Chantal: Über das Politische. Wider die kosmopolitische Illusion, Frankfurt a. M. 2007.

Mudde, Cas: The Populist Zeitgeist, in: Government and Opposition, Jg. 39 (2004), H. 4, S. 541–563.

Muirhead, Russel und Nancy L. Rosenblum: A Lot of People are Saying: The New Conspiracism and the Assault on Democracy, Princeton 2019.

Mutz, Diana C.: Hearing the Other Side: Deliberative versus Participatory Democracy, Cambridge 2006.

Nachtwey, Oliver: Die Abstiegsgesellschaft. Über das Aufbegehren in der regressiven Moderne, Berlin 2016.

Nipperdey, Thomas: Deutsche Geschichte 1866–1918. Band II: Machtstaat vor der Demokratie, München 1990.

Noetzel, Thomas: Authentizität als politisches Problem. Ein Beitrag zur Theoriegeschichte der Legitimation politischer Ordnung, Berlin 1999.

Nyhan, Brendan: Why More Democrats Are Now Embracing Conspiracy Theories, in: New York Times, 15.02.2017, URL: https://www.nytimes.com/2017/02/15/upshot/why-more-democrats-are-now-embracing-conspiracy-theories.html (letzter Zugriff am 12.12.2019).

Poniewozik, James: The Real Donald Trump Is a Character on TV, in: New York Times, 06.09.2019, URL:

https://www.nytimes.com/2019/09/06/opinion/sunday/trump-reality-tv.html (letzter Zugriff am 17.12.2019).

Pörksen, Bernhard: Sind wir an alldem schuld?, in: Die Zeit, 02.02.2017, URL: https://www.zeit.de/2017/06/donald-trump-wladimir-putin-autoritaere-weltordnung-postmoderne (letzter Zugriff am 28.09.2019).

Priester, Karin: Köhler, Koch und Käßmann: Politik und Authentizität, in: Blätter für deutsche und internationale Politik, H. 7/2010, S. 98–108.

Priester, Karin: Rechter und linker Populismus. Annäherung an ein Chamäleon, Frankfurt a. M. 2012.

Pulliam Bailey, Sarah: A startling number of Americans still believe President Obama is a Muslim, in: Washington Post, 14.09.2015, URL: https://www.washingtonpost.com/news/acts-of-faith/wp/2015/09/14/a-startling-number-of-americans-still-believe-president-obama-is-a-muslim/ (letzter Zugriff am 28.09.2019).

Putnam, Robert D.: Bowling Alone: The Collapse and Revival of American Community, New York 2000.

Putnam, Robert D. und David E. Campbell: American Grace. How Religion Divides and Unites Us, New York 2010.

Radkau, Joachim: Das Zeitalter der Nervosität. Deutschland zwischen Bismarck und Hitler, München 1998.

Rancière, Jacques: Das Unvernehmen. Politik und Philosophie, Frankfurt a. M. 2002.

Reckwitz, Andreas: Die Gesellschaft der Singularitäten: Zum Strukturwandel der Moderne, Frankfurt a. M. 2017.

Riley, Dylan: What is Trump?, in: New Left Review, November/Dezember 2018, S. 5–31.

Schmitt, Carl: Theorie des Partisanen. Zwischenbemerkungen zum Begriff des Politischen, Berlin 1963.

Schroer, Markus: Das Individuum und die Gesellschaft. Synchrone und diachrone Theorieperspektiven, Frankfurt a. M. 2000.

Schwarz, Hans-Peter: Das Gesicht des Jahrhunderts. Monster, Retter und Mediokritäten, Berlin 1998.

Semuels, Alana: It's Not About the Economy, in: The Atlantic, 27.12.2017, URL: https://www.theatlantic.com/politics/archive/2016/12/its-not-the-economy-stupid/511634/ (letzter Zugriff am 16.12.2019).

Smith, Kevin B., Matthew V. Hibbing und John R. Hibbing: Friends, relatives, sanity, and health: The costs of politics, in: PLOS ONE, Jg. 14 (2019), H. 9, S. 1–13.

Smith, Rogers M.: Beyond Tocqueville, Myrdal, and Hartz. The Multiple Traditions in America, in: American Political Science Review, Jg. 87 (1993), H. 3, S. 549–566.

Snyder, Timothy: On Tyranny. Twenty Lessons from the Twentieth Century, New York 2017.

Sorel, George: Über die Gewalt, Frankfurt a. M. 1981.

Stein, Michael und Jon Kingsdale: The risks of „Medicare for all", in: Boston Globe, 30.04.2019, URL: https://www3.bostonglobe.com/opinion/2019/04/30/the-risks-medicare-for-all/g9oz10Qm1vjSwZuhqs1r3J/story.html?arc404=true (letzter Zugriff am 12.12.2019).

Stolberg, Sheryl Gay: You Want Compromise? Sure You Do, in: New York Times, 13.08.2011, URL: https://www.nytimes.com/2011/08/14/sunday-review/you-want-compromise-sure-you-do.html (letzter Zugriff am 28.11.2019).

Strohschneider, Peter: POTUS als Twitterer, in: Zeitschrift für Ideengeschichte, Jg. 12 (2018), H. 3, S. 61–75.

Sunkara, Bhaskar: Barack Obama is Stuck in the Past. He Represents the Old Democratic Party, in: The Guardian, 08.04.2019.

Taggart, Paul: Populism, Buckingham 2000.
Talisse, Robert B.: Overdoing Democracy: Why We Must Put Politics in its Place, New York 2019.
Taylor, Charles: Das Unbehagen an der Moderne, Frankfurt a. M. 1995.
Trilling, Lionel: Sincerity and Authenticity, Boston 1972.

Uscinski, Joseph E. und Joseph M. Parent: American Conspiracy Theories, Oxford 2014.

Vance, J. D.: Hillbilly Elegy. A Memoir of a Family and Culture in Crisis, New York 2016.

Walker, Jesse: The United States of Paranoia. A Conspiracy Theory, New York 2013.
Walter, Franz und Tobias Dürr: Die Heimatlosigkeit der Macht. Wie die Politik in Deutschland ihren Boden verlor, Berlin 2000.
Weber, Max [1921/22]: Wirtschaft und Gesellschaft, Frankfurt a. M. 2005.
Wehler, Hans-Ulrich: Deutsche Gesellschaftsgeschichte: 1849–1914, München 1987.
Weigel, David: Clinton in Nevada: „Not everything is about an economic theory“, in: Washington Post, 13.02.2016, URL: https://www.washingtonpost.com/news/post-politics/wp/2016/02/13/clinton-in-nevada-not-everything-is-about-an-economic-theory/ (letzter Zugriff am 05.01.2019).
Woodward, Bob: Fear. Trump in the White House, New York 2018.

Zuylen-Wood, Simon van: Pinkos have more Fun. Socialism is AOC's calling card, Trump's latest rhetorical bludgeon, and a new way to date in Brooklyn, in: New York Magazine, 23.03.2019.

Online-Quellen

Chalabi, Mona: How Many Times Does The Average Person Move?, in: FiveThirtyEight, 29.01.2015, URL: https://fivethirtyeight.com/features/how-many-times-the-average-person-moves/ (letzter Zugriff am 28.11.2019).

Cheadle, Harry: Companies Are Realizing That Being Publicly Conservative Is Really Unpopular, in: Vice, 20.08.2019, URL: https://www.vice.com/en_us/article/7x5v9y/companies-arerealizing-that-being-publicly-conservative-is-really-unpopular (letzter Zugriff am 28.11.2019).

Club for Growth: Famous Club for Growth PAC TV Ad About Howard Dean, URL: https://www.youtube.com/watch?v=K4-vEwD_7Hk (letzter Zugriff am 17.12.2019).

Doherty, Carroll und Jocelyn Kiley: Key facts about partisanship and political animosity in America, hg. vom Pew Research Center, 22.06.2016, URL: https://www.pewresearch.org/fact-tank/2016/06/22/key-facts-partisanship/ (letzter Zugriff am 19.11.2019).

Fingerhut, Hannah: Support steady for same-sex marriage and acceptance of homosexuality, hg. vom Pew Research Center, 12.05.2016, URL: https://www.pewresearch.org/fact-tank/2016/05/12/support-steady-for-same-sex-marriage-and-acceptance-of-homosexuality/ (letzter Zugriff am 28.09.2019).

Flores, Antonio: How the U. S. Hispanic population is changing, hg. vom Pew Research Center, 17.09.2017, URL: https://www.pewresearch.org/fact-tank/2017/09/18/how-the-u-s-hispanic-population-is-changing/ (letzter Zugriff am 16.12.2019).

Hartig, Hannah: Stark partisan divisions in Americans' views of „socialism", „capitalism", hg. vom Pew Research Center, 25.06.2019, URL: https://www.pewresearch.org/fact-tank/2019/06/25/stark-partisan-divisions-in-americans-views-of-socialism-capitalism/ (letzter Zugriff am 28.12.2019).

Kalmoe, Nathan P. und Lilliana Mason: Lethal Mass Partisanship: Prevalence, Correlates, & Electoral Contingencies, Paper zur Präsentation auf der American Political Science Association Conference 2018, URL: https://www.dannyhayes.org/uploads/6/9/8/5/69858539/kalmoe___mason_ncapsa_2019_ _lethal_partisanship_-_final_lmedit.pdf (letzter Zugriff am 28.09.2019).

Kurtzleben, Danielle: Here's How Many Bernie Sanders Supporters Ultimately Voted For Trump, in: NPR, 24.08.2017, URL: https://www.npr.org/2017/08/24/545812242/1-in-10-sanders-primary-voters-ended-up-supporting-trump-survey-finds (letzter Zugriff am 28.12.2019).

Lombardo, Clare: Student Debt Forgiveness Sounds Good. What Might Happen If The Government Did It?, in: NPR, 10.07.2019, URL: https://www.npr.org/2019/07/10/738506646/student-debt-forgiveness-sounds-good-what-might-happen-if-the-government-did-it?t=1577915987720 (letzter Zugriff am 28.12.2019).

Malone, Clare: Democrats Don't Care About Policy Compromise Anymore – Just Like Republicans, in: FiveThirtyEight, 11.09.2018, URL: https://fivethirtyeight.com/features/forget-details-politics-today-are-all-about-big-ideas/ (letzter Zugriff am 05.01.2019).

Matthews, Dylan: I asked 5 fascism experts whether Donald Trump is a fascist. Here's what they said, in: Vox, 19.05.2016, URL: https://www.vox.com/policy-and-politics/2015/12/10/9886152/donald-trump-fascism (letzter Zugriff am 22.01.2020).

Matthews, Dylan: Inside Jacobin. How a socialist magazine is winning the left's war of ideas, in: Vox, 21.03.2016, URL: https://www.vox.com/2016/3/21/11265092/jacobin-bhaskar-sunkara (letzter Zugriff am 12.12.2019).

Newport, Frank und Andrew Dugan: College-Educated Republicans Most Skeptical of Global Warming, hg. von Gallup, 26.03.2015, URL: https://news.gallup.com/poll/182159/college-educated-republicans-skeptical-global-warming.aspx (letzter Zugriff am 16.12.2019).

Pew Research Center: Political Polarization in the American Public, Juni 2014, URL: https://www.people-press.org/2014/06/12/political-polarization-in-the-american-public/ (letzter Zugriff am 28.11.2019).

Rasmussen Reports: 31% Think Civil War Likely Soon, 27.06.2018, URL: https://www.rasmussenreports.com/public_content/politics/general_politics/june_2018/31_think_u_s_civil_war_likely_soon (letzter Zugriff am 22.01.2020).

Tyson, Alec und Shiva Maniam: Behind Trump's victory: Divisions by race, gender, education, hg. vom Pew Research Center, 09.09.2016, URL: https://www.pewresearch.org/fact-tank/2016/11/09/behind-trumps-victory-divisions-by-race-gender-education/ (letzter Zugriff am 28.09.2019).

Weezyh263: IT Girl, in: Urban Dictionary, URL: https://www.urbandictionary.com/define.php?term=IT%20girl (letzter Zugriff am 28.11.2019).

World Inequality Lab: World Inequality Report/Bericht zur weltweiten Ungleichheit 2018, URL: https://wir2018.wid.world (letzter Zugriff am 12.12.2019).